균형 잡힌 대사명의 제자도

대사명

표지 설명 : DNA 3, 3, 5, 6, 7, 8
하나님의 인류 구속 설계도 & 균형 잡힌 대사명의 제자도

DNA 3은 주 예수의 1) **죽음**, 피흘림 2) **장사**, 무덤 속 3) **부활**, 살아나심
DNA 3은 복음 들은 자의 반응 1) **믿음**, 하나님 2) **회개**, 자신의 죄 3) **영접**, 마음 속의 예수
DNA 5는 대 사명 1) **가라**, 주 예수님의 복음을 들고 2) **만들라**, 주 예수의 제자로 3) **침례 주라**, 믿는 자에게
       4) **가르치라**, 신구약 말씀 5) **지켜라**, 행함으로
DNA 6은 주 예수의 그리스도의 기본 원칙의 초보 1) **죽은 행실(죄)을 회개** 2) **하나님께 대한 믿음** 3) **침례들**
       4) **안수** 5) **죽은 자의 부활** 6) **영원한 심판**
DNA 7은 교회의 예전 1) **침례** 2) **주의 만찬** 3) **예배** 4) **교육**, 신구약 말씀 5) **전도와 선교 훈련과 참여**
       6) **교제**, 애경사 7) **봉사**, 자원 & 지원
DNA 8은 성도(교회)의 삶 1) **기도 충만** 2) **말씀 충만** 3) **성령 충만** 4) **예배 충만** 5) **전도 충만** 6) **선교 충만**
       7) **새 성경 공부 충만** 8) **새 예배 그룹 충만**

균형 잡힌 대사명의 제자도

대사명

초판 2쇄 발행   2025년 2월 21일

지은이   송홀다
편 집   편집위원

펴낸곳   엎드림 출판사
등 록   제2021-000013호
주 소   17557 경기도 안성시 공도읍 심교길 24-5
전 화   010-6220-4331

값 20,000원
ISBN 979-11-990160-0-2 03230

균형 잡힌 대사명의 제자도

대사명

The Great Commission

뉴 패러다임: 전도, 목장, 선교 참요

송홀다 지음

3 3 5 6 7 8

엎드림
UP DREAM

송홀다 선교사님은 예수 그리스도의 지상명령을 수행하기 위해 선교의 비전을 갖고 선교에 일평생을 헌신하고 지금도 여전히 선교에 대한 열정과 복음전도에 매진하고 있습니다. 남편 (고)아더 잭슨 박사님과 함께 복음은 교회(하나님의 자녀)를 만든다는 복음의 비전으로 수십 년간 A국 선교사로 현재 국내에서는 국제 SET 선교회 사관학교 총장으로 선교사 목장 교회 지도자를 양성하고, 이스라엘 선교와 차세대 지도자를 세우는 장학 선교로, 그리고 M국 선교에 전심전력하고 있습니다.

특별히 이번 『균형 잡힌 대사명의 제자도 대사명』 저서는 전도, 목장, 선교 참여를 위하여 그리스도의 초보 교훈 기본 원칙 여섯 가지 DNA를 3·3·5·6으로 표현하였으며 교회의 예전 7가지 DNA와 성도(교회)의 삶 8가지 DNA를 3·3·5·6·7·8로 표현한 도표로 친절하게 이해를 돕고 있습니다. 이러한 저자의 연구는 오랜 선교사역에서 체험적으로 체득한 결과들로써 목회와 선교를 위한 목장 교회에 잘 적용할 수 있으며 아울러 목회 소명으로 준비하는 목회자들에게 유익하게 사용할 수 있는 실용적인 검증된 교제입니다.

세계 선교에 헌신한 목회자와 성도, 그리고 선교사와 동역자, 교수와 학생 그리고 목장 교회를 준비하고 있는 모든 분에게 이 소중한 책을 적극적으로 추천하는 바입니다.

한국침례신학대학교 전 총장
이정희 목사

사회적 환경이 변하면서 시대의 흐름도 달라지고 있습니다. 그러므로 효과적인 선교를 위해서는 선교 전략과 방법도 시대에 맞게 변화하고 발전해야 합니다. 그러나 그 본질은 절대적으로 지켜져야 합니다. 송홀다 선교사님은 20년 간의 선교사 경험과 선교 전략 코디네이터로의 사역을 기반으로 작성한 『균형 잡힌 대사명의 제자도 대사명』을 통해 그리스도인이 살아가면서 지켜야 할 기초적이지만 가장 중요한 '본질'을 제시합니다. 바로 복음과 대사명입니다.

선교사, 목자, 목녀를 위한 이 지침서를 읽고, 하나님께서 주안대학원대학교를 전국 유일의 선교 전문 대학원으로 세우신 목적을 다시 마음에 새깁니다. 주안대학원대학교는 복음이 땅끝까지 전파되어 주님 다시 오실 때까지 본질을 유지하며, 선교사님들을 재교육하고 새로운 평신도 전문인 선교사를 양성하여 주 예수 그리스도의 제자들을 훈련하는 소명을 잘 감당하겠습니다.

주안대학원대학교

총장 유근재

저자 송홀다 선교사를 보면 세 번째 선교여행 끝에 예루살렘으로 가는 사도 바울이 자신의 에베소 제자 장로들을 밀레도에 불러 말씀으로 권면한 뒤 숙연하게 내어놓은 고백의 결단이 생각납니다.

"내가 달려갈 길과 주 예수께 받은 사명 곧 하나님의 은혜의 복음을 증언하는 일을 마치려 함에는 나의 생명조차 조금도 귀한 것으로 여기지 아니하노라"(행 20:24).

이런 마음가짐을 가진 저자가 이 책을 통해 하는 일은, 사도 바울이 자신의 제자인 디모데에게 혼신의 힘을 기울여 호소하는 명령과 같습니다.

"내가 이를 때까지 읽는 것과 권하는 것과 가르치는 것에 전념하라"(딤전 4:13).

"너는 말씀을 전파하라 때를 얻든지 못 얻든지 항상 힘쓰라 범사에 오래 참음과 가르침으로 경책하며 경계하며 권하라 때가 이르리니 사람이 바른 교훈을 받지 아니하며 귀가 가려워서 자기의 사욕을 따를 스승을 많이 두고 또 그 귀를 진리에서 돌이켜 허탄한 이야기를 따르리라 그러나 너는 모든 일에 신중하여 고난을 받으며 전도자의 일을 하며 네 직무를 다하라"(딤후 4:2-5).

이 책은 저자가 몸 담고 있는 곳에서 사용해 온 실질적 사역자 양육훈련 교재입니다. 제자를 양육훈련하는 성서적, 신학적 실용서라고 할 수 있습니다. 할 수 있는 모든 것을 다해 하나님 나라의 온전한 복음을 땅끝까지 전하고 그 전파의 동역자들을 육성하여 우리 주님의 제자로 만들어 빚으려는 열정과 헌신의 노력입니다. 그 안에 곁들인 성서학, 역사, 조직신학적 언급들은, 복음 사역의 실천적 노력이 잘못된 방향으로 가지 않도록 필요한 만큼 곁들인 정보들입니다.

예수님께서 일상인인 제자들을 가르치기 위해 쉽고 재미있는 비유를 사용했듯이 송훌다 선교사는 양육훈련 대상들이 즐겁게 듣고 취할 수 있도록 개념과 용어와 내러티브들을 최대한 활용합니다. 현대를 살고 있는 우리가 이해하며 수긍할 수 있는 용어와 도식을 사용하여 설명하기 위해 송훌다 선교사는 전달과 이해를 위한 노력의 메타포들을 많이 사용합니다.

특히 DNA라는 은유로 하나님의 신비와 그 숨겨진 속성을 설명해 내려는 전달 방식을 취합니다. 저자가 말하는 DNA는 숨겨져 있어 보이지 않지만, 생명과 본질을 구성하는 하나님의 영적 염색체입니다. 하나님의 뜻이 담긴 본질, 핵심을 논하기 위해 DNA라는 표현을 쓴 것입니다. 저자는 그것을 하나님의 씨앗/씨알이라고도 했습니다.

특별히, 우리 이방인 신자들이 손 대기 힘든 유대인 선교까지 생각합니다. 그가, 이제는 동역하다가 먼저 하나님의 부르심을 받은 유대인 학자 남편과 결혼했던 것은 그 사명을 주님께 받아 기도하다가 맺었던 열매이기도 합니다. 그러다 보니 전도와 양육훈련 메시지 구성에 특별히 유대적 개념을 편입하려고 많은 노력을 기울인 것이 드러납니다. 아무쪼록 하나님 나라를 견고히 세우는 귀한 교재가 되기를 축복하며 기도합니다.

주안 대학원대학교 객원교수, 신약학

유승원 교수

모든 민족을 향한 복음 전도와 선교는 주 예수님의 지상 대 명령이다. 주 예수의 대강령, 곧 대 사명이다(마 28:19-20). 물론, 대 사명을 수행하기란 쉬운 일은 아니다. 하지만 하나님의 자녀이며 주 예수의 제자라면 결코 어려운 것 역시 아니다. 왜냐? 주 예수는 세상 끝 날까지 너희와 항상 함께 있으리라고 약속하셨기 때문이다(마 28:20). 함께 있으리라는 말씀은 항상 끝까지 도우신다는 뜻이며 세상을 이기었노라(요 16:33)는 말씀과 함께 필승으로 도와주신다는 것이다.

누구든지 각각 주 예수를 하나님의 독생자요 아들로 믿고 죄를 회개하면 모든 죄 사함을 받고 주 예수를 마음속에 영접하여 하나님의 자녀가 되는 것이다. 이런 사람은 신약성경에서 말하는 하나님의 구원의 법에 따라 구원이 성립된 자다(요 1:1-14; 3:17). 구원받은 하나님의 자녀들이 각 공동체 교회에서 사람을 기쁘게 하지 않고 오직 하나님을 기쁘시게 하는(살전 2:4) 성숙하고 충성된 성도들로 채워진다면 부흥과 성장은 자연스럽게 일어나게 된다. 새 신자를 위한 성경 공부 그룹과 새 예배 그룹이 각 교회의 목장으로 발전하여 활력을 불어 넣어 생동감을 줄 것이다.

SET = Speedy Evangelism Training = 첫 글자의 S,E,T의 약자다. SET 복음 전도와 SET 대 사명의 균형 잡힌 제자도는 하나의 세트로 계속 반복하게 되어있다. 마치 고급 식당의 세트 코스처럼 처음부터 끝까지 나열된 것과 같다. 각 성도가 복음 전도로 시작해 살아있는 예배와 빛과 소금의 착하고 좋은 행실의 삶으로 하나님께 영광 돌려 드리면서 선교까지 순종하는 것이다. 그리고 각 선교지에서도 현지의 성도를 복음 전도자와 선교사로 양성하여 또 다른 선교지나 나라에 충성스러운 복음 전도자와 선교사로 파송하는 것이다. 역시 이렇게 파송 받은 현지의 선교사도 복음 전도와 새 신자 성경공부 및 새 예배 드리는 그룹을 만들어 공동교회로 발전시키는 데 동참시키는 것이다. 필자는 미 남침례교 교단(IMB) 퇴직 선교사로서 현재는 기독교한국침례회 총회에 등록된 목사로 섬기고 있다. 침례를 설명할 때 다만 성경과 초대교회 역사를 반영하였으니 널리 이해하시기를 바란다.

먼저 주님을 믿는 복음 전도자와 선교사가 또 다른 민족에게 체계적으로 복음을 일파만파 선포하면 모든 민족에게 전파하는 것이 되는 것이다. SET 복음 전도 훈련과 SET 균형 잡힌 대사명의 제자 훈련은 하나님의 세계 선교에 충성스럽게 끝까지 함께 동역할 수 있도록 샘플 및 순서를 제공하였다. 그러므로 각 교회의 목장 성장과 부흥을 적극적으로 장려하였다. 성도인 각 교회나 공동체 교회가 주 예수께서 명령하신 대사명을 충실히 잘 마치도록 A부터 Z까지 일목요연하게 정리하였다. SET 훈련은 국내와 국외에서 이미 검증된 좋은 지침이다.

필자는 미남침례교단 선교사(IMB 20년)로 퇴직 후 국제 SET 선교회의 대표로서 국내와 국외의 선교사 후보생과 파송된 선교사를 훈련 중이다.

송훌다(송정금)

차례

1부 복음 DNA

2부 훈련 DNA

온 우주와 만물의 창조주(조물주)는 존재하시는가? 과연 창조주가 존재하신다면 곧 그는 누구이며 어떻게 알 수 있을까?

창조주는 거룩하신 영으로서 존재하시며 이 세상 가운데 최고의 신이시다. 우리는 그분을 하나님이라고 부른다. 창조주라는 뜻은 만물을 만든 주인이라는 뜻이다. 창조주, 즉 조물주는 피조물인 당신이 믿든지 믿지 않든지 반드시 존재하는 분이시다.

그렇다면 우리는 어떻게 이 창조주 하나님을 알 수가 있을까? 피조물인 사람은 제한적이고 창조주(조물주)는 무제한적이기 때문에, 한계가 있는 사람이 무한한 존재인 창조주의 모든 것을 이해할 수 없다. 아무리 훌륭한 과학 교수라도 가장 적절하고 쉬운 단어로 수학 공식을 갓난아이에게 수 시간 혹은 수개월 동안 설명해도 이 갓난아이는 하나도 알아들을 수가 없다. 마치 '소의 귀에 경 읽기'와 같다.

많은 사람에게는 공통적인 질문이 있다. 인생의 의미는 무엇인가? 이 질문에 대한 대답을 사람들은 과학적으로 얻으려고 한다. 어떤 사람은 인생의 의미를 철학이나 종교라는 틀 안에서 발견할 수 있다고 생각하여 갈망하고 연구한다. 그러나 필자는 철학이나 종교가 아니고 사람을 만드신 창조주(조물주)를 인정해야지만 그 답을 찾을 수 있다고 생각한다. 인생의 의미는 그 인생을 창조하시고 설계하시고 실천하신 하나님

안에서만이 그 정확한 대답을 얻을 수가 있다.

사람은 영, 혼, 육으로 구성되어 있다. 영과 혼은 사람의 눈에 보이지 않지만, 반드시 존재한다. 바람을 볼 수 없으나 바람의 존재를 느낌으로 아는 것과 같다. 사랑 역시 볼 수는 없지만 느낌과 나타나는 모습으로 알 수 있다. 바람과 사랑은 그 영향 때문에 존재한다는 것을 확실하게 알 수 있다. 만약 어떤 사람의 영혼이 그 사람에게서 떠나간다면 그 사람은 죽은 사람이다. 다만 장례를 치를 뿐이다.

그렇다면 사람의 몸을 떠난 영은 어디서 와서 어디로 가는 것일까? 여기서 이대로 모든 것이 끝이라면 좋겠는데 영혼은 영으로 창조되었기에 죽지 않는다. 물론 죽어보면 사실 여부를 확실히 알겠지만 이미 죽은 다음에는 이전으로 돌이킬 수가 없고, 죽은 육체는 신령한 육체(다시 죽을 수 없는 몸체)가 되어 오직 엄격한 심판을 받고 영원한 벌을 받게 되는 것이다. 그 영원한 벌을 받는 곳은 마귀와 그 사자들을 위하여 예비된 영원한 불(마 25:41)이라고 주 예수께서 말씀하셨다.

그러므로 보이지 않는 영혼이 더욱 중요한 것이다. 육체는 껍데기에 불과하다. 우리가 살아 있는 동안 육체를 빌려 살아있다고 하지만 영이 떠나고 나면 결국 죽는 존재가 사람인 것이다. 하나님은 처음에 사람을 창조하시고 하나님의 영을 불어 넣었다. 인간이 하나님의 영으로 깨어 있을 때는 죄에 대해 알지 못했다. 그러나 창조주가 모든 사람에게 정해놓은 규례를 육체 속에 담겨 있는 영혼이 육체와 더불어서 범했기 때문에 죽게 되었고, 각 사람이 살아 있을 때 행한 그 모든 죄에 대하여 심판을 함께 받게 되었다. 그러나 하나님은 사람의 육체가 살아있는 동안에 각 사람이 자기의 죄를 깨닫고 용서받아, 심판과 그 영벌을 면할 수 있도록 특별한 방법으로 배려해 주셨다. 곧 하나님의 특혜를 받도록 하나의 길을 주신 것이다. 이 길은 사람의 육체가 살아 있는 동안에 범한 죄를 용서받을 수 있도록 예수 그리스도의 공로를 통해서만 이루어 놓으신 길이다. 오직 주 예수님의 복음이 길이며 진리이며 생명이시다(요 14:6). 이 진리는 주 예수께서 다시 이 세상에 재림하실 때까지 열어 놓으신 길이다.

각 사람이 자기의 죄를 용서받지 못하고 그 육체가 죽었다면 반드시 죽은 후에는 심판받게 된다. 곧 누구든지 자기의 이름이 생명책에 기록되어 있지 않으면 그 영원한 벌인 유황불 못으로 던져짐을 받는 것이다(계 20:12-15). 성경은 사람에게 "한번 죽는 것은 사람에게 정해진 것이요 그 후에는 심판이 있으리니"(히 9:27)라고 말씀하셨다. 만약 어떤 사람이 이 성경 말씀이 마음에 들지 않아서 믿지 못한다고 해도 그 하나님의 말씀들은 살아서 영원히 계속 존재하실 것이다.

사람은 자기 지혜로 하나님을 알 수가 없다. 사람의 지혜에는 한계가 있다. 혹시 하나님이 미련하고 약하다고 생각하는 사람을 위해 성경은 "하나님의 어리석음이 사람보다 지혜롭고 하나님의 약하심이 사람보다 강하니라"라고 분명히 밝히고 있다(고전 1:25). 그리고 하나님께서는 "하나님의 지혜에 있어서는 이 세상이 자기 지혜로 하나님을 알지 못하므로 하나님께서 전도의 미련한 것으로 믿는 자들을 구원하시기를 기뻐하셨도다"(고전 1:21)라고 기록하셔서 전도를 통해 사람들을 죄로부터 해방하시고 구속하신다.

창조주(조물주) 하나님께서는 하나님의 아들이신 예수를 믿고 자기의 죄를 회개하고 주 예수를 마음 중심에 영접하는 자들에게 죄를 사하시고, 하나님의 자녀가 되는 권세를 주실 뿐만 아니라 또 영생을 주신다(요 3:12; 16). 그렇다면, 과연 주 예수님은 누구시며 어디에 속한 분인가? 약 2천 년 전에 이 땅에(초림) 처음 오신 하나님의 아들 주 예수는 하나님께서 사명을 주셔서 인간의 몸으로 보내신 하나님의 아들이다. 그는 하나님이 명하신 지상에서 이루실 일들을 다 이루셨다. 그리고 우리에게 약속하시기를 천국에 거할 처소를 예비하여 이 땅에 다시(재림) 오셔서 죽음과 아픔이 없는 영원한 천국으로 데리고 가시겠다고 약속하셨다(요 14:2-3).

마지막으로 제자들에게 아주 중요한 지상대명령을 주시고 하늘로 승천하셨다. 우리는 이것을 지상대명령, 대사명이라고도 한다. 이 대사명은 창조주(조물주)가 되시는 하나님께서 명령하셨기 때문에 마땅히 행해야만 한다. 곧 말씀이 하나님이며 말씀이 육체를 입고 이 세상에 하나님의 독생자 아들로 오셨고(요 1:1-14) 승천 직전에 마지막

대명령으로 그 제자들에게 명령하신 것이기 때문에 참으로 중요하므로, 더욱 엄격하게 준수해야 한다(마 28:19-20).

그리고 주님은 때가 되면 다시 오셔서 천년왕국을 통치하시고 흰 보좌 위에서 심판하실 것이다. 이때 생명책에서 누구든지 자신의 이름을 찾지 못하면 영원한 유황불못으로 던져지게 된다(계 20:15). 이 심판을 면할 수 있는 길은 주 예수님의 복음을 믿고 그분의 피 제사를 통해 자신의 모든 죄를 회개하여, 주 예수의 이름으로 죄 사함을 얻어야만 하는 것이다(눅 24:47).

하나님께서는 주 예수님 보혈의 공로를 통해 사람이 자기 죄를 회개하고 죄 사함을 받을 수 있도록 하셨다. 말하자면 사람이 복음을 듣고 자기 죄를 회개하고 죄 사함 받는 것을 주 예수님의 재림 때까지 열어 놓으셨다. 성경에 주 예수님께서 재림하실 때 일어나는 일들이 많이 기록되어 있는데 우리는 현재 이 세상에서와 이스라엘에서 일어나는 일들을 통해 확실하게 알 수가 있다.

승천하시면서 재림 때까지 제자들에게 가서 모든 민족으로 주 예수님의 제자를 만들고 침례를 베풀며 말씀을 가르치며 분부하신 모든 말씀을 지켜 행하라 하심이 곧 대사명이다. 최고 사령관이신 주 예수께서 주 예수님을 믿는 모든 자에게 엄격히 내리신 지상대명령이다!

그렇다면, 과연 독자는 어느 시점에서 제자의 직분을 감당하고 있는지 참으로 스스로 자신이 먼저 주 예수님의 균형잡힌 제자가 되어 주 예수님의 제자 열매가(요 15:16) 있는지 진심으로 고민해야만 하겠다. 또 믿음에 서 있는지를(고후 13:5) 꼼꼼히 점검해 보고 확신해야 할 것이다.

다시 강조하여 언급한다면, 즉 누구든지 주 예수님의 제자가 되었다면, 아직 주 예수님의 제자가 안 된 불신자들에게 복음을 전하여 주 예수님의 균형잡힌 제자들을 만들어야 할 것이다. 자기의 제자를 만드는 것이 아니다(예: 김〇〇 목사의 제자들, 황〇〇 선교사의 제자들, Smith 선교사의 제자들이 아니다.). 참으로 주 예수님의 제자라면 모든 복음 사역자가 다 함께 주 예수 스승님의 대 지상 명령을 순종하고 이행하여 그분 곧 주 예수님의 제자들을 만드는 것이다(함께 동역하는 주 예수님의 제자 김〇〇 선교사님 혹은 존슨 선교사님으로 소개하는 등). 그러므로 주 예수님의 가르침을 몸소 순종으로 수행/준수하며 계속 복음을 전할 뿐만 아니라 동시에 새로 믿게 된 주 예수님의 제자들을 힘을 다하여 항상 사랑의 수고를 다해 가르치고 훈련하는 것이다. 장성한 주 예수님의 제자들은 새 제자들을 장성하도록 만드는 일에 전심전력하는 자들이다.

그렇다면 누가 주 예수님의 제자인가? 주 예수님은 주가 주인 되시고 모든 죄로부터 구원하시는 구원자가 되시며 살아계신 하나님의 아들이라고 믿고 따르는 자가 곧 그분의 제자가 된다. 우선 주 예수님의 참된 제자가 되려면 자아를 모두 버려야 한다. 자신을 참으로 부인하여야 하며 또 자기의 십자가를 묵묵히 지고 주 예수님을 따라가야 한다. 주 예수께서 제자들에게 이르시되 "누구든지 나를 따라오려거든 자기를 부인하고 자기 십자가를 지고 나를 따를 것이니라"(마 16:24)라고 선언하셨다.

일부러 겸손할 필요는 없다. "곧 아무도 꾸며낸 겸손과 천사 숭배를 이유로 너희를 정죄하지 못하게 하라 그가 그 본 것에 의지하여 그 육신의 생각을 따라 헛되이 과장하고"(골 2:18)라고 기록되어 있다. 진실한 겸손함으로 주 예수님의 복음과 함께 복음 전파자가 가야할 고난의 길을 충성스럽게 가야 한다. 그러므로 "너는 내가 우리 주를 증언함과 또는 주를 위하여 갇힌 자 된 나를 부끄러워하지 말고 오직 하나님의 능력을 따라 복음과 함께 고난을 받으라"(딤후 1:8) 하셨다. 그러므로 복음 사역자들에게 성경은 말씀하신다. "너는 모든 일에 신중하여 고난을 받으며 전도자의 일을 하며 네 직무를 다하라"(딤후 4:5)고 명령하신다.

죄에 대항하며 살아야 한다. 피 흘리며 죽기까지라도 끝까지 싸워 이겨야 한다. 성경은 선포하신다. "너희가 죄와 싸우되 아직 피흘리기까지는 대항하지 아니하고"(히 12:4)라고 말씀하신다.

그래서 주인 되신 주 예수께서 행하라고 명령하신 모든 일에 충성된 순종으로 이행하려고 노력하며 몸소 수행하는 자들이 주 예수님 제자의 삶을 사는 것이다. 역시, 주 예수님의 제자 '도'에 입문한 새 신자들도 여기에 포함된다. 제자 '도'에 들어온 자로서 자신의 목숨이 마감되는 순간까지 아니면 주 예수께서 공중이나 이 땅에 재림하시는 순간까지 제자훈련을 받고 돌이켜 다른 충성된 자들을 훈련하여 하나님께 영광을 함께 돌리며 복음을 전하는 자들을 만드는 것이다. 자신도 제자로서 곧 새로 믿는 제자의 삶을 자신과 같이 혹은 함께 대사명을 순종으로 준수하는 자가 되도록 가르치고 훈련하며 하나님께 예배하며 주 예수님의 복음으로 하나님의 새 자녀들을 항상 배출하는 영적인 산파의 일을 잘하는 제자들이 되게 하는 것이다.

충성된 자들을 찾아서 '나'라는 일대부터 '사'대까지(딤후 2:2) 아니면 그 이후의 대까지 이르도록 제자로서 특히 충실한 복음의 본질인(DNA) 씨알이 있는 제자로서 언제 어느 곳에서도 그 복음의 생명 씨앗이 발아되어 똑같은 주 예수님의 제자들을 배출시켜야 한다. 그리하여 동시에 자발적으로 또 다발적으로 신령과 진리로 하나님께 예배를 드리며 주 예수님의 교회가 세워져야 한다. 왜 교회를 세우는가? 전도하고 선교하여 주 예수님의 제자를 만들기 위해서다. 왜 복음 전도하고 선교하여 주 예수님의 제자를 만드는가? 당연히 신령과 진리로 하나님께 예배를 드리는 자녀로서 공동체 즉 주 예수님의 교회를 세우기 위해서다. 공동체 교회에서 훈련받은 복음 전도자 선교사들 곧 주 예수님의 제자들이 배출되게 하는 것이 주 예수님 제자의 삶이다.

실상으로, 언제 누가 주 예수의 제자가 될 수 있는가? 불신자가 주 예수를 진심으로 믿고 죄를 회개하며 주 예수 이름을 마음속에 영접하면 하나님의 자녀가 되는 권세를 받은 자가 된 것이며, 곧 신자가 된 것이다. 즉 새 신자는 제자 '도'에 들어왔다는 것이다. 최우선으로의 순종은 제자 '도'에 입문한 자로서 공개적으로 믿는 자의 침례를 받는 것이다. 그리고 말씀을 배우며 말씀을 순종하는 것을 배운다. 주 예수님의 지상대명령을 먼저 주 예수의 제자 '도'에 들어온 다른 믿는 자들과 함께 주 예수님의 분부하신 모든 말씀을 배우며 주 예수님을 전하는 증인의 삶을 함께 순종함으로 살아가는 것이다.

성경에서 말하는 주 예수의 참 제자 훈련을 하기 위하여 복음의 본질(DNA 3)과, 복음을 들은 불신자의 반응(DNA 3)과, 대사명의 본질(DNA 5)과, 그리스도의 도의 기본 교훈의 본질(DNA 6)과 교회의 본질(DNA 7)과 그리고 하나님 자녀로서 또 하나의 교회가 된 자로서 삶 속에 열매로 풍성한 여덟 가지의 본질(DNA 8)을 성경을 통하여 진솔하게 믿음으로 살아내어야 한다. 충성된 순종으로 행동에 옮겨 각각의 열매를 맺어야 한다. 하나님 아버지께는 남종과 여종이 있으시다. 그들에게 같은 사랑으로 성령님을 주시며(행 2:18) 소명과 사명을 주신다. 주 예수님의 지상 명령을 잘 수행하기 위하여 마땅히 제자로서 알고 행해야 할 것들과 지침들을 아래 훈련 목록에 열거하였다. 하나님 아버지로부터 각각 소명 곧 목숨에 부르심을 받고 그 받은 사명을 또 목숨을 다하여 일하는 사명을 감당하는 데 국제 SET 선교회 사관학교의 복음 SET 전도훈련과 대사명의 균형 잡힌 SET 제자 훈련 과정이 각각 훈련하는 자와 동시에 훈련받는 각 사람에게 유효한 학습과 지침이 되기를 주 예수님의 이름으로 축복 기도한다.

지상대명령을 잘 준수하여 주 예수님의 충성된 제자들을 무수히 배출하여 전 세계에 복음의 일꾼들이 헤아릴 수 없을 정도로 풍성하기를 간절히 바란다. 모두 함께 범사에 하나님의 뜻을 이루어 드리는 아주 충성된 남종과 여종이 되어야만 한다. 하나님 아버지의 마음을 참으로 시원하시게 하여 드리는 자들이 되는 것이다. 모든 일에 하나님께만 100%로 영광을 돌리는 자들이 되어야만 한다. 그리하여 주 예수님 재림 시에 충성되고 믿음이 있는 자들로 인정받아야 하겠다(눅 18:8). 주 예수님의 지상대명령을 잘 수행하는 충성된 제자들에게 하나님 아버지의 칭찬과 또 이 세상과 오는 세계에서 큰 복들이 특별히 임하기를 주 예수님의 이름으로 축복한다. 화목하게 하는 직분 주심을 감사한다.

"모든 것이 하나님께로 났나니 저가 그리스도로 말미암아 우리를 자기와 화목하게 하시고 또 우리에게 화목하게 하는 직책을 주셨으니 이는 하나님께서 그리스도 안에 계시사 세상을 자기와 화목하게 하시며 저희의 죄를 저희에게 돌리지 아니하시고 화목하게 하는 말씀을 우리에게 부탁하셨느니라"(고후 5:18-19)

교재 출판을 주관하시고 마치게 하신 하나님 아버지께 모든 영광과 감사를 진심으로 드린다. 여덟 가지 DNA 도표를 정리해 주신 이신숙 전도사님과 화살과 과녁 그림으로 수고하신 황선희 집사님 그리고 그 외 여러 도표와 그림으로 수고해 주신 몇 분에게 심심한 감사를 드린다. 특별히 이 교재가 나올 수 있도록 감동을 주신 2018년 2기 생도 분들인 권정숙 권사님과 고종순 선교사님 그리고 다른 두어 분의 출판헌금에 축복하며 감사드린다.

시작부터 끝까지 많이 애쓰시고 힘을 주신 Dr. 이요섭 목사님께 각별한 감사를 드린다. 특별히 미국 캘리포니아 USC에서 교육학 박사 전공, 미국계 유대인으로서 세계적인 폭넓은 통찰력과 많은 지식으로 한없이 부족한 필자를 55년 이상 지도해 주셨던 1966년 K-1 평화봉사단 남편 ⒢Dr. Arthur M. Jackson님께 무한한 감사를 드린다.

"네~ 그렇습니다! 하나님께서 하셨습니다!" 할렐루야!

2024년 가을에 송훌다 씀

복음
DNA

복음

복음의 신비와 그 비밀은 영광의 소망
복음의 신비한 비밀은 곧 예수 그리스도시다!

"이제는 나타내신 바 되었으며 영원하신 하나님의 명을 따라 선지자들의 글로 말미암아 모든 민족이 믿어 순종하게 하시려고 알게 하신 바 그 신비의 계시를 따라 된 것이니 이 복음으로 너희를 능히 견고하게 하실 지혜로우신 하나님께 예수 그리스도로 말미암아 영광이 세세무궁하도록 있을지어다 아멘"(롬 16:26-27).

"이방인들이 복음으로 말미암아 그리스도 예수 안에서 함께 상속자가 되고 함께 지체가 되고 함께 약속에 참예하는 자가 됨이라"(엡 3:6).

"또 나를 위하여 구할 것은 내게 말씀을 주사 나로 입을 열어 복음의 비밀을 담대히 알리게 하옵소서 할 것이니"
(엡 6:19).

"이 비밀은 만세와 만대로부터 감추어졌던 것인데 이제는 그의 성도들에게 나타났고 하나님이 그들로 하여금 이 비밀의 영광이 이방인 가운데 어떻게 풍성한 지를 알게 하려 하심이라 이 비밀은 너희 안에 계신 그리스도시니 곧 영광의 소망이니라 우리가 그를 전파하여 각 사람을 권하고 모든 지혜로 각 사람을 가르침은 각 사람을 그리스도 안에서 완전한 자로 세우려 함이니"(골 1:26-28).

Ⅰ. 복음의 핵심 세 가지(3) DNA(고전 15:1-4)

주 예수 = 복음 = 진리

복음의 핵심 세 가지 DNA는 하나님의 인류 구속 청사진이며 성경 신구약의 연속성을 가진 내용이다.

"내가 복음을 부끄러워하지 아니하노니 이 복음은 모든 믿는 자에게 구원을 주시는 하나님의 능력이 됨이라 먼저 유대인에게요 그리고 헬라인에게로다"(롬 1:16)

"만일 우리의 복음이 가리었으면 망하는 자들에게 가리어진 것이라 그 중에 이 세상의 신이 믿지 아니하는 자들의 마음을 혼미하게 하여 그리스도의 영광의 복음의 광채가 비치지 못하게 함이니 그리스도는 하나님의 형상이니라"(고후 4:3-4)

<도표 1-1> 복음의 핵심 세 가지(3) DNA

3 복음의 핵심 세 가지 DNA

1. 죽음(십자가상) 2. 장사 되시고 3. 부활(생명 부활)

하나님의 인류 구속 도면(청사진-Blueprint)은 성경대로 주 예수님의 죽음과 장사와 부활이다.

> "형제들아 내가 너희에게 전한 복음을 너희에게 알게 하노니 이는 너희가 받은 것이요 또 그 가운데 선 것이라 너희가 만일 내가 전한 그 말을 굳게 지키고 헛되이 믿지 아니하였으면 그로 말미암아 구원을 받으리라 내가 받은 것을 먼저 너희에게 전하였노니 이는 성경대로 그리스도께서 우리 죄를 위하여 죽으시고 장사 지낸바 되셨다가 성경대로 사흘 만에 다시 살아나사"(고전 15:1-4)

주 예수님의 죽음, 장사, 부활이 곧 복음의 DNA다.

1. 죽음

주 예수님의 죽음은 죽은 사람의 영, 혼, 육을 살려서 영생을 얻게 한다.

> "내가 하늘로서 내려온 것은 내 뜻을 행하려 함이 아니요, 나를 보내신 이의 뜻을 행하려 함이니라 나를 보내신 이의 뜻은 내게 주신 자 중에 내가 하나도 잃어버리지 아니하고 마지막 날에 다시 살리는 이것이니라 내 아버지의 뜻은 아들을 보고 믿는 자마다 영생을 얻는 이것이니

마지막 날에 내가 이를 다시 살리리라"(요 3:38-40)

"살리는 것은 영이니 육은 무익하니라 내가 너희에게 이른 말이 영이
요 생명이라"(요 6:63)

인류의 조상 아담은 죽었다!

"사망이 한 사람으로 말미암았으니 죽은 자의 부활도 한 사람으로 말
미암는도다. 아담 안에서 모든 사람이 죽은 것같이 그리스도 안에서 모
든 사람이 삶을 얻으리라"(고전 15:21-22)

주 예수 그리스도는
① 제물로 죽으러 오심(믿는 자의 죄를 사함. 눅 24:47)
② 구속하고 구원하러 오심(믿는 자를 구원. 요 3:16)
③ 부활 생명 주시러 오심(믿는 자를 살려서 부활시킴. 요 6:40)
죽으러 오신 주 예수 그리스도는 곧 살리는 영으로 세상에 오심(요 6:63)
곧 여자의 후손(창 3:15) = 처녀의 아들(사 7:14)로 오셨다.

"보라 처녀가 잉태하여 아들을 낳을 것이요 그의 이름을 임마누엘이라
하리라"(사 7:14)

베드로가 대답하다
주는 그리스도시요 살아계신 하나님의 아들(마 16:16, 요 11:27)
주 = 모든 것의 주재요 총재 되시는 하나님
그리스도 = 왕, 제사장, 선지자 곧 기름 부음 받은 자, 심판장
살아계신 하나님의 아들 = 현현하신 독생하신 하나님(요 1:18)

만왕의 왕, 만주의 주(계 19:16)

왜 주 예수께서 피 흘리며 죽으셔야만 하셨는가?

"새 노래를 노래하여 가로되 책을 가지시고 그 인봉을 떼기에 합당하시도다 일찍 죽임을 당하사 각 족속과 방언과 백성과 나라 가운데서 사람들을 피로 사서 하나님께 드리시고(계 5:9)

(죽은 영, 혼, 육을 피로 사서 살려야 되기 때문이다.) 아담은 불순종의 죄 때문에 죽었다. 생령이 생명을 잃고 죽은 영이 되었다(창 2:17; 3:5). 피는 생명을 상징한다(레 17:11).

DNA는 무엇인가? 곧 그 본체의 본질이다. 감자 DNA는 감자를, 토마토 DNA는 토마토를, 흰콩 DNA는 흰콩을 만들어 낸다. 감자 DNA는 절대로 토마토 열매를 맺지 않는다! 오직 감자만을 맺을 뿐이다.

그러므로 죄인은 죄인을 낳는다…죄의 삯은 사망이다. 죄인의 마지막은 영원한 사망이다.

"욕심이 잉태한즉 죄를 낳고 죄가 장성한즉 사망을 낳느니라"(약 1:15)

"죄의 삯은 사망이요 하나님의 은사는 그리스도 예수 우리 주 안에 있는 영생이니라"(롬 6:23)

인류의 조상 아담과 하와는 하나님이 먹지 말라는 선악과 열매를 먹고 영·혼·육이 죽었다!

"여호와 하나님이 그 사람에게 명하여 이르시되 동산 각종 나무의 열매는 네가 임의로 먹되 선악을 알게 하는 나무의 열매는 먹지 말라 네가 먹는 날에는 반드시 죽으리라 하시니라"(창 2:16-17)

아담과 하와는 하나님의 말씀을 불순종하여 죽은 상태로 죽은 후손들(인류)을 낳았다.

그러므로 모든 사람의 영, 혼, 육이 정녕 모두 죽은 상태이다!

죽은 자는 죽은 자만 낳을(맺음) 수 있기 때문이다!

그러므로 사람이 태어나서 장성하고 시집·장가가며 일하고 밥을 먹으며 자고 깨며 여행할지라도 하나님의 법대로 구원받지 않았다면 그는 곧 죽은 자다. 죽은 자로서 한 번 더 죽은 자를 장사지낸다.

"예수께서 이르시되 죽은 자들이 저희 죽은 자를 장사하게 하고 너는 나를 좇으라 하시니라"(마 8:22).

예수 그리스도는 죽은 자들을 살리시려고 피를 흘리셨고 저주의 나무 십자가 위에서 죽으셨다. 하나님 생명의 피로 인류의 죄를 속하셨다.

"육체의 생명은 피에 있음이라 내가 이 피를 너희에게 주어 제단에 뿌려 너희의 생명을 위하여 속죄하게 하였나니 생명이 피에 있으므로 피가 죄를 속하느니라"(레 17:11)

피 제사(레1:1-13)
① 세상 죄를 지고 가는 어린 양이로다(요 1:29).
② 사람들을 피로 사서 하나님께 드리시고(계 5:9).
③ 하나님이 자기 피로 사신 교회(행 20:28).

주 예수님의 피 흘리고 죽으심은 나의 죄 때문이다.

그러므로 진심으로 자신의 죄를 고백하며 회개해야 한다.

그 죄는 다음과 같다.

1) 하나님 믿지 않고 하나님 말씀에 불순종한 죄.

2) 하나님 외에 다른 신을 믿고(마음속에) 엎드려 절한 죄.

3) 사람 사이에서 범한 불의라고 할 수 있는 모든 언어와 행위.

나의 고백

나는, 창조주 하나님께서 곧 말씀이 육신 되시어 이 땅에 오셨음을 믿는다. 주 예수는 하나님의 아들(요 1:1-16)이시며 한 분인 하나님의 이름으로(요 5:43) 오셨음을 믿는다. 그리고 이 예수는 모퉁이 돌이며 온 인류는 이 예수 이름으로만 죄 사함을 얻을 수 있다고 믿는다(눅 24:47).

나는, 다른 구원 얻을 이름은 전혀 없다고 믿는다(행 4:11-12).

온 인류의 죄 곧 나의 죄를 사해 주시기 위하여 십자가 위에서 나 대신 피 흘리고 돌아가심으로 나의 모든 죄를 사하여 주시고 하나님의 자녀로 입양하시고 영생을 주셨음을 믿는다(요 1:12; 3).

나는, 죄로 죽은 나를 용서하시고 살려주시고 자녀 삼아주시고 영생 주심에 진심으로 감사한다.

나는, 주 예수님이 나의 주와 구속자라고 믿으며 모든 죄를 회개하며 중심에 예수님을 영접한다(요 1:12).

---

2. 장사

주 예수님이 장사 되신 것은 나를 위한 장사이며 나는 침례받음으로 동일하게 나를 장사 지낸다.

1) 주 예수님의 시체를 장사한 것은 나의 죄를 장사한 것과 동일하다. 그리하여 나는 죄에 대하여 죽은 자가 된 것이다.

2) 나도 주 예수님의 장사에 동참, 곧 침례(침례)를 받으므로 함께 장사 지 낸 것이다.

> "무릇 그리스도 예수와 합하여 침례를 받은 우리는 그의 죽으심과 합하여 침례를 받은 줄을 알지 못하느냐, 그러므로 우리가 그의 죽으심과 합하여 침례를 받음으로 그와 함께 장사 되었나니 이는 아버지의 영광으로 말미암아 그리스도를 죽은 자 가운데서 살리심과 같이 우리로 또한 생명 가운데서 행하게 하려 함이라(롬 6:3-5)

3. 부활

나는 생명 부활을 받았다. 부활을 약속받은 자는 주 예수님을 전파하는 삶을 산다.

1) 예수님께서는 죽었다가 다시 살아나실 것을 계속 말씀하셨다.
2) 주 예수님의 육체(시체)는 다시 살아나셨다. 나의 영생을 위하여 부활해 주셨다.

> "예수께서 이르시되 나는 부활이요 생명이니 나를 믿는 자는 죽어도 살겠고"(요 11:25)

> "이방인들에게 넘겨 주어 그를 조롱하며 채찍질하며 십자가에 못 박게 할 것이나 제삼일에 살아나리라"(마 20:19)

> "그가 여기 계시지 않고 그가 말씀하시던 대로 살아나셨느니라 와서 그가 누우셨던 곳을 보라 또 빨리 가서 그의 제자들에게 이르되 그가 죽은 자 가운데서 살아나셨고 너희보다 먼저 갈릴리로 가시나니 거기

서 너희가 뵈오리라 하라 보라 내가 너희에게 일렀느니라"(마 28:6-7)

3) 나는 생명 부활을 받았기에 평생 감사와 기쁨 속에서 살아간다.

(1) 주 예수님을 마음 중심에 영접하여 하나님의 자녀가 되었다.

(2) 생명의 부활을 받은 자로서 이 세상에서 동화된 삶을 살지 않고 하나
님의 자녀로 구별된 삶을 살아가는 자다.

(3) 소금과 빛의 선한 사역을 하는 자로 하나님 아버지께 영광을 돌리는
삶을 살아가는 자다.

(4) 중심에 하나님을 모시고 살면서 주 예수 그리스도를 증거, 전파하며
살아간다.

부활하신 예수님은 사십일 제자들에게 보이시며 하나님 나라의 일을 말
씀하시며 가르치셨다(행 1:3). 오백여 명의 제자에게 나타나시어 부활하셨음
을 친히 보이셨다(고전 15:6).

부활하신 예수님은 부활의 많은 증거를 보여주셨고 부활의 많은 증거를
본 제자들은 오순절 날 성령 충만을 받은 후 담대하고 용감해졌다. 그 결과
주 예수의 복음 전도에 목숨 바쳐 순교하는 삶을 살았다!

"만일 우리가 그의 죽으심과 같은 모양으로 연합한 자가 되었으면 또
한 그의 부활과 같은 모양으로 연합한 자도 되리라"(롬 6:5)

"선한 일을 행한 자는 생명의 부활로 악한 일을 행한 자는 심판의 부활
로 나오리라"(요 5:29)

성령 충만함과 능력을 받고 담대하여 주 예수님의 복음 전도에 전심전
력해야 한다(목숨까지 바쳐 순교할 수 있는 삶이 되도록 힘쓴다).

II. 복음을 들은 불신자의 반응, 세 가지(3) DNA

☞ 복음을 들은 죄인이 하나님의 사랑에 감동되어 반응한다.

주 예수님의 복음을 듣고 깨달은 자로서 반응할 때, 우선 하나님과 주 예수님을 진심으로 믿고 자신의 죄를 회개한 후, 주 예수님을 마음 중심에 모시어, 곧 영접하여 하나님의 자녀가 되는 것이다.

〈도표 1-2〉 복음을 들은 불신자의 반응 세 가지(3) DNA

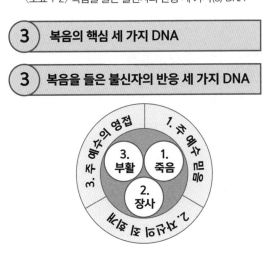

1. 믿고(하나님과 주 예수님을) 2. 죄를 회개하고 3. 영접한다(마음 중심에 예수님을 구주와 왕으로)

"하나님이 세상을 이처럼 사랑하사 독생자를 주셨으니 이는 그를 믿는 자마다 멸망하지 않고 영생을 얻게 하려 하심이니라"(요 3:16)

"영접하는 자 곧 그 이름을 믿는 자들에게는 하나님의 자녀가 되는 권세를 주셨으니"(요 1:12)

예수님을 영접하는 사람은 하나님께서 사람에게 주신 자유 의지로 마음을 열고 정중하고 공손하게 감사함으로 반응한다.

"이르시되 때가 찼고 하나님 나라가 가까이 왔으니 회개하고 복음을 믿으라 하시더라"(막 1:15)

"그러므로 믿음은 들음에서 나며 들음은 그리스도의 말씀으로 말미암았느니라"(롬 10:17)

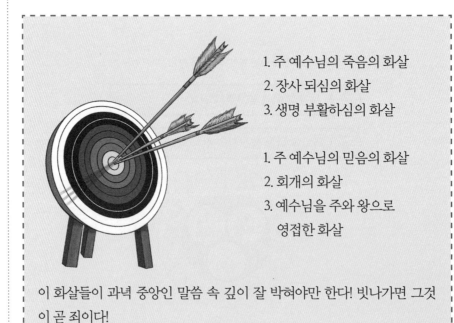

1. 주 예수님의 죽음의 화살
2. 장사 되심의 화살
3. 생명 부활하심의 화살

1. 주 예수님의 믿음의 화살
2. 회개의 화살
3. 예수님을 주와 왕으로
   영접한 화살

이 화살들이 과녁 중앙인 말씀 속 깊이 잘 박혀야만 한다! 빗나가면 그것이 곧 죄이다!

1. 주 예수를 믿음

복음을 들은 죄인의 첫 번째 반응은 믿음이다. 복음 전함의 말씀이 그들에게 유익하지 못한 것은 말씀 듣는 자가 믿음과 결부시키지 않기 때문이다 (히 4:2).

1) 창조주 하나님과 주 예수님을 믿으며 죄를 회개하고 자신의 모든 죄를 용서하시고 사하여 주셨다고 믿어야 한다. 부활의 몸을 입고 새 생명을 받은 하나님 자녀가 됨을 믿어야 한다. 주 예수의 복음을 헛되이 믿지 않고 똑바로 믿으면 구원받는다(고전 15:1-2). 주 예수님은 다해 주셨지만 믿고 죄를 회개하며 영접지 않는다면 죄 사함을 받고 하나님 자녀가 될 수 없다.

2) 자신의 믿음을 확증하고 구원받는 법을 순종해야 천국에 간다. "나더러 주여 주여 하는 자마다 다 천국에 들어갈 것이 아니요 다만 하늘에 계신 내 아버지의 뜻대로 행하는 자라야 들어가리라…내가 너희를 도무지 알지 못하니 불법을 행하는 자들아 내게서 떠나가라 하리라"(마 7:21-23)라고 하셨다. 하나님의 인류구속 설계도에 맞는 구원법을 어기지 않아야 천국에 간다. 주 예수님을 믿을 때 믿음 안에 있는가 너희 자신을 시험하고 너희 자신을 확증하라…그렇지 않으면 너희는 버림받은 자라고 하셨다(고후 13:5).

2. 자신의 죄를 회개

복음을 들은 죄인의 두 번째 반응은 회개함이다.
정중하게 자신의 모든 죄를 사하여 달라고 하나님께 회개하여야 한다.

1) 하나님을 믿지도 않고 그분의 말씀도 순종치 않은 죄.

2) 다른 신을 믿거나 마음속으로라도 믿거나 혹은 엎드려 절을 한 죄.

3) 사람 사이에서 범한 죄라고 할 수 있는 언어와 행위들을 주 예수님을 의지하여 자기 죄를 진심으로 회개한다.

4) 진정한 회개

회개에는 180도의 변화가 있어야 한다. 360도가 아니다. 그러므로 회개의 합당한 열매를 맺어야 한다(마 3:8).

예를 들어 거짓말하는 죄를 회개했다면 다시는 거짓말하지 말아야 한다.

도둑질하는 죄를 회개했다면 다시는 도둑질 하지 말아야 한다.

남의 흉을 보는 죄를 회개했다면 다시는 남의 흉보지 말아야 한다.

우리의 삶속에서 구체적이고 실제적인 변화가 일어나야 한다.

인간은 출생 0세에서 70~80세에 사망한다고 하면, 그동안에 지은 모든 죄를 어느 지점에서 예수님을 믿고 회개하면 하나님께서 일생의 모든 죄를 용서해주신다(골 2:12-15).

> "이와 같이 너희도 너희 자신을 죄에 대하여는 죽은 자요 그리스도 예수 안에서 하나님께 대하여는 살아 있는 자로 여길지어다 그러므로 너희는 죄가 너희 죽을 몸을 지배하지 못하게 하여 몸의 사욕에 순종하지 말고 또한 너희 지체를 불의의 무기로 죄에게 내주지 말고 오직 너희 자신을 죽은 자 가운데서 다시 살아난 자 같이 하나님께 드리며 너희 지체를 의의 무기로 하나님께 드리라 죄가 너희를 주장하지 못하리니 이는 너희가 법 아래에 있지 아니하고 은혜 아래에 있음이라 그런즉 어찌하리요 우리가 법 아래에 있지 아니하고 은혜 아래에 있으니 죄를 지으리요 그럴 수 없느니라"(롬 6:11-15)

일생의 모든 죄를 용서 받았다고 또 죄를 범하며 살 수 있는 자유는 없다!

5) 세 가지 복과 구원 선물

하나님의 선물은 구원이다. 구원은 죄의 노예 신세에서 벗어나는 것이다. 죄사함을 받고 하나님의 자녀로 입양되어 영생을 받고 의와 평화의 천국에서 영원히 살 수 있다. 모든 죄의 속량함을 받고 구원이라는 선물을 창조주 하나님으로부터 받았기 때문이다. 하나님을 믿고 죄를 회개하며 주 예수 그리스도의 이름을 자기의 마음 중심 속에 영접한 자에게는 하나님의 자녀가 되는 권세를 주셨다(요 3:12)라고 주 예수께서는 말씀하셨다.

죄의 속량함을 받고 구원을 받았다는 것은 마귀의 사악한 흑암의 권세에서 건져냄을 받아 빛과 평안과 의의 하나님 나라로 옮김을 받았다는 것을 의미한다. 즉 구원은 진정한 영생을 받고 이생에서도 하나님의 사랑과 보호를 받을 뿐만 아니라 눈물과 애곡과 아픔이 없는 천국에서 창조주 하나님과 영원히 함께 사는 것이다. 그리고 이 세상을 살아가는 동안에도 죄를 다스려 승리하여, 깨끗하고 복되며 기쁨 가운데서 권세와 능력 있는 삶을 살아갈 수가 있다.

그러므로 속량함이란 곧 하나님의 피로 죄사함을 받아 구속하심을 얻고 아담의 타락 이전의 자녀로 회복시킴을 받는 것이다. 곧 하나님의 자녀가 되어 하나님을 닮아가는 자로 새롭게 거듭난 것이다. 즉 새사람인 새것으로 만들어 주셨다는 뜻이다.

> "누구든지 그리스도 안에 있으면 새로운 피조물이라 이전 것은 지나갔으니 보라 새것이 되었도다"(고후 5:17)

그뿐만 아니라 모든 천사보다 더 높은 지위를 가진 자로 바로 하나님의 직계 자녀들인 후사로 만들어 주셨다. 모든 천사는 하나님의 부리시는 종들이며 영들이다. 그러므로 천사들은 하나님의 자녀들을 섬기는 종들이 된다.

"모든 천사들은 섬기는 영으로서 구원 받을 상속자들을 위하여 섬기라고 보내심이 아니냐"(히 1:14)

하나님의 자녀가 되었다는 것은 주 예수님의 복음을 듣고 진심으로 하나님과 주 예수님을 믿으며 모든 죄를 회개한 후 주 예수님을 마음 중심에 주와 왕으로 모셔 들인 자다. 그래서 하나님의 아들 혹은 딸이 된 상태를 말한다. 하나님의 자녀가 되는 권세를 받고 구원 얻은 자들로서 후사가 되었다는 것이다. "일찍 죽임을 당하사 각 족속과 방언과 백성과 나라 가운데서 사람들을 피로 사서 하나님께 드리시고"(계 5:9)라고 하셨다. 사단 마귀에게 잃어버렸던 자들을 하나님의 피 값으로 치르고 죄를 사해주시어 흑암의 권세 곧 죽음으로부터 자유롭게 탈출시키시고 생명을 주신 것이다. 이렇게 각각 한 사람씩 사람들을 구속하셨다. 타락 이전의 하나님의 자녀들로 특별하게 복귀시키시고 구원하여 주신 것이다.

주 예수께서는 오직 하나님 아버지께로 복귀할 수 있는 길은 주 예수님을 통해서만 가능하다고 말씀하셨다. "예수께서 가라사대 내가 길이요 진리요 생명이니 나로 말미암지 않고는 아버지께로 올 자가 없느니라"(요 14:6)라고 선포하셨다.

성경에 사도 바울은 "너희에게 전한 복음을 너희로 알게 하노니 이는 너희가 받은 것이요 또 그 가운데 선 것이라 너희가 만일 나의 전한 그 말을 굳게 지키고 헛되이 믿지 아니하였으면 이로 말미암아 구원을 얻으리라"(고전 15:2)라고 기록되었다. 동시에 사도 바울은 "다른 복음은 없나니 다만 어떤 사람들이 너희를 요란케 하여 그리스도의 복음을 변하려 함이라 그러나 우리나 혹 하늘로부터 온 천사라도 우리가 너희에게 전한 복음 외에 다른 복음을 전하면 저주를 받을지어다"(갈 1:7-8)라고 갈라디아 교회에게 경고하였다.

구원은 이 세상의 모든 금과 돈 즉 그 어떤 물질로도 살 수가 없다. 구원의 가격은 바로 하나님 아들의 피와 몸과 목숨값이기 때문이다. 사람의 능력으로는 결코 하나님 아들의 몸값을 지불할 수 없기에 하나님께서는 한없는 은혜와 사랑으로 모든 믿는 자에게 값없이 선물로 구원을 주신 것이다.

6) 회개를 동물 제사에 비유-죄사함을 받기 위해 제사한다.

나와 나의 회개와 제물(동물/예물)이 열납 될 만한가?(레 1:1-13).

(1) 나는 번제물이 열납(받으실만한) 될 만한 것으로 선택한다.

(2) 나는 번제물 머리에 안수하여 동물이 제물이 되게 한다(속죄받기 위해 내 죄를 전가함).

(3) 나는 번제물을 잡아 피를 받아서 제사장에게 건네준다.

(4) 제사장은 그 피를 나에게서 받아 회막문 앞 단 사면에 뿌린다.

(5) 나는 번제물의 가죽을 벗긴다.

(6) 나는 번제물 육체의 각을 뜨고 머리와 기름을 떼어 모두 다 제사장에게 건네준다.

(7) 제사장은 나에게서 그 모든 것을 받아 단 위의 불에 벌려놓는다.

(8) 나는 내장과 정강이를 씻어 제사장에게 건네준다.

(9) 제사장은 그 전부를 나에게서 받아 가져다 단 위에 불살라 함께 번제한다.

사도 바울처럼 우리는…"나는 날마다 죽노라"(고전 15:31)

죄사함을 얻고 구원 얻게 하는 이름은 오직 주 예수 그리스도이시다.

"또 그의 이름으로 죄 사함을 받게 하는 회개가 예루살렘에서 시작하여 모든 족속에게 전파될 것이 기록되었으니"(눅 24:47)

"이 예수는 너희 건축자들의 버린 돌로서 집 모퉁이의 머릿돌이 되었느니라 다른 이로써는 구원을 받을 수 없나니 천하 사람 중에 구원을 받을 만한 다른 이름을 우리에게 주신 일이 없음이라 하였더라"(행 4:11-12)

"베드로가 이르시되 너희가 회개하여 각각 예수 그리스도의 이름으로 침례를 받고 죄사함을 받으라 그리하면 성령의 선물로 받으리니 이 약속은 너희와 너희 자녀와 모든 먼 데 사람 곧 우리 하나님이 얼마든지 부르시는 자들에게 하신 것이라 하고"(행 2:38-39).

3. 주 예수 영접

1) 복음을 들은 죄인의 세 번째 반응은 영접이다.

주 예수님을 자신의 마음 중심에 왕과 주로 영접한다. 영접함이란, 주 예수님의 이름을 자기의 중심 속에 모시고, 주 예수 그리스도를 진심으로 믿고 자신의 죄를 회개한 후 마음 중심에 왕과 주로 영접하여 하나님의 자녀가 되는 것이다.

"영접하는 자 곧 그 이름을 믿는 자들에게는 하나님의 자녀가 되는 권세를 주셨으니"(요 1:12)

2) 자기중심에 진심으로 주 예수님과 그분의 이름을 영접한다!

(1) 영접한다는 것은 신뢰하고 의지하며 믿는다는 표현이다.

(2) 주 예수님을 진심으로 거룩한 하나님의 아들이라고 믿는 것이다.

(3) 전능하신 하나님으로(사 9:6) 불가능도 가능하게 하심을 믿는 것이다.

참으로 주 예수님을 진심으로 믿고 회개하며 마음속에 모셔 드렸다면 진정으로 신기하고 놀라우며 아름답고 멋진 평화를 맛보며 누리게 될 수 있다. 새로운 피조물이 되어 새사람으로 거듭나게 되어 매일의 삶 속에서 기쁨과 평화의 열매가 맺혀진다.

> "그런즉 누구든지 그리스도 안에 있으면 새로운 피조물이라 이전 것은 지나갔으니 보라 새것이 되었도다"(고후 5:17)

> "오직 성령의 열매는 사랑과 희락과 화평과 오래 참음과 자비와 양선과 충성과 온유와 절제니 이 같은 것을 금지할 법이 없느니라"(갈 5:22-23)

> "너희가 서로 거짓말을 하지 말라 옛사람과 그 행위를 벗어 버리고"
> (골 3:9)

하나님의 자녀가 되었으니, 옛사람의 행위를 벗어버리고 먹든지 마시든지 예배를 드리든지, 그 무엇을 생각하고 행동할 때 질서 있게 해야 한다. 왜냐하면 하나님은 어지러움의 하나님이 아니시오 질서와 화평의 하나님이시기 때문이다(고전 14:33). 하나님과 사람 앞에서 그 언행, 심사, 행동에 경솔하고 무질서하면 하나님을 경홀히 여기는 것이며 스스로 힘든 삶을 택하는 것이다.

> "여호와께서 미워하시는 것 곧 그 마음에 싫어하시는 것이 예닐곱 가지이니 곧 교만한 눈과 거짓된 혀와 무죄한 자의 피를 흘리는 손과 악

한 계교를 꾀하는 마음과 빨리 악으로 달려가는 발과 거짓을 말하는 망령된 증인과 및 형제 사이를 이간하는 자이니라"(잠 6:16-19)

특히 하나님을(최고의 왕 앞에서) 24시간 7일씩 의식하지 않고 함부로 산다면 만민의 심판자이신 하나님 아버지를 멸시하는 것이다.

"그러므로 하나님의 능하신 손 아래에서 겸손하라 때가 되면 너희를 높이시리라"(벧전 5:6)
"사람아 주께서 선한 것이 무엇임을 네게 보이셨나니 여호와께서 네게 구하시는 것은 오직 정의를 행하며 인자를 사랑하며 겸손하게 네 하나님과 함께 행하는 것이 아니냐"(미 6:8)

3) 하나님의 자녀가 되었기에 참된 평화와 구원의 기쁨을 누리게 된다.

"너희는 다시 무서워하는 종의 영을 받지 아니하고 양자의 영을 받았으므로 우리가 아빠 아버지라 부르짖느니라"(롬 8:15)

"너희는 그 은혜에 의하여 믿음으로 말미암아 구원을 받았으니 이것은 너희에게서 난 것이 아니요 하나님의 선물이라"(엡 2:8)

참으로 구원받아 주 예수님의 생명을 소유한 자라면 삶의 변화가 나타난다. 옛사람의 나쁜 생각과 습관을 벗어버리고 하나님의 말씀을 따라 칭찬받을 만한 사람으로 점점 변화되어 하나님의 자녀답게 장성해야 한다. 하나님을 믿는다는 것은 피 흘리고 죽기까지라도 그분의 말씀대로 살아내는 것이다.

"대답하여 이르되 우리 아버지는 아브라함이라 하니 예수께서 이르시되 너희가 아브라함의 자손이면 아브라함이 행한 일들을 할 것이거늘 지금 하나님께 들은 진리를 너희에게 말한 사람인 나를 죽이려 하는도다 아브라함은 이렇게 하지 아니하였느니라"(요 8:39-40)

"너희가 죄와 싸우되 아직 피흘리기까지는 대항하지 아니하고"(히 12:4)

"…네가 죽도록 충성하라 그리하면 내가 생명의 관을 네게 주리라"
(계 2:10)

"끝으로 형제들아 무엇에든지 참되며 무엇에든지 경건하며 무엇에든지 옳으며 무엇에든지 정결하며 무엇에든지 사랑받을 만하며 무엇에든지 칭찬받을 만하며 무슨 덕이 있든지 무슨 기림이 있든지 이것들을 생각하라"(빌 4:8)

복음을 듣고 반응하여 하나님과 주 예수님을 믿고 죄를 회개하고 주 예수님의 이름을 마음속에 영접하여 하나님의 자녀가 되었다!

복음 제시 관련 성구

"한번 죽는 것은 사람에게 정해진 것이요 그 후에는 심판이 있으리니"
(히 9:27)

"수고하고 무거운 짐 진 자들아 다 내게로 오라 내가 너희를 쉬게 하리라"(마 11:28)

"죄의 삯은 사망이요 하나님의 은사는 그리스도 예수 우리 주 안에 있는 영생이니라"(롬 6:23).

"하나님이 세상을 이처럼 사랑하사 독생자를 주셨으니 이는 그를 믿는 자마다 멸망하지 않고 영생을 얻게 하려 하심이라"(요 3:16)

"아들을 믿는 자에게는 영생이 있고 아들에게 순종하지 아니하는 자는… 도리어 하나님의 진노가 그 위에 머물러 있느니라"(요 3:36)

"주 예수님을 영접하는 자 곧 그 이름을 믿는 자들에게는 하나님의 자녀가 되는 권세를 주셨으니"(요 1:12).

"너희는 그 은혜에 의하여 믿음으로 말미암아 구원을 받았으니 이것은 너희에게서 난 것이 아니요 하나님의 선물이라 행위에서 난 것이 아니니 이는 누구든지 자랑하지 못하게 함이라"(엡 2:8-9)

"아들을 낳으리니 이름을 예수라 하라 이는 그가 자기 백성을 그들의 죄에서 구원할 자 이심이니라"(마 1:21)

"내가 곧 길이요 진리요 생명이니 나로 말미암지 않고는 아버지께로 올 자가 없느니라"(요 14:6)

"또 나는 부활이요 생명이니 나를 믿는 자는 죽어도 살겠고 무릇 살아서 나를 믿는 자는 영원히 죽지 아니 하리니"(요 11:25-26)

"내 말을 듣고 나 보내신 이를 믿는 자는 영생을 얻었고 심판에 이르지 아니하나니 사망에서 생명으로 옮겼느니라"(요 5:24)

"그가 우리를 흑암의 권세에서 건져내사 그의 사랑의 아들의 나라로 옮기셨으니 그 아들 안에서 우리가 속량 곧 죄 사함을 얻었도다"(골 1:13-14)

하나님의 율법을 쫓아 …피 흘림이 없은즉 사함이 없느니라"(히 9:22) 피는 생명이다.

"다만 크게 삼가서 그 피는 먹지 말라 피는 그 생명인즉 네가 그 생명을 고기와 함께 먹지 못하리니"(신 12:23)

"그의 십자가의 피로 화평을 이루사 만물 곧 땅에 있는 것들이나 하늘에 있는 것들을 그로 말미암아 자기와 화목케 되기를 기뻐하심이라"(골 1:20)

"그가 찔림은 우리의 허물을 인함이요 그가 상함은 우리의 죄악을 인함이라 그가 징계를 받음으로 우리가 평화를 누리고 그가 채찍에 맞음으로 우리가 나음을 입었도다"(사 53:5)

"우리는 다 양 같아서 그릇 행하여 각기 자기 길로 갔거늘 여호와께서는 우리 모두의 죄악을 그에게 담당 시키셨도다"(사 53:6)

십계명 속에 기록된 죄

1. 하나님을 믿지 않고 불순종한 죄
2. 우상 숭배한 죄
3. 부모님 공경하지 않은 죄
4. 살인죄(마음속에 미워한 것이 살인죄(요일 3:15))
5. 간음죄(마음속에 음란한 생각이 간음죄(마 5:28))
6. 도적질하는 죄
7. 거짓말하는 죄
8. 탐심을 하는 죄 (이웃의 아내, 종, 가축, 물건 등을 탐하는 죄들)

   (복음 제시 때 위의 총 8가지 죄의 상징물을 오른손에서 왼손으로)

* 빈 오른손이 나라면 주 예수님은 왼손이다.
  나의 모든 죄를 담당해 주셨다.
  나는 죄에서 해방되었다.

* 축구 시합에선 '골인'이요! 부동산 중개사의 마지막은 '싸인'함이다!

1. 모든 사람은 아담의 원죄로 죽었다!

"선악을 알게 하는 나무의 열매는 먹지 말라 네가 먹는 날에는 반드시 죽으리라 하시니라"(창 2:17)

"여자가 그 나무를 본즉 먹음직도 하고 보암직도 하고 지혜롭게 할 만큼 탐스럽기도 한 나무인지라 여자가 그 열매를 따먹고 자기와 함께한 남편에게도 주매 그도 먹은지라"(창 3:6)

"하나님은 죽은 자의 하나님이 아니요 살아있는 자의 하나님이시라 하나님에게는 모든 사람이 살았느니라 하시니"(눅 20:38)

모든 죽은 자는 영원히 꺼지지 않는 지옥에 던져진다. 이것이 곧 하나님의 첫 번째 예정이시다!!

첫 번째 예정론

"또 왼편에 있는 자들에게 이르시되 저주를 받은 자들아 나를 떠나 마귀와 그 사자들을 위하여 예비된 영원한 불에 들어가라"(마 25:41)

"또 내가 보니 죽은 자들이 큰 자나 작은 자나 그 보좌 앞에 서 있는데 책들이 펴 있고 또 다른 책이 펴졌으니 곧 생명책이라 죽은 자들이 자기 행위를 따라 책들에 기록된 대로 심판을 받으니 바다가 그 가운데에서 죽은 자들을 내주고 또 사망과 음부도 그 가운데에서 죽은 자들을 내주매 각 사람이 자기의 행위대로 심판을 받고 사망과 음부도 불못에 던져지니 이것은 둘째 사망 곧 불못이라 누구든지 생명책에 기록되지 못한 자는 불못에 던져지더라"(계 20:12-15)

2. 죄사함 받은 자는 생명을 얻고 살았다!
생명록에 이름이 기록되었다. 이것 역시 하나님의 두 번째 예정이시다!

하나님의 말씀과 믿음으로 죄사함 받았다. 산 자로 다시는 아픔, 죽음, 애통이 없는 새 하늘과 새 땅인 하나님의 왕국인 천국에서 창조주 하나님과 영원히 산다.

두 번째 예정론

"내가 진실로 진실로 너희에게 이르노니 내 말을 듣고 또 나 보내신 이를 믿는 자는 영생을 얻었고 심판에 이르지 아니하나니 사망에서 생명으로 옮겼느니라"(요 5:24)

"사람이 의롭게 되는 것은 율법의 행위로 말미암음이 아니요 오직 예수 그리스도를 믿음으로 말미암는 줄 알므로 우리도 그리스도 예수를 믿나니 이는 우리가 율법의 행위로써가 아니고 그리스도를 믿음으로써 의롭다 함을 얻으려 함이라 율법의 행위로써는 의롭다 함을 얻을 육체가 없느니라"(갈 2:16)

"할례자도 믿음으로 말미암아 또는 무할례자도 믿음으로 말미암아 의롭다 하실 하나님은 한 분이시니라"(롬 3:30)

"또 내가 새 하늘과 새 땅을 보니 처음 하늘과 처음 땅이 없어졌고 바다도 다시 있지 않더라…모든 눈물을 그 눈에서 닦아주시니 다시 사망이 없고 애통하는 것이나 곡하는 것이나 아픈 것이 다시 있지 아니하리니 처음 것들이 다 지나갔음이러라…이기는 자는 이것들을 상속으로 받으리라 나는 그의 하나님이 되고 그는 내 아들이 되리라"(계 21:1-7)

III. 대사명 다섯 가지(5) DNA(마 28:19-20)

균형 잡힌 주 예수의 제자도(3:3, 5, 6, 7, 8)

지상대명령(Great Commandment on Earth)

지상대명령이 대사명이다.

대사명의 본질들은 다섯 개의 능동 동사들을 지켜 행하고 준수한다.

대사명은 약 2000년 전의 주 예수님의 초림 사역과 공로, 지상대명령으로 시작되어 지금까지 지켜오고 있으며, 주 예수 그리스도께서 재림하시는 순간까지 계속해서 전파하는 것이다.

〈도표 1-3〉 대사명 다섯 가지 DNA

3 복음의 핵심 세 가지 DNA

3 복음을 들은 불신자의 반응 세 가지 DNA

5 대사명 다섯 가지 DNA

대사명의 제자도-균형 잡힌 사역 다섯 가지 DNA(다섯 개의 능동 동사)

가라(주 예수님의 복음 들고), 나의 제자를 만들라, 침례를 주라, 말씀을 가르치라, 지켜 행하라.

> "그러므로 너희는 가서 모든 민족을 제자로 삼아 아버지와 아들과 성령의 이름으로 침례를 베풀고 내가 너희에게 분부한 모든 것을 가르쳐 지키게 하라. 볼지어다 내가 세상 끝날까지 너희와 항상 함께 있으리라"(마 28:19-20)

· 대사명의 제자도를 지켜 순종하며 증인의 삶을 사는 것이다.
· 주 예수님의 제자를 만들어 내는 제자가 되어 지속해서 지상의 대명령인 주 예수님의 제자를 만들어 내어 모든 민족에게 주 예수의 복음으로 복음화 하는 것이다.

1. 가라!(복음 들고)

주 예수의 복음을 심장 속에 들고 가서 수시로 불신자에게 들려준다.

무엇을 가지고 어디로 가야 하나? 주 예수님의 복음을 가슴속에 넣고 사람들에게로 내가 가야 한다!

1) 가족에게

2) 친구에게

3) 이웃에게

4) 도시나 타지방이나 또 다른 민족에게 하나님께서 부르시는 곳으로

5) 땅끝까지라도 주 예수님의 복음을 들고 가는 것이다.

2. 제자 만들라(주 예수의 복음으로 주 예수의 제자를 만들라!)

1) 불신자를 제자로 만들려면 복음을 들려주어야 한다.

"그러므로 믿음은 들음에서 나며 들음은 그리스도의 말씀으로 말미암 았느니라"(롬 10:17)

2) 하나님과 주 예수님을 똑바로 잘 믿도록 인도한다.

3) 진심으로 잘 믿고 자기 죄를 회개하도록 인도한다.

4) 회개하며 곧바로 주 예수님을 자신의 중심에 영접하도록 인도한다.

5) 믿는 자의 침례를 받도록 인도한다.

복음 전도자가 할 일은 정확하게 주 예수님의 복음을 들려주어 믿게 한 후 적어도 침례받을 때까지 도와줘야 한다. 식탁 관리 집사에서 복음 전도자가 된 빌립 집사는 에티오피아 나라의 내시에게 침례를 베풀었다.

Make Disciples of Jesus Christ For All People!
모든 민족을 주 예수님의 제자로 만들라!

"빌립이 입을 열어 이 글에서 시작하여 예수를 가르쳐 복음을 전하니 길 가다가 물 있는 곳에 이르러 내시가 말하되 보라 물이 있으니 내가 침례를 받음에 무슨 거리낌이 있느냐…이에 명하여 수레를 멈추고 빌립과 내시가 둘 다 물에 내려가 빌립이 침례를 베풀고 둘이 물에서 올라올새 주의 영이 빌립을 이끌어간지라 내시는 기쁘게 길을 가므로 그를 다시 보지 못하니라"(행 8:36-39)

새 신자와 함께 하나님께 예배드리므로 시작하여 균형 잡힌 제자를 가르치고 훈련하여 주 예수님의 제자로 만드는 것이다. 마음, 뜻, 성품, 목숨까지 다하여 주 하나님을 밤낮으로 사랑하도록 잘 인도한다(막 12:30; 신 10:12).

복음 전도자는 복음을 전해 들은 자들이 주 예수님을 영접할지 거부할지 잘 모른다. 마음에 감동을 주셔도 마음 문을 여느냐 열지 않느냐는 각 사람에게 달린 것이다. 다만, 세련되고 노련한 영적인 산파가 되어 기도하며 사랑의 수고를 다하는 것이다! 복음 전도자는 불신자의 마음을 직접 열어 줄 수 없다! 오직 당사자가 하나님과의 관계에 있다.

3. 침례를 주라!

주 예수의 이름, 곧 아버지와 아들과 성령의 이름으로 침례를 베풀고 하나님의 자녀로서 주 예수의 제자'도'에 입학시키는 것이다. 지옥 불 못으로 가고 있는 불신자를 주 예수님의 복음으로 불러내었으니 그 새 신자도 빨리 다른 불신자에게 하나님의 자녀로 태어나도록 돕는 세련된 영적 산파, 일꾼 되도록 실습 훈련으로 가르쳐 만드는 것이다.

1) 하나님과 주 예수님을 믿었다면 믿는 자가 받는 침례를 순종으로 하나님의 의를 이루기 위하여 받는 것이다. 주 예수께서 지상대명령을 내리실

때 콕 찍어서 침례를 베풀라고 명령하셨다.

> "이르되 주 예수를 믿으라 그리하면 너와 네 집이 구원을 받으리라 하고
> 주의 말씀을 그 사람과 그 집에 있는 모든 사람에게 전하더라 그 밤 그 시
> 각에 간수가 그들을 데려다가 그 맞은 자리를 씻어 주고 자기와 그 온 가
> 족이 다 침례를 받은 후 그들을 데리고 자기 집에 올라가서 음식을 차려
> 주고 그와 온 집안이 하나님을 믿으므로 크게 기뻐하니라"(행 16:31-34)

2) 각각 주 예수님의 이름으로 침례를 베풀어야 한다.

> "바울이 이르되 요한이 회개의 침례를 베풀며 백성에게 말하되 내 뒤
> 에 오시는 이를 믿으라 하였으니 이는 곧 예수라 하거늘 그들이 듣고
> 주 예수의 이름으로 침례를 받으니"(행 19:4-5)

참고

침례의 유래 _ 유대인의 정결 예식에서 유래(주 예수께서 명령하심)

유대인의 정결 예식

침례는 유대인의 정결 예식에서 유래되었다. 정결 예식의 의미는 더러움을 씻고 깨끗함과 거룩함을 얻는 예식이다. 현대에도 여러 종류의 이유로 정결 예식을 이행하고 있다. 그중 가장 중요한 세 종류를 열거하고 의미를 살펴보겠다. 성전에 들어가 예배할 때와 유대교로 개종할 때, 그리고 입양할 때 반드시 모든 입양 절차를 마친 후 이 정결 예식을 거쳐야만 상속권이 성립된다고 한다. 물론, 세 가지 이유 외에도 정결 예식을 해야 하는 일들이 있다.

침례(헬라어 Baptizo, 영어 Immerse) 방식

• 침(수)례(immersion): 잠기다
• 관수례(affusion): 붓다
• 살수례(aspersion): 뿌리다 등이 있다.

본래의 침례 방식은 밥티조(Baptizo), 곧 물에 푹 잠기는 것이다. 유적을 발굴하다 보면 고대 예배당의 지붕과 벽은 사라졌어도 침례 터는 지금도 그대로 땅에 남아있다.

에베소교회 터 십자가형의 침례 물두멍

침례에는 죄를 씻는 의미의 예식, 외적인 신앙고백, 교회 공동체 회원, 하나님께 합당한 삶을 약속, 헌신의 계약, 책임과 의무, 결심과 충성 등이 들어있다.

첫째, 유대인은 성전에 들어갈 때 먼저 전신을 깨끗하게 씻고서 벗은 몸으로(하나님과 자신 사이에 실오라기라도 허락지 않음을 의미) 일곱 계단(창조 7일 의미)을 내려가서 1.20m 정결하게 하는 물속으로 들어가 잠시(2-3초 정도) 잠겼다 올라오는 것이다.

> "예수께서 대답하여 이르시되 너희가 이 성전을 헐라 내가 사흘 동안에 일으키리라 유대인들이 이르되 이 성전은 사십육 년 동안에 지었거늘 네가 삼 일 동안에 일으키겠느냐 하더라 그러나 예수는 성전된 자기 육체를 가리켜 말씀하신 것이라"(요 2:19-21)

> "내가 너희에게 이르노니 성전보다 더 큰 이가 여기 있느니라"(마 12:6)

대사명의 침례 예식은 성전 되시는 주 예수님 안으로 들어가서 주 예수님의 옷을 입으며 주 예수님과의 연합을 의미한다. 침례 요한을 부르시고 이 정결 예식인 회개의 침례를 요단강에서 집행하게 하셨다. 육체의 더러움을 제하는 씻음이 아니고 마음의 더러움과 죄를 씻는 의미의 예식이다.

> "물은 예수 그리스도께서 부활하심으로 말미암아 이제 너희를 구원하는 표니 곧 침례라 이는 육체의 더러운 것을 제하여 버림이 아니요 하나님을 향한 선한 양심의 간구니라"(벧전 3:21)

수많은 사람이 죄를 자백하며 자기 옷을 입은 채로(자신의 모습 그대로) 요단강에 와서 회개의 침례를 받았다. 바울이 가로되 요한이 회개의 침례를 베풀며(행 19:4)라고 기록하였다.

주 예수께서는 하나님의 의를 이루기 위하여 먼저 요한에게 회개의 침례를 받으셨다. 곧바로 성령님에 이끌리어 광야에서 금식기도 한 후 열두 제자를 택하시고 요단강에서 제자들에게 죄 사함의 침례를 베푸셨다(요 3:22). 새 신자들에게는 택함을 받은 열두 제자들이 죄 사함의 침례를 집행하였다(요 4:1-2)

둘째, 이방인(헬라인)이 다른 종교로부터 유대교로 개종할 때 정결 예식을 이행한다. 그렇다면 무교이거나 또는 종교를 가지고 있었다고 할지라도 다른 종교로부터 주 예수 그리스도의 생명의 '도'로 개종하는 것이니 깨끗하게 죄를 씻고 주 예수님의 옷을 입는 침례를 받는 것은 성경적이다.

> "너희가 다 믿음으로 말미암아 그리스도 예수 안에서 하나님의 아들이 되었으니 누구든지 그리스도와 합하여 침례를 받은 자는 그리스도로 옷 입었느니라"(갈 3:26-27)

셋째, 유대인이 유대인을 혹은 이방인을 입양하고 모든 법적 절차를 마치고 마지막으로 이행하는 정결 예식이다. 입양된 자가 이 정결 예식을 마치지 않았으면 입양한 양부모로부터 상속권이 박탈된다고 한다.

> "너희는 다시 무서워하는 종의 영을 받지 아니하고 양자의 영을 받았으므로 우리가 아빠 아버지라고 부르짖느니라"(롬 8:15)

> "그들은 이스라엘 사람이라 그들에게는 양자 됨과 영광과 언약들과 율법을 세우신 것과 예배와 약속들이 있고"(롬 9:4)

믿는 유대인이나 이방인이 주 예수의 십자가 피 공로와 장사와 생명 부활 밑에서 하나님의 권속으로 시민이 되어 같은 상속자가 되었다.

> "그 때에 너희는 그리스도 밖에 있었고 이스라엘 나라 밖의 사람이라 약속의 언약들에 대하여는 외인이요 세상에서 소망이 없고 하나님도 없는 자이더니 이제는 전에 멀리 있던 너희가 그리스도 예수 안에서 그리스도의 피로 가까워졌느니라 그는 우리의 화평이신지라 둘로 하나를 만드사 원수 된 것 곧 중간에 막힌 담을 자기 육체로 허시고 법조문으로 된 계명의 율법을 폐하셨으니 이는 이 둘로 자기 안에서 한 새 사람을 지어 화평하게 하시고 또 십자가로 이 둘을 한 몸으로 하나님과 화목하게 하려 하심이라 원수 된 것을 십자가로 소멸하시고 또 오셔서 먼 데 있는 너희에게 평안을 전하시고 가까운 데 있는 자들에게 평안을 전하셨으니 이는 그로 말미암아 우리 둘이 한 성령 안에서 아버지께 나아감을 얻게 하려 하심이라 그러므로 이제부터 너희는 외인도 아니요 나그네도 아니요 오직 성도들과 동일한 시민이요 하나님의 권속이라"
>
> (엡 2:12-19)

정결하게 하는 물두멍 깊이가 1m 20cm이다. 일곱 계단(세 계단은 물속에 잠겨있다)은 하나님이 창조하신 날짜 수 칠일이다. 좌우를 분리하는 가운데에 설치된 긴 칸막이는 위에서 아래로 가운데 있다.

오른쪽에서 내려가서 물속에 잠시 푹 잠겼다가 물에서 왼쪽 계단으로 올라와 자기 옷을 입고 제물을 들고 성전에 들어가 예배한다. 만약 물에서 올라올 때 내려가는 사람과 부딪치면 부정해졌기에 다시 반복해야 한다.

구약의 많은 예식 중 왜 이 정결 예식을 대사명에 명령하시며 집행하라고 하셨는가? 먼저 마음에 할례를 받고 진실로 죄를 회개하여 죄 용서받는 표이자 하나되는 의미인 침례(주 예수님의 보혈로 씻는 정결 예식)로 주 예수님과 연합하며 그분의 옷을 입는 것이다.

예루살렘 남쪽 성전 앞 정결 예식 두멍

출 29:4; 레 16:4; 24

고대 정결 예식(미크베) 물 두멍 정면

고대 정결 예식(미크베) 물 두멍 옆면

현대 정결 예식(미크베) 물 두멍
일곱계단 = 칠일 창조와 안식

"너는 아론과 그의 아들들을 회막 문으로 데려다가 물로 씻기고"

(출 29:4)

"거룩한 세마포 속옷을 입으며 세마포 속바지를 몸에 입고 세마포 띠를 띠며 세마포 관을 쓸지니 이것들은 거룩한 옷이라 물로 그의 몸을 씻고 입을 것이며(레 16:4)

'거룩한 곳에서 물로 그의 몸을 씻고 자기 옷을 입고 나와서 자기의 번제와 백성의 번제를 드려 자기와 백성을 위하여 속죄하고'(레 16:24)

3) 정결케 하는 탕(물속 약 깊이 1.20m x 가로 3m x 세로 2m 정도)

(1) 중요한 세 가지 뜻

① 성전에 들어가 예배하기 전 – 주 예수 성전 안으로 들어감.

② 유대교로 입교할 때 – 주 예수의 '생명의 도'로 입교함.

③ 입양 절차 서류 끝낸 후 마지막 예식 – 하나님께서 친자로 입양됨.

(2) 위 세 가지 외 다른 종류의 정결 예식으로도 이행함.

• 회개의 침례와 죄 사함의 침례.

요한은 회개의 침례를 요단강에서/정결탕에서가 아님(대량의 많은 사람을 위하여).

"나도 그를 알지 못하였으나 나를 보내어 물로 침례를 베풀라 하신 그이가 나에게 말씀하시되 성령이 내려서 누구 위에든지 머무는 것을 보거든 그가 곧 성령으로 침례를 베푸는 이인 줄 알라 하셨기에 내가 보고 그가 하나님의 아들이심을 증언하였노라 하니라"(요 1:33-34)

"요한이 요단강 부근 각처에 와서 죄 사함을 받게 하는 회개의 침례를 전파하니"(눅 3:3)

"바울이 이르되 요한이 회개의 침례를 베풀며 백성에게 말하되 내 뒤에 오시는 이를 믿으라 하였으니 이는 곧 예수라 하거늘 그들이 듣고 주 예수의 이름으로 침례를 받으니 바울이 그들에게 안수하매 성령이 그들에게 임하시므로 방언도 하고 예언도 하니 모두 열두 사람쯤 되니라"(행 19:4-7)

(3) 죄 사함과 씻음을 상징하는 침례
① 주 예수께서 먼저 침례받으셨다.

"예수께서 대답하여 이르시되 이제 허락하라 우리가 이와 같이 하여 모든 의를 이루는 것이 합당하니라 하시니 이에 요한이 허락하는지라"(마 3:15)

② 주 예수께서 제자들에게 침례를 베푸심 – 죄 사함 및 주 예수님과의 연합.

"그 후에 예수께서 제자들과 유대 땅으로 가서 거기 함께 유하시며 침례를 베푸시더라"(요 3:22)

③ 제자들이 신자에게 침례 베풂(주 예수의 이름으로 베풂)
주 예수님의 제자도를 훈련 및 실습시키면서 실습자들이 믿는 자에게 침례를 베풂.

"예수께서 친히 침례를 베푸신 것이 아니요 제자들이 베푼 것이라"(요 4:2)

4. 가르치라!(신구약 말씀 교육)

주 예수의 이름으로 모든 분부하신 말씀을 잘 가르쳐야 한다.

1) 주 예수님께서는 분부한 모든 말씀을 가르치라고 명령하셨다. 신약 성경과 구약성경을 동시에 가르치고 돌아서서 충성된 다른 자들을 가르칠 수

있도록 훈련한다.

> "또 네가 많은 증인 앞에서 내게 들은 바를 충성된 사람들에게 부탁하라 그들이 또 다른 사람들을 가르칠 수 있으리라"(딤후 2:2)

2) 진리와 성령으로 예배드림을 가르치고 훈련하여 산 예배자가 되게 한다.

> "그러므로 형제들아 내가 하나님의 모든 자비하심으로 너희를 권하노니 너희 몸을 하나님이 기뻐하시는 거룩한 산 제물로 드리라 이는 너희가 드릴 영적 예배니라 너희는 이 세대를 본받지 말고 오직 마음을 새롭게 함으로 변화를 받아 하나님의 선하시고 기뻐하시고 온전하신 뜻이 무엇인지 분별하도록 하라"(롬 12:1-2)

3) 복음 전파하는 일을 가르치고 훈련하여 세련되고 노련한 복음 전도자가 되게 한다(영적인 산파로).
4) 가정교회 개척하는 것을 가르치고 훈련하여 교회 개척자 혹은 돕는자(텐트 메이커)가 되게 한다.
5) 교회의 두 가지 예전(침례와 주 만찬)의 뜻과 집행하는 일을 가르쳐야한다.
6) 국내/국외에 선교하는 일을 가르치고 훈련하여 국내/국외 선교사 되게 한다.

5. 지키게 하라(1~4번까지를)

함께 분부하신 모든 것을 지키게 한다. 위의 1~4를 지속해서 지키고 행하면서 동시에 다른 제자들을 계속 만들어 침례, 주 만찬, 예배, 신구약 말씀 교육, 전도 실습과 선교 실습 후에 참여, 교제, 봉사하며 주 예수님의 장성한 제자로 양성시키면서, 함께 하나님 아버지께 주 예수님의 이름으로 예배드린다.

1) 가르치고 훈련하며 감사함으로 자원하여 지키며 감사 예배를 주 예수의 이름으로 모여서 소그룹으로 예배를 드린다(가정, 커피집, 식당, 공원 등).

> "범사에 우리 주 예수 그리스도의 이름으로 항상 아버지 하나님께 감사하며"(엡 5:20)

주 예수님의 제자들은 무엇을 하든지 말에서나 일에 다 주 예수의 이름으로 하여야 한다. 그리고 범사에 주 예수 그리스도의 이름으로 하나님 아버지께 기도로 구하여 응답받아서 기쁨이 넘치도록 충만함으로 감사하는 삶을 사는 것이다.

> "지금까지는 너희가 내 이름으로 아무 것도 구하지 아니하였으나 구하라 그리하면 받으리니 너희 기쁨이 충만하리라"(요 16:24)

그러므로 두세 사람(그 이상)이 같이 모여서 예배를 드리고 복음 전도와 선교로 말씀을 나누며 주 예수님의 충성된 제자로 만든다.

> "두세 사람이 내 이름으로 모인 곳에는 나도 그들 중에 있느니라"(마 18:20)

"적은 무리여 무서워 말라 너희 아버지께서 그 나라를 너희에게 주시기를 기뻐하시느니라"(눅 12:32)

새 신자(제자)들에게 침례 베풀고 주의 만찬을 나누며 주 예수님의 제자로 성장토록 돕는 것은 지상대명령을 지키는 것이다. 위의 1~4번을 거듭 지키는 것을 주 예수님의 재림 때까지 한다. 하나님께서는 대사명의 명령을 변함없이 오늘도 역사하신다.

2) 실습할 뿐만 아니라 실제적 순종함으로 지켜 참여하게 한다. 예배(산제사), 말씀 교육, 복음 전도훈련과 선교 훈련과 참여, 살아있는 성도들과의 교제(애경사 포함), 봉사(아웃리치 등 각종 선한 일)에 참여한다.

3) 천국에 들어갈 때까지 혹은 주 예수님의 재림 시까지 지속해서 지키며 살아내야 한다. 곧 주 예수께서 다시 오실 때 믿음이 있는 자들로 발견되어야 칭찬받는다. 나의 소원 기도나 자신의 문제만 아니라 먼저 하나님의 뜻과 의를 진심으로 구하는 것이다. 주 예수님 재림 때에 믿음이 있는 자들로 모두 발견되기를 주 예수님의 이름으로 간절히 축원한다.

"하물며 하나님께서 그 밤낮 부르짖는 택하신 자들의 원한을 풀어 주지 아니하시겠느냐 그들에게 오래 참으시겠느냐 내가 너희에게 이르노니 속히 그 원한을 풀어 주시리라 그러나 인자가 올 때에 세상에서 믿음을 보겠느냐 하시니라"(눅 18:7-8)

4) 지상대명령을 지키는 삶이란…

(1) 기도와 전도를 쉬지 않는다.

초대교회 성도들은 침례를 받은 후 곧바로 사도의 가르치는 성경 말씀을 배웠다. 서로 교제하며 떡(음식)을 먹으며 오직 기도에 힘쓰며 전도하기를 쉬지 않았다.

"그들이 사도의 가르침을 받아 서로 교제하고 떡을 떼며 오로지 기도하기를 힘쓰니라"(행 2:42)

"그들이 날마다 성전에 있든지 집에 있든지 예수는 그리스도라고 가르치기와 전도하기를 그치지 아니하니라"(행 5:42)

(2) 핍박을 받아도 유대와 사마리아와 모든 땅까지 선교 곧 복음 전하러 간다.

"…예루살렘에 있는 교회에 큰 박해가 있어 사도 외에는 다 유대와 사마리아 모든 땅으로 흩어지니라"(행 8:1)

"예수 그리스도는 어제나 오늘이나 영원토록 동일하시니라"(히 13:8)

(3) 주 예수 그리스도의 말씀을 교육하며 함께 장성한 제자로 만들어 간다. 균형 잡힌 주 예수님의 제자가 되어 하나님의 복음 사역에 동역한다.

"우리는 하나님의 동역자들이요"(고전 3:9)

"우리가 다 하나님의 아들을 믿는 것과 아는 일에 하나가 되어 온전한 사람을 이루어 그리스도의 장성한 분량이 충만한 데까지 이르리니"(엡 4:13)

"형제들아 지혜에는 아이가 되지 말고 악에는 어린 아이가 되라 지혜에는 장성한 사람이 되라"(고전 14:20)

(4) 교재는=성경 말씀='답'이다.

"모든 성경은 하나님의 감동으로 된 것으로 교훈과 책망과 바르게 함과 의로 교육하기에 유익하니"(딤후 3:16)

"너희는 여호와의 책에서 찾아 읽어보라 이것들 가운데서 빠진 것이 하나도 없고 제 짝이 없는 것이 없으리니 이는 여호와의 입이 이를 명령하셨고 그의 영이 이것들을 모으셨음이라"(사 34:16)

성경을 읽는 그때는 혹시 그 뜻을 모를지라도 하나님의 말씀을 계속 읽거나 귀에 들려주면 필요할 때 성령께서 성경 말씀이 생각나게 하셔서 읽은 말씀을 깨닫게 하신다. 말씀을 묵상하다 보면 성령님께서 필요할 때 반드시 생각나게 하시고 풀어서 이해시켜 주신다.

"보혜사 곧 아버지께서 내 이름으로 보내실 성령 그가 너희에게 모든 것을 가르치고 내가 너희에게 말한 모든 것을 생각나게 하리라"(요 14:26)

5) 대사명의 제자란?

강조하자면 누구든지 주 예수님의 복음을 진심으로 믿고 자기 죄를 회개하고 주 예수님을 진심으로 자신의 마음 중심에 영접하여 모셔 들인 자로서 이는 곧 하나님의 자녀가 되었을 뿐만 아니라 주 예수님의 제자가 되었고 동시에 예수 그리스도 '도'의 제자도에 들어온 대사명의 제자가 된 것이다.

주 예수님의 복음으로…모든 세상에 복음화로 충만히!
주 예수님의 교회를…모든 현지인에 의하여 현지의 장소에!

<u>주 예수님의 선교를…모든 민족에게!</u> (내 집에서 시작하여 - 땅끝까지)

예: 스미스 선생님 혹은 김 선생님과 동역하는
주 예수님의 제자 ○○○로 만드는 것이다.
"오직 주 예수 그리스도를 닮은 주 예수님의 제자로만 만들자!"

주 예수님의 대사명의 제자들은 군사, 경기자, 농부와 같다.

"너는 그리스도 예수의 좋은 병사로 나와 함께 고난을 받으라 병사로 복무하는 자는 자기 생활에 얽매이는 자가 하나도 없나니 이는 병사로 모집한 자를 기쁘게 하려 함이라 경기하는 자가 법대로 경기하지 아니하면 승리자의 관을 얻지 못할 것이며 수고하는 농부가 곡식을 먼저 받는 것이 마땅하니라 내가 말하는 것을 생각해 보라 주께서 범사에 네게 총명을 주시리라"(딤후 2:3-7)

① 군사 같아야 함.

우리는 그리스도의 군사이다. 그러므로 하나님께 절대적인 순종을 해야 한다. 그리고 적을 알아야 한다. 적은 나의 욕심, 혈기, 교만, 아집, 자존심이다. 그러므로 군인으로 나갈 때 피 흘리고 죽을 각오를 해야 한다.

"병사로 복무하는 자는 자기 생활에 얽매이는 자가 하나도 없나니 이는 병사로 모집한 자를 기쁘게 하려 함이라"(딤후 2:4)

② 경기자 같아야 한다.

경기자는 경기법을 잘 알고 그 법대로만 해야 한다.

경기자는 법과 규칙을 따르지 않으면 탈락한다.

계속 맹연습, 맹훈련해야 한다(제자 중의 제자/세련된 영적 산파 중의 산파).

오직 살아계시고 상 주시는 하나님만 바라볼 줄 알아야 한다.

"믿음이 없이는 하나님을 기쁘시게 하지 못하나니 하나님께 나아가는 자는 반드시 그가 계신 것과 또한 그가 자기를 찾는 자들에게 상 주시는 이심을 믿어야 할지니라"(히 11:6)

③ 농부 같아야 한다.

농부는 부지런해야 하며, 땀을 흘릴 수 있어야 한다. 지혜로운 농부는 때를 알아야 한다. 곧 심고 거두는 시기를 알아야 한다. 그리고 끝까지 인내할 줄 알아야 한다.

(거두지 않으면 썩힌다. 거둬도 관리를 못 하면 썩힌다.)

온전하게 잘 보존할 줄 알아야 한다. 그렇지 않으면 헛수고다!

악하고 게으른 종이 되지 말아야 한다.

"그러므로 형제들아 주께서 강림하시기까지 길이 참으라 보라 농부가 땅에서 나는 귀한 열매를 바라고 길이 참아 이른 비와 늦은 비를 기다리나니"(약 5:7)

나는 누구인가?

성경 말씀에 약속하신 그리스도인의 신분들을 매일 선포하며 주 예수 안에서 얻는 자유의 지위를 자랑스럽게 여기며 살아가자!

1. 나는 세상의 소금이다(마 5:13).
2. 나는 세상의 빛이다(마 5:14).
3. 나는 하나님의 자녀이다(요 1:12).
4. 나는 포도나무의 가지이고, 그리스도는 생명의 통로이다(요 15:1, 5).
5. 나는 그리스도의 친구이다(요 15:15).
6. 나는 그리스도께서 택하시고, 열매를 맺으라고 보냄을 받았다
   (요 15:16).
7. 나는 의의 종이다, 더 이상 죄의 노예가 아니다(롬 6:18).
8. 나는 하나님의 종이다(롬 6:22).
9. 나는 하나님의 자녀이며, 하나님은 나의 아버지이시다(롬 8:14-15, 갈
   3:26, 4:6).
10. 나는 하나님의 자녀, 즉 하나님의 후사이다(갈 4:6-7).
11. 나는 하나님의 후사, 그리스도와 함께 후사가 되며, 그분과 함께 기업
    을 얻는다(롬 8:17).
12. 나는 하나님의 전, 하나님께서 거하시며, 하나님의 성령은 내 안에 거
    하신다(고전 3:16).
13. 나는 값비싼 대가를(하나님의 피값 계 5:9; 행 20:28) 치르고 사신 바 되었
    으므로 나는 삶으로 하나님께 영광을 돌려야 한다(고전 6:19).
14. 나는 주님과 연합되었고 주님과 한 영이 되었다(고전 6:17).
15. 나는 그리스도의 지체이다(고전 12:27; 엡 5:30).
16. 나는 새롭게 지음 받은 사람이다(고후 5:17).
17. 나는 그리스도의 사자로서, 사람들을 권면하여 하나님과 화목하게 해
    야 한다(고후 5:18-20).
18. 나는 그리스도 안에 있는 사람이다(갈 3:26-28).
19. 나는 성도이다(엡 1:1; 고전 1:2; 빌 1:1; 골 1:2).

20. 나는 하나님의 최고 작품이다, 선을 행하도록 그리스도 안에서 지음 받았다(엡 2:10).

21. 나는 성도와 같은 나라요, 하나님의 집에 속하였으며, 외인도, 나그네 도 아니다(엡 2:19).

22. 나는 하나님의 형상을 따라 지음 받은 새사람이며, 진리와 의로 거룩 함을 받았다(엡 4:24).

23. 나는 하늘에 속한 시민권을 가졌으며, 영광의 몸 입기를 기다리고 있 다(빌 3:20-21).

24. 나는 이미 죽은 자이며, 그리스도와 함께 하나님 안에서 장사 지낸 바 되었다(골 3:3).

25. 나는 하나님께서 택하신 민족이요, 거룩함과 사랑하심을 받았다(골 3:12; 살전 1:4).

26. 나는 빛의 자녀이다, 어두움에 속하지 않았다(살전 5:5).

27. 나는 하늘의 부르심을 받은 거룩한 백성이다(히 3:1).

28. 나는 하나님의 산 돌이요, 그리스도 안에서 지어져 가는 성전이다(벧전 2:5).

29. 나는 택하신 족속이요, 왕 같은 제사장이요, 거룩한 나라요, 하나님의 소유된 백성이다(벧전 2:9-10).

30. 나는 이 세상에서 나그네요, 잠시 거주할 뿐이다(벧전 2:11).

31. 나는 마귀의 원수이다(벧전 5:8).

32. 나는 하나님의 자녀이다. 주께서 나타나시면 그와 같을 것이다(요일 3:1-2).

33. 나는 하나님으로부터 났으므로 죄를 범하지 않고 어떤 악한 자도 나 를 해할 수 없다(요일 3:5-18).

34. 나는 하나님의 동역자다(고전 3:9).

35. 나는 지상대명령 곧 대사명의 본질 DNA 능동 동사 다섯 가지를 천국 에 입성할 때까지 동시에 계속 수행/준수하는 자다(마 28:19-20).

36. 나는 창세기 3:5절의 여자의 후손 중 하나의 성도요, 교회로서 흑암에 서 불려 나온 자다(창 3:15 ; 고전1:1-2).

"나의 나 된 것은 하나님의 은혜로 된 것이니"(고전 15:10)

IV. 그리스도 도의 초보 교훈 기본 원칙 (여섯 가지(6) DNA(히 6:1-2)

하나님께서는 그리스도의 도의 초보 교훈을 버리지 말라고 하신다. 그 교훈의 터를 닦지 말라고 하신다. 우리는 이 말씀의 주어와 동사를 이해하며 완전한 데로 나아가 순종해야 한다.

"그러므로 우리가 그리스도의 도의 초보를 버리고 죽은 행실을 회개함과 하나님께 대한 신앙과 침례들과 안수와 죽은 자의 부활과 영원한 심판에 관한 교훈의 터를 다시 닦지 말고 완전한 데로 나아갈지니라"

(히 6:1-2)

〈도표 1-4〉 그리스도 도의 초보 교훈 기본 원칙 여섯 가지 DNA

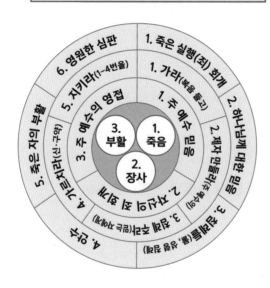

3	복음의 핵심 세 가지 DNA
3	복음을 들은 불신자의 반응 세 가지 DNA
5	대사명 다섯 가지 DNA
6	그리스도 도의 초보 교훈 기본원칙 여섯 가지 DNA

그리스도 도의 초보인 기본 원칙 여섯 가지 DNA
죽은 행실을 회개, 하나님께 대한 믿음, 침례들, 안수, 죽은 자의 부활, 영원한 심판

건축할 때 설계 도면의 기반인 기초가 없으면 참으로 위험하다. 기초를 닦을 때 도면을 따라서 제대로 단단하게 기반을 닦아야만 된다. 기반이 단단하면 그 기초 위에 높은 건물을 올려도 안전한 것이다. 그러므로 기초나 기본/원칙을 떠나서는 안 된다. 기본 기초 없이 그 위에 건립된 집은 마치 모래 위에 지은 집같이 창수가 나면 무너진다(마 7:26). 아무리 훌륭한 운동선수도 기본 기초를 원칙으로 한 후에 더욱 매끄럽게 자기의 분야에서 기교를 내어 점수를 받으며 메달을 얻는 것이다.

기초 = 주 예수

이 기초는 곧 주 예수 그리스도의 죽음과 장사와 부활이다! 죄 용서받고 하나님의 자녀가 되는 길은 주 예수님을 믿는 믿음과 죄를 회개하며 그 이름 '예수'를 마음 중심에 주와 왕으로 모시어 드리는 것이다. 그러므로 주 예수께서는 선포하셨다.

땅에서 사람의 죄를 사하는 권세가 있으시다고 선포하셨다!

"그러나 인자가 땅에서 죄를 사하는 권세가 있는 줄을 너희로 알게 하려 하노라"(막 2:10)

"예수께서 이르시되 내가 곧 길이요 진리요 생명이니 나로 말미암지 않고는 아버지께로 올 자가 없느니라"(요 14:6)

1. 그리스도의 도의 교훈의 초보(기본 원칙)

죽은 행실(죄)을 회개(히 6:1-2)

하나님의 종이 되었지만, 생각으로나 부지 중에 죄를 범한 모든 행실을 수시로 회개하는 것이다. 처음 믿을 때 죄인으로서 영접 기도 하기 전의 회개 기도라기보다는 믿는 자로서 시시때때로 지은 죄가 생각나거나 깨달을 때 즉시 회개하는 삶이다.

곧 매일의 삶 속에서 일어나는 죄들을 회개하는 것이다. 매일 사는 동안에 말과 행동, 그리고 생각으로 죄를 범하며 살기에 항상 하나님께 회개하며 구원의 흰옷을 항상 깨끗하게 지키는 것이다.

"이기는 자는 이와 같이 흰옷을 입을 것이요 내가 그 이름을 생명책에서 결코 지우지 아니하고 그 이름을 내 아버지 앞과 그의 천사들 앞에

서 시인하리라"(계 3:5)

목욕을 깨끗하게 잘했어도 생활하다 보면 먼지가 묻고 때가 끼는 것처럼 하루하루 살아가는데 각종 허물과 불의, 그리고 부지중에 죄를 범할 수 있다. 거룩한 천국 성에 들어가려면 부지런히 구원의 겉옷인 두루마기를 빠는 자가 되어야 한다.

"자기 두루마기를 빠는 자들은 복이 있으니 이는 그들이 생명나무에 나아가며 문들을 통하여 성에 들어갈 권세를 받으려 함이로다"(계 22:14)

2. 하나님께 대한 믿음

하나님께 대한 믿음을 변함없이 잘 지켜 천국 들어갈 때까지 유지한다.

1) 하나님께 대한 변함이 없는 믿음/신앙을 유지해야 한다. 어제는 믿었는데 오늘 안 믿는 자가 된다면 어제의 믿음이 무슨 유익 있겠는가?
주 예수님을 닮아서 어제나 오늘이나 영원토록 동일하게 믿어야 한다!
하나님을 믿는 신앙이 변함이 없어야 한다!

"예수 그리스도는 어제나 오늘이나 영원토록 동일하시니라"(히 13:8)

"온갖 좋은 은사와 온전한 선물이 다 위로부터 빛들의 아버지께로서 내려오나니 그는 변함도 없으시고 회전하는 그림자도 없으시니라"(약 1:17)

2) 천국에 들어가는 날까지 혹은 주 예수께서 다시 이 땅에 오시는 그 순간까지 믿음/신앙이 있는 자로 발견되어야 한다.

3) 주 예수님의 이름다운 덕을 선전/전파하는 믿음을 가져야 한다.

> "그러나 너희는 택하신 족속이요 왕 같은 제사장들이요 거룩한 나라요 그의 소유가 된 백성이니 이는 너희를 어두운 데서 불러 내어 그의 기이한 빛에 들어가게 하신 이의 아름다운 덕을 선포하게 하려 하심이라"
>
> (벧전 2:9)

4) 이 땅에 다시 (믿는 자들 데리러) 오시는 주 예수님을 기다리는 신앙을 가져야 한다. 주 예수님의 재림 때 믿음이 있는 자로 발견되어야 한다.

> "가서 너희를 위하여 거처를 예비하면 내가 다시 와서 너희를 내게로 영접하여 나 있는 곳에 너희도 있게 하리라"(요 14:3)

이렇게 다시 오시는 주 예수 앞에서 믿음 있는 자로 발견되어야 하겠다.

> "…그러나 인자가 올 때에 세상에서 믿음을 보겠느냐 하시니라"
>
> (눅 18:8)

3. 침례들

물 침례와 성령 충만함의 침례(믿는 자에게 물 침례 베풂/믿는 자에게 성령 충만의 침례 주심)(요 3:5; 벧전 3:21; 요일 5:7-8).

1) 침례들이란 물 침례와 성령 침례를 뜻한다. 물 침례는 주 예수님을 믿는 자의 순종함으로 받는 것이다. 성령 침례는 성령의 충만함이다. 기도할 때나 말씀을 읽을 때 혹은 말씀을 들으며 감사하며 찬양할 때 혹은 묵상할 때 성령의 충만함을 받는다.

물과 성령으로 거듭나야만 천국에 들어갈 수 있다고 기록하셨다. 주 예수님의 복음을 듣고 진심으로 믿고 죄를 회개하고 주 예수님과 그분의 이름 예수 그리스도를 마음 중심에 주와 왕으로 모셔 들였다면 물과 성령으로 거듭난 자가 된다. 그럴 때 하나님 나라에 들어갈 수 있게 된 것이다. 왜냐하면 주 예수님 자체 곧 그 본질이 물과 피와 성령으로 구성되어 있으시기 때문이다.

"예수께서 대답하시되 진실로 진실로 네게 이르노니 사람이 물과 성령으로 나지 아니하면 하나님의 나라에 들어갈 수 없느니라"(요 3:5)

"이는 물과 피로 임하신 이시니 곧 예수 그리스도시라 물로만 아니요 물과 피로 임하셨고 증언하는 이는 성령이시니 성령은 진리니라 증언하는 이가 셋이니 성령과 물과 피라 또한 이 셋은 합하여 하나이니라"(요일 5:6-8)

물 침례와 성령 충만함의 침례는 하나다. 같은 하나님께서 명령하시고 주시는 것이다.

"주도 한 분이시요 믿음도 하나요 침례도 하나요"(엡 4:5)

2) 침례 예식은 온몸을 물속에 잠깐 담그고 곧바로 물 위로 올라오는 것인데 주 예수님께서도 하나님의 의를 이루시기 위하여 침례를 받으셨다.

"예수께서 대답하여 이르시되 이제 허락하라 우리가 이와같이 하여 모든 의를 이루는 것이 합당하니라 하시니 이에 요한이 허락하는지라"(마 3:15)

누구든지 하나님과 주 예수님을 진심으로 믿으며 죄를 회개하여 죄 사함을 받고 그 이름 예수 그리스도를 마음 중심에 영접한 자는 물과 성령으로 거듭난 자이다. 그리고 침례받음은 주 예수님으로 옷 입는 예식이다!

"너희가 다 믿음으로 말미암아 그리스도 예수 안에서 하나님의 아들이 되었으니 누구든지 그리스도와 합하기 위하여 침례를 받은 자는 그리스도로 옷 입었느니라"(갈 3:26-27)

3) 그 누구든지 진심으로 주 예수님을 하나님의 아들로 믿고 십자가 위에서 피 흘려 돌아가심은 자신의 죄들을 위함이라 믿으며 죄들을 회개하며 주 예수님과 그 이름을 주와 왕으로 모시어 마음 중심에 영접하면 하나님의 아들이 되는 권세를 받으며 동시에 물과 성령으로 거듭나는 것이다.

"영접하는 자 곧 그 이름을 믿는 자들에게는 하나님의 자녀가 되는 권세를 주셨으니 이는 혈통으로나 육정으로나 사람의 뜻으로 나지 아니하고 오직 하나님께로부터 난 자들이니라"(요 1:12-13)

4. 안수

성경에는 부모가 자녀 축복, 임직 위임식, 구약의 동물의 머리에 죄를 전가할 때, 병자를 위한 기도를 할 때 성령을 받도록 안수한다.

1) 교회에서 사역자를 세울 때 안수하였다(딤전 4:14).

2) 야곱이 자녀들에게 안수하였다(창 48:14).

3) 위의 어른이나 부모가 자녀에게 축복할 때 안수기도한다.

4) 안수는 위임식 때 하였다(레 8:22).

5) 주 예수님은 병자를 고치실 때 안수하셨고, 어린이들을 축복하실 때 안수하셨다.

> "그 어린아이들을 안고 그들 위에 안수하시고 축복하시니라"(막 10:16)

6) 병든 자가 있으면 기름을 바르고 서로 기도하라고 하였다(약 5:14-16).

7) 성령 받기 위하여 안수하였다(행 8:15-17; 19:6).

8) 죄를 위임받는 동물 머리에 안수하여 모든 죄를 그 동물에게 인가시켜서 제물이 되게 하였다(출 29:10; 레 1:4).

- 안수는 머리 위에만 손을 얹는 것만 아니다(질서가 있으며 '덕이' 되게 하였다).
- 아픈 부위에 손을 살짝 얹거나 아픈 쪽으로 손을 뻗은 상태로 기도할 수 있다. 병 낫기를 위하여 또는 귀신을 내쫓기 위한 선포 기도를 할 수 있다. 바울 사도의 물품을 몸에 놓고 위하여 기도할 때 병든 자가 고침을 받고 악귀도 떠나갔다고 기록되었다.

> "심지어 사람들이 바울의 몸에서 손수건이나 앞치마를 가져다가 병든 사람에게 얹으면 그 병이 떠나고 악귀도 나가더라"(행 19:12)

5. 죽은 자의 부활(두 종류의 부활)

죽은 자의 부활에는 첫째 생명 부활과 둘째 사망 부활이 있다.

1) 첫째 생명 부활

"선한 일을 행한 자는 생명의 부활로 악한 일을 행한 자는 심판의 부활로 나오리라"(요 5:29)

"이 첫째 부활에 참여하는 자들은 복이 있고 거룩하도다 둘째 사망이 그들을 다스리는 권세가 없고 도리어 그들이 하나님과 그리스도의 제사장이 되어 천 년 동안 그리스도와 더불어 왕 노릇 하리라"(계 20:6)

생명 부활에 참여한 자가 되려면 생명책에 이름이 기록되어야 한다. 생명 부활에 참여한 자에게는 그 행한 대로 갚으시는 상급이 있다.

"…오직 어린 양의 생명책에 기록된 자들만 들어가리라"(계 21:27)
"보라 내가 속히 오리니 내가 줄 상이 내게 있어 각 사람에게 그가 행한 대로 갚아 주리라 나는 알파와 오메가요 처음과 나중이요 시작과 끝이라"(계 22:12-13)

사람이 죽은 후 첫째 부활에 참여하거나 사망 부활에 참여하게 된다. 한 집안에서 살아도 산 자로 살아가거나 죽은 자로 살아가고 있다. 죽은 후에는 몸이 영체로 변하고 가부간에 천국과 지옥으로 나뉘게 된다. 죽은 후에는 돌이킬 수 없는 상태가 된다. 살아 있는 동안에 부부간에, 가족 간에 서로를 위해 기도해 주고 살아가야 한다. 영, 혼, 육의 구원을 위하여 기도하여야 한다. 두 번째까지 죽은 자는 아주 사망한 자로서 지옥 음부에 가며 상태를 전혀 바꿀 수가 없다.

2) 둘째 심판 부활(계 20:5-6; 14)

"또 내가 보니 죽은 자들이 큰 자나 작은 자나 그 보좌 앞에 서 있는데 책들이 펴 있고 또 다른 책이 펴졌으니 곧 생명책이라 죽은 자들이 자기 행위를 따라 책들에 기록된 대로 심판을 받으니 바다가 그 가운데에서 죽은 자들을 내주고 또 사망과 음부도 그 가운데에서 죽은 자들을 내주매 각 사람이 자기의 행위대로 심판을 받고"(계 20:12-13)

"사망과 음부도 불못에 던져지니 이것은 둘째 사망 곧 불못이라 누구든지 생명책에 기록되지 못한 자는 불못에 던져지더라"(계 20:14-15)

부활한 몸은 영체가 되고, 시집을 가거나 장가를 가지도 않는다.

"부활 때에는 장가도 아니 가고 시집도 아니 가고 하늘에 있는 천사들과 같으니라…하나님은 죽은 자의 하나님이 아니요 살아 있는 자의 하나님이시니라"(마 22:30-32)

산자가 되어야만 심판 부활을 하지 않는다. 하나님은 산 자의 하나님이시다. 주 예수님께서는 우편 강도에게 '오늘 네가 나와 낙원에 있으리라' 하셨다(눅 23:43). 산자가 되어 영생을 얻으려면 주 예수님의 보혈로 자신의 모든 죄를 용서받아야만 된다. 왜냐? 죄의 삯은 사망이기 때문이다.

"죄의 삯은 사망이요 하나님의 은사는 그리스도 예수 우리 주 안에 있는 영생이니라"(롬 6:23)

"예수께서 이르시되 죽은 자들이 그들의 죽은 자들을 장사하게 하고 너는 나를 따르라 하시니라"(마 8:22)

3) 사망과 음부에 있는 모든 사람이 심판받고 불 못에 가기 위하여 부활

한다.

그렇다면 누가 지옥에 가는가? 죽은 자들이 간다. 하나님은 산자의 하나님이시다. 죽은 자의 하나님이 아니시다.

> "나는 아브라함의 하나님이요 이삭의 하나님이요 야곱의 하나님이로라 하신 것을 읽어 보지 못하였느냐 하나님은 죽은 자의 하나님이 아니요 살아 있는 자의 하나님이시니라 하시니"(마 22:32)

그러므로 모든 죽은 자들은 불과 유황으로 타는 못에 던져진다.

> "바다가 그 가운데에서 죽은 자들을 내주고 또 사망과 음부도 그 가운데에서 죽은 자들을 내주매 각 사람이 자기의 행위대로 심판을 받고 사망과 음부도 불못에 던져지니 이것은 둘째 사망 곧 불못이라 누구든지 생명책에 기록되지 못한 자는 불못에 던져지더라"(계 20:13-15)

> "…두려워하는 자들과 믿지 아니하는 자들과 흉악한 자들과 살인자들과 음행하는 자들과 점술가들과 우상 숭배자들과 거짓말하는 모든 자들은 불과 유황으로 타는 못에 던져지리니 이것이 둘째 사망이라"(계 21:8)

4) 부자는 음부에 갔다고 비유하셨다. 음부는 지옥행 대기실과 같다.

> "불러 이르되 아버지 아브라함이여 나를 긍휼히 여기사 나사로를 보내어 그 손가락 끝에 물을 찍어 내 혀를 서늘하게 하소서 내가 이 불꽃 가운데서 괴로워하나이다"(눅 16:24)

5) 지옥 불은 꺼지지 않고 구더기도 죽지도 않고 사람마다 불로 소금 치

듯 함이라고 하셨다. 다시는 아픔과 죽음이 없는 하나님의 천국에 갈 것인가? 악한 마귀가 가는 유황불 못에서 소금 치듯 함을 받을 것인가?

> "만일 네 손이 너를 범죄하게 하거든 찍어버리라 장애인으로 영생에 들어가는 것이 두 손을 가지고 지옥 곧 꺼지지 않는 불에 들어가는 것보다 나으니라…거기에서는 구더기도 죽지 않고 불도 꺼지지 아니하느니라 사람마다 불로써 소금 치듯 함을 받으리라"(막 9:43-49)

6. 영원한 심판

마귀와 그의 사자들과 생명책에 이름이 없는 모든 자들이 던져짐.
심판장이신 하나님이 만민을 심판한다고 엄숙히 선포하신다.

> "하늘이 그의 공의를 선포하리니 하나님 그는 심판장이심이로다"(셀라)
> (시 50:6)

> "내 공의가 가깝고 내 구원이 나갔은즉 내 팔이 만민을 심판하리니 섬들이 나를 앙망하여 내 팔에 의지하리라"(사 51:5)

> "입법자와 재판관은 오직 한 분이시니 능히 구원하기도 하시며 멸하기도 하시느니라…"(약 4:12)

> "이제 하늘과 땅은 그 동일한 말씀으로 불사르기 위하여 보호하신 바되어 경건하지 아니한 사람들의 심판과 멸망의 날까지 보존하여 두신 것이니라"(벧후 3:7)

1) 영원한 심판은…유황불 못으로 들어가는 것이다.

본래 지옥 불 못은 사악한 마귀와 그의 사자들을 보내기 위해 만들어 놓은 곳이다. 악한 마귀에게 속아 죄를 용서받지 못하고 구원받지 못하면 죽은 후 행한 대로 심판받고 유황불 못에 영원히 던져지게 된다.

"…저주를 받은 자들아 나를 떠나 마귀와 그 사자들을 위하여 예비된 영원한 불에 들어가라"(마 25:41)

"한 번 죽는 것은 사람에게 정해진 것이요 그 후에는 심판이 있으리니"(히 9:27)

2) 유황불 못에 던져지는 순서

(1) 짐승 곧 적그리스도와 거짓 선지자가 첫 번째로 던져진다.

"또 내가 보니 한 천사가 태양 안에 서서 공중에 나는 모든 새를 향하여 큰 음성으로 외쳐 이르되 와서 하나님의 큰 잔치에 모여 왕들의 살과 장군들의 살과 장사들의 살과 말들과 그것을 탄 자들의 살과 자유인들이나 종들이나 작은 자나 큰 자나 모든 자의 살을 먹으라 하더라 또 내가 보매 그 짐승과 땅의 임금들과 그들의 군대들이 모여 그 말 탄 자와 그의 군대와 더불어 전쟁을 일으키다가 짐승이 잡히고 그 앞에서 표적을 행하던 거짓 선지자도 함께 잡혔으니 이는 짐승의 표를 받고 그의 우상에게 경배하던 자들을 표적으로 미혹하던 자라 이 둘이 산 채로 유황불 붙는 못에 던져지고 그 나머지는 말 탄 자의 입으로부터 나오는 검에 죽으매 모든 새가 그들의 살로 배불리더라"(계 19:17-21)

(2) 옛뱀, 마귀, 사단이라고 불리는 용이 두 번째로 던져진다.

"또 그들을 미혹하는 마귀가 불과 유황 못에 던져지니 거기는 그 짐승과 거짓 선지자도 있어 세세토록 밤낮 괴로움을 받으리라"(계 20:10)

이 옛뱀, 마귀, 사단, 용은 일천 년 동안 무저갱에 갇혀 있다가 잠깐 풀려나와 온 세상을 미혹하고 또 전쟁을 벌이다가 다시 잡혀 불과 유황못에 던져지게 된다.

"용을 잡으니 곧 옛 뱀이요 마귀요 사단이라 잡아서 천 년 동안 결박하여 무저갱에 던져 넣어 잠그고 그 위에 인봉하여 천 년이 차도록 다시는 만국을 미혹하지 못하게 하였는데 그 후에는 반드시 잠깐 놓이리라"
(계 20:2-3)

(3) 사망과 음부가 세 번째로 던져진다.

"내가 보매 청황색 말이 나오는데 그 탄 자의 이름은 사망이니 음부가 그 뒤를 따르더라. 그들이 땅 사분 일의 권세를 얻어 검과 흉년과 사망과 땅의 짐승들로써 죽이더라"(계 6:8)

"사망과 음부도 불못에 던져지니 이것은 둘째 사망 곧 불못이라"(계 20:14)

(4) 생명책에 이름이 없는 자, 네 번째로 던져진다.

"바다가 그 가운데에서 죽은 자들을 내주고 또 사망과 음부도 그 가운데에서 죽은 자들을 내주매 각 사람이 자기의 행위대로 심판을 받고…누구든지 생명책에 기록되지 못한 자는 불못에 던져지더라"(계 20:13; 15)

(5) 믿는 대로 심판하심이 아니고 행한 대로 심판하신다!

> "…죽은 자들이 무론 대소하고…죽은 자들이 자기 행위를 따라 책들에 기록된 대로 심판을 받으니"(계 20:12)

행함에는 믿음과 순종이 함께 가는 것이다. 동전의 양면과 비유할 수 있다. 믿는다는 것은 순종함과 결부시킬 수 있다! 손은 양면인 손등과 바닥이 있어 손이 된다. 이처럼 믿음과 순종이 함께 있어야 함께 존재한다. 모든 사람은 태어나면서부터 아담의 원죄인 불순종함 때문에 죽었다. 영, 혼, 육이 모두 죽었다. 그러므로 죽은 자는 영원히 마귀를 가두는 지옥 불 못에 가게 돼 있다. 하나님께서 직접 100% 신성과 100% 인성을 가진 아들로서 오셨다. 모든 사람의 죄를 속하시는 주 예수의 십자가 공로와 장사 되심과 그 생명의 부활을 믿지 않음이 죄이다. 믿지 않으니까 순종도 하지 않거니와 또 하고 싶어도 할 수가 없다. 죄는 '주 예수를 믿지 아니함이다'라고 기록하셨다.

> "죄에 대하여라 함은 그들이 나를 믿지 아니함이요"(요 16:9)

진실로 주 예수를 믿지 않으니까 순종할 수가 없다. 두 가지 예정론 중에 그 첫 번째의 예정론은 모든 사람은 아담과 하와의 불순종으로 시작하여 영 혼 육이 죽었다. 태어나면서부터 누구는 지옥에 가고 또 다른 누구는 천국에 가도록 예정된 것이 아니다. 죽은 자는 모두 지옥에 가도록 예정되어 있다는 것이다. 그러니까 모든 사람은 아담의 원죄로 말미암아 본래 죽은 자로서 전 인류 모두가 그 준비된 유황불 못 곧 마귀를 던져넣는 영원한 불 못으로 들어갈 수밖에 없는 것이다.

이 두 번째 하나님의 예정론은 오직 산자만 슬픔과 아픔과 죽음이 없는 하나님의 왕국인 새 하늘과 새 땅에서 영원히 살도록 예정해두신 것이다.

어떻게 이렇게 운명이 바뀔 수 있는가? 물론 하나님의 은혜다! 천지 만물과 사람을 만드신 하나님께서 죄를 짓고 죽어 마귀의 자녀로 타락한 자들을 자기 피로 사시기 위하여 100%인 하나님께서 100%인 사람의 아들 곧 여자의 후손으로(동정녀) 이 땅에 오셔서 인류 구속을 위하여 십자가의 저주를 받고 죽어주셨다. 장사 되어 주시고 생명 부활하여 주셨다.

그러므로 누구든지 하나님의 아들 주 예수를 믿고 죄를 회개하며 마음 중심에 주와 왕으로 영접하면 그는 하나님의 자녀가 되는 권세를 주셨다 (요 1:1; 12-14; 3:16). 곧 산자가 되어 죽은 자가 가는 지옥 불에 던져지지 않는 이 엄청난 은혜를 받게 되는 것이다. 흑암에서 튀어나온 자는 지옥에 가지 않는 것으로 예정하신 것이다. 지옥행으로부터 하나님의 구출 작전을 통하여 구원받은 사람들을 소명하셨다. 복음을 전파하면서 하나님의 양 무리를 먹이고 치는 사명을 주셨다. 이 역시 하나님의 은혜로 이루어진다. 흑암에 앉은 백성이 큰 빛을 보았고 사망의 땅과 그늘에 앉은 자들에게 빛이 비취었도다 하였느니라(마 4:16). 그가 우리를 흑암의 권세에서 건져내사 그의 사랑의 아들의 나라로 옮기셨으니(골 1:13)라고 기록하셨다.

"아들을 믿는 자에게 영생이 있고 아들에게 순종하지 아니하는 자는 영생을 보지 못하고 도리어 하나님의 진노가 그 위에 머물러 있느니라"(요 3:36)

"또 왼편에 있는 자들에게 이르시되 저주를 받은 자들아 나를 떠나 마귀와 그 사자들을 위하여 예비된 영원한 불에 들어가라"(마 25:41)

"그들과 같이 우리도 복음 전함을 받은 자이나 들은 바 그 말씀이 그들에게 유익하지 못한 것은 듣는 자가 믿음과 결부시키지 아니함이라"(히 4:2)

그러니까 모든 사람은 아담의 원죄로 말미암아 죽었기에 죽은 자로서 마귀와 그 사자들이 가는 유황불 못에 가게 돼 있다. 하나님의 이 두 가지 예정론 중에 이 두 번째의 예정론은 모든 사람을 구원시키시려고 십자가 위에서 피 흘리고 죽어 장사 되셨다가 제 삼 일 후에 부활하여 주신 것이다. 그러므로 사람이 주 예수의 복음인 그분의 죽음, 장사, 부활을 듣고 믿으며 자신의 죄를 회개하고 죄 사함을 주시는 이름인 예수와 하나님의 그 아들을 마음 중심에 모셔 들이고 믿음을 화합하여 결부시키고 기쁘게 순종하면 유익함을 얻는 것이다. 결국은 창세로부터 예비된 나라 곧 하나님 나라를 상속받는 것이다.

> "그 때에 임금이 그 오른편에 있는 자들에게 이르시되 내 아버지께 복 받을 자들이여 나아와 창세로부터 너희를 위하여 예비된 나라를 상속받으라"(마 25:34)

이 두 번째의 예정론을 위하여 하나님께선 직접 자신을 택하셨다. 창조주 하나님이시다. 그 얼마나 광대하시고 위대하신 하나님이신가! 사람들은 그 특별계시인 성경을 통하여 조금이라도 깨달아 알 수가 있다. 이 역시, 하나님의 은혜와 사랑과 계시로 인도함을 받아서이다.

> "여호와여 위대하심과 권능과 영광과 승리와 위엄이 다 주께 속하였사오니 천지에 있는 것이 다 주의 것이로소이다 여호와여 주권도 주께 속하였사오니 주는 높으사 만물의 머리심이니이다"(대상 29:11)

오늘날 객관적으로 잘 알려진 사실이 있다. 현대의 최고로 발달한 도구를 이용하여 세계의 여러 탁월한 과학자는 다음과 같이 발표했다고 한다. 천체 망원경을 통하여 사람의 눈에 보이는 은하계만도 천억 개 정도라고 한다. 사람이 사는 지구는 그 천억 개 중 하나의 은하계에 속하며 이 한 은하계 속에서도 하나의 별이라고 한다. 은하계마다 각각의 천억 개 정도의 별들로 구성되어 있으며 그 천억 개 속의 하나의 별이 사람이 사는 지구라고 한다. 광활한 땅과 바다와 산맥들 그리고 각 나라들과 도시들과 농촌 등등 다 거론하기 힘들다. 그러므로 지구는 하나의 아주 작은 점, 그것도 맨눈으로도 보기 힘든 작은 점 정도라고 한다. 그렇다면 '나'라는 존재는 어디에 존재하는가? 독자는 이 점 속에 어디에 존재하는가? 광대하신 하나님은 그분의 손가락으로 하늘을 만드시고 별들을 베풀어주셨다고 기록하셨다. 다만 감사하며 찬양하며 영광과 존귀를 올려드릴 뿐이다.

> "주의 손가락으로 만드신 주의 하늘과 주께서 베풀어 두신 달과 별들을 내가 보오니"(시 8:3)

> "주의 인자하심이 하늘보다 높으시며 주의 진실은 궁창에까지 이르나이다"(시 108:4)

> "묘성과 삼성을 만드시며 사망의 그늘을 아침으로 바꾸시고 낮을 어두운 밤으로 바꾸시며 바닷물을 불러 지면에 쏟으시는 이를 찾으라 그의 이름은 여호와시니라"(암 5:8)

> "바다도 그의 것이라 그가 만드셨고 육지도 그의 손이 지으셨도다"
> (시 95:5)

성경 전도서에는 사람의 본분을 말하고 있다.

> "일의 결국을 다 들었으니 하나님을 경외하고 그의 명령을 지킬지어다

이것이 모든 사람의 본분이니라 하나님은 모든 행위와 모든 은밀한 일을 선악간에 심판하시리라"(전 12:13-14)

반드시 모든 행위와 스스로 은밀히 하는 일들이 좋든, 그릇된 것이든 하나님께서는 심판하겠다고 선언하셨다. 사람은 죽음을 피할 수 없다. 역시, 죽은 후에 심판도 그렇다. "한 번 죽는 것은 사람에게 정해진 것이요 그 후에는 심판이 있으리니"(히 9:27)라고 기록하셨다. 혹자는 부인하며 아니라고 주장할 수 있겠으나 보증할 수는 없다. 죽은 후에는 알 수가 있겠으나 이미 구원받을 수 있는 은혜의 다리는 못 건너왔다.

그러나 주 예수를 통하여 구원의 은혜의 다리를 건너와서 이 세상을 사는 자는 영원한 심판을 면한 자들이다. 감사함으로 두 번째 오시는 예수님을 사모하며 기다리는 자들이다.

"이와 같이 그리스도도 많은 사람의 죄를 담당하시려고 단번에 드리신 바 되셨고 구원에 이르게 하기 위하여 죄와 상관 없이 자기를 바라는 자들에게 두 번째 나타나시리라"(히 9:28)

영원한 구속자로 또 영원한 심판자로 다시 오시는 주 예수님!

계시록에서 다시 오시는 예수님은 가난한 목수의 집 아들로 다시 오지 않으신다.

영광의 하나님 아들의 모습으로 백마를 타시고 오신다. 또 내가 하늘이 열린 것을 보니 보라 백마와 그것을 탄 자가 있으니 그 이름은 충신과 진실이라 그가 공의로 심판하며 싸우더라…하늘에 있는 군대들이 희고 깨끗한 세마포 옷을 입고 백마를 타고 그를 따르더라(계 9:11; 14).

죄 사함을 받고 구원받은 자들을 데리러 오신다. 주 예수께서 거하시는 곳인 평화와 공평과 의의 나라로 데려가신다. 가서 너희를 위하여 처소를 예비하면 내가 다시 와서 너희를 내게로 영접하여 나 있는 곳에 너희도 있게 하리라(요 14:3).

그러나 믿지 않는 자들을 심판하시려 오신다. 만 왕의 왕으로 만주의 주로서 철장으로 다스리러 오신다.

> "그들이 어린양과 더불어 싸우려니와 어린 양은 만주의 주시요 만왕의 왕이시므로 그들을 이기실 터이요 또 그와 함께 있는 자들 곧 부르심을 받고 택하심을 받은 진실한 자들도 이기리로다"(계 17:14)

V. 하나님 교회 예전의 일곱 가지(7) DNA

대사명의 균형 잡힌 제자들은 말씀을 순종하는 성도들(교회/하나님 자녀)이다. 곧 우리의 주 되신 예수 그리스도의 이름을 부르는 모든 자가 하나님의 교회요 성도라고 부르심을 받은 자들이다.

> "고린도에 있는 하나님의 교회 곧 그리스도 예수 안에서 거룩하여지고 성도라 부르심을 받은 자들과 또 각처에서 우리의 주 곧 그들과 우리의 주 되신 예수 그리스도의 이름을 부르는 모든 자들에게"(고전 1:2)

하나님의 교회는 곧 주 예수 그리스도의 이름을 부르는 모든 자를 우리의 주 예수께서 직접 반석 위에 세우신다. 반석이신 하나님 위에와 주 예수님 위에만 세우신다. 모든 민족으로 주 예수님의 교회를 세우시고 승리하신다고 하신다.

> "이 반석 위에 내 교회를 세우리니 음부의 권세가 이기지 못하리라"
>
> (마 16:18)

반석은 천지를 지으신 하나님이시다. 모든 사람을 그들의 죄에서 속량하시고 죽음에서 생명으로 회복시켜 하나님의 자녀로 만드신 주 예수님의 죽음과 장사 되심과 생명 부활의 공로 아래 세우신다. 오직 하나님의 사랑으로 주 예수님의 반석 위에만 세우셨고, 주 예수님의 재림 때까지 세우실 것이다. 절대로 음부의 권세가 주 예수님의 교회를 이길 수 없다.

"그는 반석이시니 그가 하신 일이 완전하고 그의 모든 길이 정의롭고 진실하고 거짓이 없으신 하나님이시니 공의로우시고 바르시도다"(신 32:4)

"여호와와 같이 거룩하신 이가 없으시니 이는 주 밖에 다른 이가 없고 우리 하나님 같은 반석도 없으심이니이다"(삼상 2:2)

"오직 그만이 나의 반석이시요 나의 구원이시요 나의 요새이시니 내가 크게 흔들리지 아니하리로다"(시 62:2)

"요셉의 활은 도리어 굳세며 그의 팔은 힘이 있으니 이는 야곱의 전능자 이스라엘의 반석인 목자의 손을 힘입음이라"(창 49:24)

"다 같은 신령한 음료를 마셨으니 이는 그들을 따르는 신령한 반석으로부터 마셨으매 그 반석은 곧 그리스도시라"(고전 10:4)

"…이 반석 위에 내 교회를 세우리니 음부의 권세가 이기지 못하리라"
(마 16:18)

"집을 짓되 깊이 파고 주추를 반석 위에 놓은 사람과 같으니 큰 물이 나서 탁류가 그 집에 부딪치되 잘 지었기 때문에 능히 요동하지 못하게 하였거니와"(눅 6:48)

1. 하나님의 교회

교회의 어원은 헬라어 에클레시아에서 유래되었으며, '죄, 죽음, 흑암, 사단/마귀로부터 나오다'는 뜻을 가지고 있다. 교회는 주 예수님의 복음으로 거듭나서 세상으로부터 구별되어 나온 자들이다.

> "우리로 하여금 빛 가운데서 성도의 기업의 부분을 얻기에 합당하게 하신 아버지께 감사하게 하시기를 원하노라 그가 우리를 흑암의 권세에서 건져내사 그의 사랑의 아들의 나라로 옮기셨으니 그 아들 안에서 우리가 속량 곧 죄 사함을 얻었도다"(골 1:12-14)

성경에서 말씀하는 교회는 마귀의 흑암과 죄의 권세에서 건져냄을 받고 죄 사함을 받아 구원받고 성도라 부르심을 입은 자들 곧 각처에서 우리 주 예수 그리스도의 이름을 부르는 믿는 성도들이다. 그러므로 나는 곧 성도요 하나님의 교회라고 할 수 있다. 나같은 성도들이 함께 모여 주 예수 그리스도의 이름을 부르며 하나님께 예배드리면 곧 하나님의 공동체 교회라고 할 수 있는 것이다.

교회는 건물이 아니라 성도가 교회이다. 공동체 교회인 많은 성도의 예배를 위해서 예배당이나 집이라는 그릇이 필요한 것이다.

| 예배당 | 집 | 성도 |

1) 주 예수 그리스도는 교회의 머리이다.

"오직 사랑 안에서 참된 것을 하여 범사에 그에게까지 자랄지라 그는 머리니 곧 그리스도라"(엡 4:15)

"이는 남편이 아내의 머리 됨이 그리스도께서 교회의 머리 됨과 같음이니 그가 바로 몸의 구주시니라"(엡 5:23)

2) 교회는 주 예수 그리스도의 지체인 몸을 말한다.

"너희는 그리스도의 몸이요 지체의 각 부분이라"(고전 12:27)

"이와 같이 우리 많은 사람이 그리스도 안에서 한 몸이 되어 서로 지체가 되었느니라"(롬 12:5)

"우리는 그 몸의 지체임이라"(엡 5:30)

3) 주 예수 그리스도의 교회는 하나이지만 여러 지역, 가정에 교회들이 있었다.

• 예루살렘 교회(행 8:1 예루살렘에 있는 교회)
• 빌립보 루디아의 집(행 16:15)
• 아굴라와 브리스길라의 집(고전 16:19, 아굴라와 브리스가와 그 집에 있는 교회)
• 눔바와 그 여자의 집(골 4:15, 라오디게아에 있는 형제들과 눔바와 그 여자의 집에 있는 교회)
• 빌레몬 형제의 집-오네시모(몬 1:2, 네 집에 있는 교회에 편지하노니) 등

누구든지 하나님과 주 예수 그리스도를 믿고 구원받은 자는 성도이며 교회이다. 이런 교회 안에서 성도들이 어디서든지 함께 모여 하나님께 예배드리는 것은 공동체 교회의 예배이다.

"나 예수는 교회들을 위하여 내 사자를 보내어 이것들을 너희에게 증언하게 하였노라"(계 22:16)

2. 하나님의 교회에서 집행하는 중요한 사역들
(교회 사역 일곱 가지 DNA)

〈도표1-5〉 교회의 예전 일곱 가지 DNA

3	복음의 핵심 세 가지 DNA
3	복음을 들은 불신자의 반응 세 가지 DNA
5	대사명 다섯 가지 DNA
6	그리스도 도의 초보 교훈 기본원칙 여섯 가지 DNA
7	교회의(예전) 일곱 가지 DNA

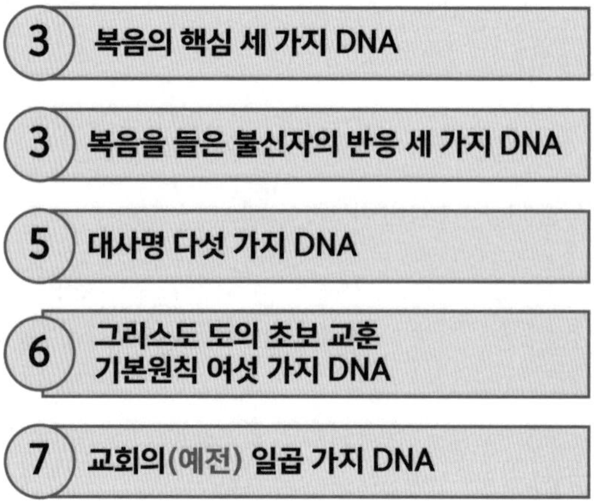

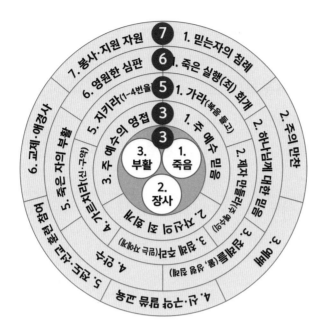

하나님의 교회에서 집행하는 중요한 사역들 (교회 사역 일곱 가지 DNA)
침례, 주 만찬, 예배, 구약/신약 말씀교육, 전도/선교훈련 참여, 교제, 봉사 등

1) 믿는 자의 침례(요 3:22-4:1; 행 2:38; 8:35-39)

- 복음 사역자가 집행(갖춰야)하는 침례 예식
- 하나님의 공동체 교회의 중요한 두 가지 예전 중 첫 번째 예전

침례는 주 예수를 믿는 자에게 베푸는 것이다. 물속에 1~2초 정도 푹 잠겨 죄를 사하거나 씻는 의미의 예식이며 주 예수님과의 연합함, 죄 사함과 씻음과 구원함을 의미한다.

"베드로가 이르되 너희가 회개하여 각각 예수 그리스도의 이름으로 침례를 받고 죄 사함을 받으라 그리하면 성령의 선물을 받으리니"(행 2:38)

"무릇 그리스도 예수와 합하여 침례를 받은 우리는 그의 죽으심과 합하여 침례를 받은 줄을 알지 못하느냐 그러므로 우리가 그의 죽으심과 합하여 침례를 받음으로 그와 함께 장사되었나니 이는 아버지의 영광으로 말미암아 그리스도를 죽은 자 가운데서 살리심과 같이 우리로 또한 새 생명 가운데서 행하게 하려 함이라"(롬 6:3-4)

"이제는 왜 주저하느냐 일어나 주의 이름을 불러 침례를 받고 너의 죄를 씻으라 하더라"(행 22:16)

침례 성구 및 역사		
1	침례 요한이 예수 그리스도께	허락하라 우리가 이와 같이 하여 모든 의를 이루는 것이 합당하니라 하신대 이에 요한이 허락하는지라(마 3:14-16)
2	주 예수께서 제자들에게	예수께서 제자들과 유대 땅으로 가서 함께 유하시며 침례를 주시더라(요 3:22)
3	제자들이 신자들에게	예수의 제자를 삼고 침례를 주는 것이 요한보다 많다 하는 말을 바리새인들이 들은 줄을 주께서 아신지라 '예수께서 친히 침례를 주신 것이 아니요 제자들이 준 것이라'(요 4:1-2)
4	침례 요한이 자기 제자들에	요한도 살렘 가까운 애논에서 침례를 주니 거기 물들이 많음이라(요 3:22-23)
5	베드로와 120명의 제자들이 새신자들과 믿는 자 삼천 명에게	너희가 회개하여 각각 예수 그리스도의 이름으로 침례를 받고 죄사함을 받으라…(행 2:37-41)
6	빌립 집사가 사마리아에게	오직 주 예수의 이름으로 침례만 받을 뿐이러라(행 8:14-16)
7	빌립 집사가 에디오피아 내시에게	보라 물이 있으니 내가 침례를 받음에 무슨 꺼림이 있으리요… 침례를 베풀고 둘이 함께 물에서 올라 오니라(행 8:35-39)
8	아나니아가 사울에게	이제는 왜 주저하느뇨 일어나 주의 이름을 불러 침례를 받고 너의 죄를 씻으라 하더라(행 22:12-16)

9	욥바의 제지들/형제들이 고넬료 일가와 가까운 친구들에게	명하여 예수 그리스도의 이름으로 침례를 주라 하니라 그들이 베드로에게 수일 더 유하기를 청하니라(행 10:23-24:47-48)
10	바울이 에베소 신자들과 믿는 자들 12명에게	저희가 듣고 곧 주 예수의 이름으로 침례를 받으니…모두 열두 사람쯤 되니라(행 19:1-7)
11	바울과 실라가 빌립보 간수의 집 사람들에게	주 예수를 믿으라 그리하면 너와 네 집이 구원을 얻으리라…다 침례를 받은 후…온 집이 믿었으므로 크게 기뻐하니라

사도 바울은 침례 주는 것을 자제하였다.

"그리스도께서 나를 보내심은 침례를 베풀게 하려 하심이 아니요 오직 복음을 전하게 하려 하심이로되"(고전 1:17)

침례/세례 집행 시의 선포(주 예수님과 연합의 의미)

○○○, 주 예수님과 함께 죽고, 장사 되며, 부활함의 의미인 침례를 주 예수 그리스도의 이름, 곧 성부와 성자와 성령의 이름으로 주노라. 아멘!

2) 주만찬(성찬)(마 26:26-28; 고전 11:23-26): **주 예수님과 연합의 의미.**

- 복음 사역자가 집행(갖춰야)하는 주 만찬(성찬)
- 하나님의 공동체 교회의 중요한 두 가지 예전 중 두 번째 예전

주 예수를 믿고 침례받은 자는 주 예수와 연합한 자로 주 예수의 깨진 몸과 그 피를 다시 오실 때까지 기념한다(고전 11:24-25 기념/연합).

주 만찬의 의미는 주 예수님의 몸과 피로 세운 새 언약을 기념하는 것이며 "나를 기념하라"는 뜻이 있다(고전 11:24-25). 주의 만찬(성찬, 고전 11:20)을 베푼다고 한다.

유월절의 유래는 약 3,500년 전 애굽에서 첫 유월절(출 12:1-14)에 시작되었다. 예수님은 유월절의 어린양(요 1:29)을 대표한다(눅 22:15,19~20; 마 26:26~28).

주 만찬 순서 (샘플)

인도자 주 만찬(성찬)은 예수 그리스도께서 온 인류의 구원을 위해 십자가 위에서 피 흘리신 대속적 사랑을 기념하고 또한 모든 성도가 그리스도의 명령에 순종하도록 일깨우는 예식입니다. 주의 만찬(성찬)을 통해 교회 성도들은 떡을 떼며 포도주를 마시며 하나님 아버지께 감사하며 경배드리는 것입니다. 주 예수 그리스도의 몸과 피를 기념하며 다시 오심을 예비하는 예식입니다.

인도자 말씀 봉독 고전 11:27-32
"그러므로 누구든지 주의 떡이나 잔을 합당치 않게 먹고 마시는 자는 주의 몸과 피를 범하는 죄가 있느니라. 사람이 자기를 살피고 그 후에야 이 떡을 먹고 이 잔을 마실지니, 주의 몸을 분변치 못하고 먹고 마시는 자는 자기의 죄를 먹고 마시는 것이니라."

• 주의점

"이러므로 너희 중에 약한 자와 병든 자가 많고 잠자는 자도 적지 아니하니"
(고전 11:30)

인도자 이제 우리 모두 스스로를 돌이켜 성찰해 보겠습니다. 먼저 자신의 허물을 돌이켜 보고 죄를 철저히 회개한 후에야 주 만찬(성찬)을 받을 수 있습니다. (잠시 각자 스스로 자기를 성찰하고 회개한다)

인도자 모두 함께 기도드리겠습니다(인도자의 인도하에, 성도는 묵도한다.)

인도자 우리의 하나님 아버지께서 우리를 사랑하시고 긍휼히 여기시니 감사드립니다. 우리 각 사람이 스스로 자신의 죄를 각각 회개합니다. 모두 용서하여 주옵소서. 주 예수 그리스도의 이름으로 기도드립니다. 아멘.

인도자 성경 낭독 고전 11:23-24
"내가 너희에게 전한 것은 주께 받은 것이니 곧 주 예수께서 잡히시던 밤에 떡을 가지사 축사하시고 떼어 이르시되 이것은 너희를 위하는 내 몸이니 이것을 행하여 나를 기념하라 하시고"
(인도자가 떡을 취하여 주님께 축복과 감사의 기도를 드린다)

인도자 사랑의 주 예수님, 우리에게 몸을 기념하는 이 떡을 주시니 감사드립니다. 이는 우리의 죄로 인해 주 예수께서 몸이 깨어지고 찢기신 것을 기념하며 감사드립니다. 주 예수님의 이름으로 기도드립니다!

인도자 감사의 마음으로 주 예수님의 깨어진 몸과 흘리신 피를 기념합니다. 주 예수님을 믿고 믿는 자의 침례를 받으신 모든 성도님은 이 떡을 드시겠습니다.
(인도자가 고전 11:25-26의 말씀을 낭독한다)

"식후에 또한 그와 같이 잔을 가지시고
이르시되 이 잔은 내 피로 세운 새 언약이니
이것을 행하여 마실 때마다 나를 기념하라
하셨으니 너희가 이 떡을 먹으며 이 잔을
마실 때마다 주의 죽으심을 그가 오실 때까지
전하는 것이니라."

인도자 주 예수님의 보혈로 우리의 죄를 정결케 씻어 주시고 새 언약을 주시니 감사드립니다. 우리가 이 잔을 마시는 것은 주께서 우리의 죄로 인해 피 흘리시고 몸 찢기신 것을 기념합니다. 이 복된 소식을 감사하며 전 세계에 전파하기 원합니다. 감사드리며 주 예수님의 이름으로 기도합니다. 아멘.

인도자 예수 그리스도의 침례를 받으신 모든 성도님께서는 잔을 가지시고 감사의 기도를 드리신 후 드시기 바랍니다(잔을 모든 성도의 손에 나눠줌).

인도자 이 포도주는 주의 보혈을 의미합니다. 주께서 우리의 죄를 위해 십자가에 자원하심으로 몸을 버리시고 피를 흘려주셨습니다. 우리 모두 함께 감사하며 마시겠습니다.

(다 같이 마신 후)

인도자 주 예수님 우리에게 주의 만찬(성찬)을 주시니 감사드립니다. 주께서 다시 오시기까지 주 예수님을 기념하며 찬양합니다. 대사명의 길을 걷도록 우리를 인도하여 주옵소서. 우리의 발걸음을 인도하사 하나님 아버지의 뜻을 온전히 이루게 하여 주옵소서. 주 예수 그리스도의 이름으로 기도드립니다. 아멘.

다 같이 감사기도 주 예수님 감사를 드립니다. 우리 영혼을 구원하시니 감사드립니다. 우리를 완전케 하신 주 예수님께 감사를 드립니다. 날마다 우리에게 이토록 풍성한 구속의 은혜를 주시니 감사를 드립니다. 우리 기도를 받아 주옵소서. 주 예수님의 이름으로 감사기도를 드립니다. 아멘.

3) 예배

(1) 예배란 무엇인가?(요 4:23-24, 예: 희생제물 이해(레 1:1-9)

- 예배는 태도에 있어서 하나님께 대하여 경배와 존경, 존중, 기쁨, 충만한 찬양, 경외, 감격, 은혜에 감사하며 하나님께 순종하는 것이다.

- 예배는 하나님의 생명과 직접 관계를 맺는 것이다.
- 창조자 하나님의 속성을 예배한다.
- 하나님의 뜻, 하나님을 깊이 알아가는 것이다.
- 하나님께서는 그분의 신실하심, 선하심, 거룩하심, 공의로우심 그리고 자비로우심으로 오신다. 예배는 마음과 영혼으로 움직이며, 위대하신 하나님의 성령님과 개인의 영혼이 교제하는 과정에서 경배하고 찬미하며 존경하는 것이다.
- 예배의 목적은 하나님의 임재 가운데 나아가며 예배자와 함께하시는 하나님을 경험하며 영광을 돌리며 생명 안에서 더욱 풍성한 복을 영육 간에 받는 것이다.

(2) 예배자의 태도와 예배 참가의 방법
- 회개와 기도와 사랑으로 예배드린다.
- 일상의 삶 속에서 하나님을 의식하며 감사 예배 드린다.
- 대그룹 및 소그룹 집회의 예배를 드린다.
- 경외와 소망과 개인 헌신과 경건, 겸손과 순종, 찬양과 워십 댄스하며 예배드린다.
- 진리와 신령으로 경배하며 가정과 직장에서와 같이 삶 속에 힘을 다하여 예배드린다.
- 하나님의 위대하심을 찬양하며 말씀을 읽고 묵상과 순종으로 삶 속에서 예배드린다.
- 영광과 존경함과 개인기도와 기쁨과 감격과 찬양함과 복음 전도로 예배드린다.
- 은혜의 감사와 감동과 소금과 빛의 삶인 선한 행실 속에서 전심전력으로 예배드린다.

"첫째는 이것이니 이스라엘아 들으라 주 곧 우리 하나님은 유일한 주시라 네 마음을 다하고 목숨을 다하고 뜻을 다하고 힘을 다하여 주 너의 하나님을 사랑하라 하신 것이요 둘째는 이것이니 네 이웃을 네 자신과 같이 사랑하라 하신 것이라 이보다 더 큰 계명이 없느니라"(막 12:29-31)

이 말씀을 명심하며 대사명을 수행/준수하는 충성된 제자가 되어야 한다.

"예수께서 이르시되 여자여 내 말을 믿으라 이 산에서도 말고 예루살렘에서도 말고 너희가 아버지께 예배할 때가 이르리라 너희는 알지 못하는 것을 예배하고 우리는 아는 것을 예배하노니 이는 구원이 유대인에게서 남이라 아버지께 참되게 예배하는 자들은 영과 진리로 예배할 때가 오나니 곧 이 때라 아버지께서는 자기에게 이렇게 예배하는 자들을 찾으시느니라 하나님은 영이시니 예배하는 자가 영과 진리로 예배할지니라"(요 4:21-24)

하나님께서는 그분의 신실하심, 선하심, 거룩하심, 공의로우심 그리고 자비로우심으로 예배자에게 가까이 다가오셔서 만나주시고 문제를 해결하여 주신다. 예배는 중심으로 곧 영과 혼과 육이 일체로 움직이며 하나님의 임재 가운데 나아가며 예배자에게 함께 하시는 하나님을 경험하며 생명 안에서 더욱 풍성한 복을 영, 혼, 육 간에 골고루 받는 것이다.

신령과 진리로 경배, 회개와 기도, 사랑으로 예배, 경외와 소망, 겸손과 순종, 하나님의 위대하심을 찬양, 영광과 존경심, 기쁨과 감격, 은혜의 감사와 감동으로 예배를 드릴 때 우리가 하나님 앞과 세상에서 칭찬받을 만한 사람이 된다.

반드시 예배에 성공해야 한다. 이 세상과 이생에서 예배자가 해야 할 가장 중요한 일은 하나님께 영광 돌리는 것이다. 오늘부터 신령과 진리로 하나님을 경배하는 사람이 될 것이다. 모든 삶 속에서 성령과 진리로 예배드리는 데에 마음을 다하겠다. 하나님께서 받으실만하도록 목숨과 성품을 다하여 성공하겠다.

　(3) 예배 때 미리 준비한 헌금/헌물을 드린다.

　　"빈손으로 내 앞에 나오지 말지니라"(출 23:15)

　　"이렇게 준비하여야 참 연보답고 억지가 아니니라…각각 그 마음에 정한대로 할 것이요 인색함으로나 억지로 하지 말지니 하나님은 즐겨내는 자를 사랑하시느니라"(고후 9:5-7).

　예배에 참여할 때는 헌금 및 헌상품을 미리 준비해서 드리는 것이다. 마음에 있는 대로 받으신다고 하셨다. 억지가 아니고 자원하는 마음으로 헌금을 즐겨 드려야겠다.

　　"할 마음만 있으면 있는 대로 받으실 터이요 없는 것은 받지 아니하시리라"(고후 8:12)

　예배자는 자기 죄를 사하기 위하여 제물을 드린다. 제사 지내는 자가 직접 자기 제물을 죽여 번제 드리는 규례를 통해 예배자의 태도와 자세를 볼 수 있다(레 1:1-13).
　소, 양, 염소, 비둘기의 동물 머리에 안수하여 제물이 되게 한다. 나의 죄를 위임한다. 나 대신 피 흘리며 그렇게 죽어서 번제물이 된다. 주 예수께서 어린양으로 나의 모든 죄를 용서하시려고 십자가 위에서 그렇게 피 흘리고 돌아가셔서 담당해 주셨다.

"이튿날 요한이 예수께서 자기에게 나아오심을 보고 이르되 보라 세상 죄를 지고 가는 하나님의 어린 양이로다"(요 1:29)

(4) 예배에는 회개와 감사기도가 있고 선포되는 말씀이 있다. 말씀을 묵상하며 순종하여 하나님께 영광을 돌린다.

(5) 예배자는 헌신과 경건과 찬양을 드리며 가정과 직장에서 다른 사람 앞에서 항상 하나님을 인식하면서 거룩하게 24시간 생활한다.

(6) 전도와 선교에 참여하고 소금과 빛 된 선한 일들과 구제 생활들도 예배에 포함된다. 이 세상에서 가장 중요한 일은 모든 예배와 삶의 예배에 성공함과 주 예수님 증인의 삶을 충성되게 살아가야 한다. 이러한 삶의 방식을 다른 사람들에게도 가르쳐 지켜 넉넉히 구원받도록(벧후 1:11) 도와줘야 한다.

"또 네가 많은 증인 앞에서 내게 들은 바를 충성된 사람들에게 부탁하라 그들이 또 다른 사람들을 가르칠 수 있으리라"(딤후 2:2)

하나님께 영과 진리로 예배할 때 예수님께서는 예배자에게 가까이 다가오셔서 기쁘게 만나 주신다. 문제를 해결해 주신다. 하나님께 영광을 돌리며 기쁨이 넘치도록 도와주신다.

"너희가 내 이름으로 무엇을 구하든지 내가 행하리니 이는 아버지로 하여금 아들로 말미암아 영광을 받으시게 하려 함이라 내 이름으로 무엇이든지 내게 구하면 내가 행하리라"(요 14:13-14)

"지금까지는 너희가 내 이름으로 아무것도 구하지 아니하였으나 구하라 그리하면 받으리니 너희 기쁨이 충만하리라"(요 16:24)

4) 교육 성경 말씀 (구약과 신약)

> "너희가 성경에서 영생을 얻는 줄 생각하고 성경을 연구하거니와 이 성경이 곧 내게 대하여 증언하는 것이니라"(요 5:39)

> "내가 너희에게 분부한 모든 것을 가르쳐 지키게 하라 볼지어다 내가 세상 끝날까지 너희와 항상 함께 있으리라 하시니라"(마 28:20)

부지런히 주 예수님의 분부하신 말씀이 무슨 뜻인지 상고하며 잘 알아서 순종하려고 힘써야 한다. 창세기 3:15 절에 여자의 후손으로 오신 이유를 깨달아야 한다. 때가 되어 오셨을 때 무엇을, 어떻게, 왜 하셨는지를 반드시 알고 하나님 아버지의 뜻을 준행해야만 된다. 말씀을 통하여 말씀으로 해석되어야 한다. 말씀을 표준으로 해야 한다.

> "너희는 여호와의 책에서 찾아 읽어보라 이것들 가운데서 빠진 것이 하나도 없고 제 짝이 없는 것이 없으리니 이는 여호와의 입이 이를 명령하셨고 그의 영이 이것들을 모으셨음이라"(사 34:16)

5) 예수님의(교육) 가르침과 기타 가르침의 비교

고대 위대한 교육가들의 교육/훈련 방식과 그 목표를 예수님의 교육과 양육 방식을 비교해 보면 예수님의 특별한 점을 알 수 있다. 또한 이러한 교육/훈련 방식과 목표는 전 세계 기독교 선교 및 오늘날 교회 부흥 운동의 씨앗이 되었음을 알 수 있다.

(1) 헬라인의 교육법

고대 헬라의 전형적인 교육방식이다: 소크라테스(469 BC)와 플라톤 그리고 아리스토텔레스(384 BC)의 예들이 있다.

소크라테스의 대화법을 통하여 질문과 대답을 통해 대화로써 논리적 결론에 도달한다. 아리스토텔레스의 실험 관찰법을 더하여 과학적인 방법으로 가상의 답안을 찾아낸다.

위 두 가지 방식의 핵심은 지능을 이용하여 문제를 제시하고 대답을 도출한다는 것이다. 반복 훈련을 통해 문제 제기와 응답 방식을 학습하며 원칙을 존중하며 토론한다. 목표는 실제적인 사물이 아니라 지적 사유에 있다.

(2) 아시아의 교육법

주로 불교와 유교의 교육이다. 불교와 유교의 교육은 주로 강연을 통해 그 제자를 가르친다. 청중과 대화함 속에서 삶에 대한 간결한 설법이 유명하다. 사람들이 도덕적이고 자율적인 삶을 살도록 가르친다. 소승불교의 가르침은 반복, 강해 그리고 참선과 같은 사고형식으로 교육한다. 자아를 명확히 발견하고 삶의 문제에 대한 해답을 자기 속에서 찾아내는 데 목표가 있다. 제자나 스승은 자기 깨달음에 이르고자 하는 데 도움이 된다. 유교에서는 주로 인간관계를 유지하는 삶을 교육한다. 유교의 교육에는 삼강오륜 훈육이 있다. 삼강오륜은 신하와 임금, 자식과 부모, 아내와 남편, 동생과 형, 친구와 친구 간의 삶의 질서와 윤리를 교육한다. 본래 불교의 가르침에서는 인간의 문제를 자신에게서 찾을 수 있다는 철학으로 볼 수 있다. 유교에서는 원만한 인간 관계를 상호의 관계론 속에서 지켜야 하기에 철학으로 논할 수 있다.

(3) 현대 교육법

공장식 교육 시스템이다. 교사 한 명에 수많은 학생, 한 칸의 교실과 동일한 교재를 사용하여 최고와 최대의 생산을 희망한다. 목표는 최소의 자본으로 많은 학생을 성공적으로 길러내는 데 있다. 시험을 통해 평가하며, 지능 있고 재능 있으며 학벌 있는 의혹자(?)를 생산하는 데 있다. "많이 배우지만 진리에 대한 지식을 배울 수 없다" IQ 상의 지식을 습득하는 데는 유리하다.

(4) 주 예수님의 실용적인 교육법

예수 그리스도의 교육은 성경 말씀이 중심이다. 구약이 모두 주 예수님에 관한 것이다. 말씀 자체가 곧 예수 그리스도이시다.

> "너희가 성경에서 영생을 얻는 줄 생각하고 성경을 연구하거니와 이 성경이 곧 내게 대하여 증언하는 것이니라"(요 5:39)

> "내가 너희에게 분부한 모든 것을 가르쳐 지키게 하라…"(마 28:20)

주 예수님의 목표는 철학자, 의혹자 혹은 철학사상을 겸비한 스승을 양성하는 것이 아니다. 실용적인 제자를 양성해 내는 것이다. 한 개인을 성장시켜 창조자 하나님과 올바른 믿음의 관계를 발전시켜 하나님의 자녀가 되도록 만드는 것이다. 예수 그리스도의 충성된 제자가 되어 전 세계 모든 민족에게 복음 전도와 교회 개척과 설립을 통해 선교하는 복음 사역자들을 만드는 데 있다.

가르치고 훈련하여 파송하고 보고하며 다시 같은 선교지나 다른 곳으로 계속하여 파송하는 것이다. 그리하여 성령님의 역사 아래 충성되고 균형 잡힌 대사명의 제자들을 통하여 이 고귀한 천국 복음이 모든 민족에게 전파되어 하나님의 자녀들을 곧 주 예수의 균형이 잡혀있는 제자들을 수없이 많이 만들어 하나님 아버지께 영광을 올려 드리는 것이다.

> "너희가 열매를 많이 맺으면 내 아버지께서 영광을 받으실 것이요 너희는 내 제자가 되리라"(요 15:8)

주 예수님이 자란 양육 환경은 고대 유대 나라의 작은 마을 나사렛이다. 그의 아버지 요셉(사람이 볼 때는)을 계승하는 목수의 아들로 유대인의 가정에서 유대인의 신앙교육을 받으며 자라나셨다. 육신의 부모를 순종하여 받드셨다고 기록하셨다.

"예수께서 이르시되 어찌하여 나를 찾으셨나이까 내가 내 아버지 집에 있어야 될 줄을 알지 못하셨나이까 하시니…예수께서 함께 내려가사 나사렛에 이르러 순종하여 받드시더라 그 어머니는 이 모든 말을 마음에 두니라 예수는 지혜와 키가 자라가며 하나님과 사람에게 더욱 사랑스러워 가시더라"(눅 2:49-52)

주 예수님은 목공 기술과 상업을 학습 받고(도공생/기공생) 아버지 요셉의 도움 없이도 충분하게 숙련된 목수로서 상품을 만들어 가정 상업을 이끌며 운영도 하셨다고 볼 수 있다.

이 사람이 마리아의 아들 목수가 아니냐(막 6:3)라는 태어난 환경 질서를 볼 때 가정 상업을 돕는다는 것은 당연하다. 적어도 가정에서 운영하는 상업을 목수로 도우시며 관리나 기능을 자연스럽게 습득하셨을 것이다.

주 예수님의 제자 양육의 핵심을 목수 실습과 훈련으로 경험하셨듯이 제자들을 양육하고 훈련하는 데 있어 기본 테크닉/방법이 되었음을 볼 수 있다. 예수 그리스도는 말씀을 가르치셨다. 진리를 가르치시며 어떻게 제자를 훈련하는지 그 방법도 가르치셨다. 제자들은 이렇게 실용적으로 배운 '노하우'는 세계 각처에 나가 복음의 씨를 뿌리는 일에 응용할 수 있었다.

대사명의 제자인 사역자는 반드시 자신의 분야에서 그 기술과 관리 기교와 솜씨 등 그리고 그 모든 방법을 기필코 숙지해야만 한다. 예수님의 목표는 그분의 제자들이 복음 전도와 교회 설립과 선교에 있어서 위에서 열거한 테크닉들을 기필코 숙지하여 유능하고 세련된 제자가 되는 것을 희망하신다.

1세기의 복음 전도와 교회 설립과 선교의 모델은 현대에도 핵심이 된다. 또한 마지막 때의 전 세계의 모든 민족으로 균형 잡힌 제자들을 만드는 데에도 변함없이 중점적인 핵심이 된다. 왜냐하면, 지상대명령인 대사명은 모든 민족이 각 지역의 공통점과 상관없이 복음을 듣고 믿으며 죄를 회개하고 주 예수님을 영접하여 하나님의 자녀가 되는 권세를 받을 수 있기 때문이다. 그러므로 대사명의 균형 잡힌 훈련은 복음 사역에 반복에 반복을 거듭해야 한다. 어떤 한 종목에 운동선수 희망자가 있다고 가정해 보겠다. 그가 희망하는 스포츠의 이론을 알고 한두 번의 교육과 연습을 한 후에 운동선수로 활약하는 것은 어렵다. 그러나 실제로 그 분야의 운동 경기 시합을 치르면서 훈련해야지만 그 분야에 노련한 선수가 될 수 있다.

주 예수님의 균형 잡힌 대사명의 제자들이 되려면 역시 현장실습과 실제 복음 사역의 경험이 필요하다. 이 경험이 노련하고 세련된 제자들이 되게 할 것이며 하나님의 마음을 시원하고 기쁘시게 해드리며 영광 올려 드릴 수가 있다.

6) 전도 훈련과 선교 훈련 및 참여

주 예수님께서는 전도하시기 위하여 오셨다고 하셨다. 복음 전도로 사람의 죄를 사해 주시고 구속하여 하나님의 자녀로 회복시켜 주신다.

> "이르시되 우리가 다른 가까운 마을들로 가자 거기서도 전도하리니 내가 이를 위하여 왔노라 하시고 이에 온 갈릴리에 다니시며 그들의 여러 회당에서 전도하시고 또 귀신들을 내쫓으시더라"(막 1:38)

> "이에 열둘을 세우셨으니 이는 자기와 함께 있게 하시고 또 보내사 전도도 하며 귀신을 내쫓는 권능도 가지게 하려 하심이러라"(막 3:14-15)

> "그들이 날마다 성전에 있든지 집에 있든지 예수는 그리스도라고 가르치기와 전도하기를 그치지 아니하니라"(행 5:42)

> "우리에게 명하사 백성에게 전도하되 하나님이 살아 있는 자와 죽은 자의 재판장으로 정하신 자가 곧 이 사람인 것을 증언하게 하셨고 그에 대하여 모든 선지자도 증언하되 그를 믿는 사람들이 다 그의 이름을 힘

입어 죄 사함을 받는다 하였느니라"(행 10:42-43)

"그러나 너는 모든 일에 신중하여 고난을 받으며 전도자의 일을 하며 네 직무를 다하라"(딤후 4:5)

"오직 성령이 너희에게 임하시면 너희가 권능을 받고 예루살렘과 온 유대와 사마리아와 땅 끝까지 이르러 내 증인이 되리라 하시니라"(행 1:8)

"주를 섬겨 금식할 때에 성령이 이르시되 내가 불러 시키는 일을 위하여 바나바와 사울을 따로 세우라 하시니 이에 금식하며 기도하고 두 사람에게 안수하여 보내니라"(행 13:2-3)

"바울이 그 환상을 보았을 때 우리가 곧 마게도냐로 떠나기를 힘쓰니 이는 하나님이 저 사람들에게 복음을 전하라고 우리를 부르신 줄로 인정함이러라"(행 16:10)

전도 훈련과 선교 훈련으로 시작하여 실질적인 사역에 함께 참여한다! 국내와 국외의 복음 전도와 선교적 활동을 자원으로 참여한다.

7) 애경사, 교제

살아 있는 성도 간의 교제는 꼭 필요하다. 슬플 때 같이 울고 기쁠 때 같이 웃어주어 동감하며 힘을 실어주는 행위를 진심으로 하는 것이다. 주 예수님을 믿는 자나 가정을 위해 기도하며 서로 돌아볼 수 있어야 한다. 사랑과 선행을 서로 격려하며 살아야 한다(히 10:24).

"너희를 불러 그의 아들 예수 그리스도 우리 주와 더불어 교제하게 하시는 하나님은 미쁘시도다"(고전 1:9)

"각각 자기 일을 돌볼 뿐더러 또한 각각 다른 사람들의 일을 돌보아 나의 기쁨을 충만하게 하라"(빌 2:4)

그러나 다른 사람의 일을 돌아볼 때 자신을 돌아보며 조심해야 한다. 더러움을 입어 괴롭게 될 수 있다고 경고하셨다.

"너희는 하나님의 은혜에 이르지 못하는 자가 없도록 하고 또 쓴 뿌리가 나서 괴롭게 하여 많은 사람이 이로 말미암아 더럽게 되지 않게 하며"(히 12:15)

불신자가 복음을 들은 첫날부터 복음으로 교제함, 곧 선한 일을 시작하신 하나님께서 끝까지 이루실 걸 확신한다고 빌립보 교회의 성도들을 칭찬하였다.

"간구할 때마다 너희 무리를 위하여 기쁨으로 항상 간구함은 너희가 첫날부터 이제까지 복음을 위한 일에 참여하고 있기 때문이라 너희 안에서 착한 일을 시작하신 이가 그리스도 예수의 날까지 이루실 줄을 우리는 확신하노라"(빌 1:4-6)

빌레몬 집의 교회에서도 네 믿음의 교제가 우리 가운데 있는 선을 알게 하고 그리스도께 미치도록 역사한다고 하였다. 믿음의 교제 곧 선을 알게 하며 그리스도의 분량까지 이르도록 역사하는 일은 반드시 식사로 빵을 떼면서도, 복음 전도와 말씀 가르침이 동반되어야만 한다.

"이로써 네 믿음의 교제가 우리 가운데 있는 선을 알게 하고 그리스도께 이르도록 역사하느니라 형제여 성도들의 마음이 너로 말미암아 평안함을 얻었으니 내가 너의 사랑으로 많은 기쁨과 위로를 받았노라"(몬 1:6-7)

8) 봉사 자원/지원

자신의 힘으로 선한 일을 하는 것은 아니다. 반드시 하나님의 공급하시는 힘으로 하는 것이라고 하신다. 곧 선한 일의 주인공(주연)은 주 예수님이심을 알아야 한다. 봉사자인 나는 주인공 주 예수의 동역자(조연)임을 명심해야 한다.

> "이 봉사의 직무가 성도들의 부족한 것을 보충할 뿐 아니라 사람들이 하나님께 드리는 많은 감사로 말미암아 넘쳤느니라 이 직무로 증거를 삼아 너희가 그리스도의 복음을 진실히 믿고 복종하는 것과 그들과 모든 사람을 섬기는 너희의 후한 연보로 말미암아 하나님께 영광을 돌리고"(고후 9:12-13)

각종 현장 봉사 및 아웃리치 자원/지원 활동(outreach) - 보육원이나 양로원 등 봉사 필요에 따라 자원으로 지원하며 사랑의 수고를 한다.

> "이는 성도를 온전하게 하여 봉사의 일을 하게 하며 그리스도의 몸을 세우려 하심이라"(엡 4:12)

> "하나님의 성령으로 봉사하며 그리스도 예수로 자랑하고 육체를 신뢰하지 아니하는 우리…"(빌 3:3)

> "각각 은사를 받은 대로 하나님의 여러 가지 은혜를 맡은 선한 청지기 같이 서로 봉사하라 만일 누가 말하려면 하나님의 말씀을 하는 것같이 하고 누가 봉사하려면 하나님이 공급하시는 힘으로 하는 것같이 하라 이는 범사에 예수 그리스도로 말미암아 하나님이 영광을 받으시게 하려 함이니…"(벧전 4:10-11)

각종 혹은 한 가지라도 봉사하려면 물질과 수고가 따른다. 사람에게 칭찬들음을 조심하며 삼가야 한다. 자칫 하나님께서 주시는 상을 잃을 수 있다. 물질과 건강과 시간을 공급하신 분이 하나님 되심을 기억하고 일부러 하는 겸손이 아니고 진실함의 겸손으로 봉사해야 한다(골 2:18).

"그러므로 구제할 때에 외식하는 자가 사람에게서 영광을 받으려고 회당과 거리에서 하는 것 같이 너희 앞에 나팔을 불지 말라 진실로 너희에게 이르노니 그들은 자기 상을 이미 받았느니라"(마 6:2)

"너는 구제할 때에 오른손이 하는 것을 왼손이 모르게 하여 네 구제함이 은밀하게 하라 은밀한 중에 보시는 너의 아버지께서 갚으시리라"(마 6:3-4)

"그러므로 우리는 기회 있는 대로 모든 이에게 착한 일을 하되 더욱 믿음의 가정들에게 할지니라"(갈 6:10)

"믿음이 없이는 하나님을 기쁘시게 하지 못하나니 하나님께 나아가는 자는 반드시 그가 계신 것과 또한 그가 자기를 찾는 자들에게 상 주시는 이심을 믿어야 할지니라"(히 11:6)

속히 오셔서 각각 동역자들의 일한 대로 갚아 주신다고 약속하신다. 물론 복음 사역자들은 갚아 주시는 상 때문에 하나님의 일을 해서는 안 된다.

"보라 내가 속히 오리니 내가 줄 상이 내게 있어 각 사람에게 그가 행한 대로 갚아 주리라"(계 22:12)

죄를 사해 주시고 자녀로 회복시키셔서 아픔과 슬픔이나 죽음이 없는 곳에서 영생할 수 있도록 은혜를 주심에 감사하여 자원함으로 일하는 것이다. 그런데 과분하게도 상까지 주시는 주 예수님께 영원히 찬양하며 영광을 올려 드려야 마땅하다.

〈도표 1-6〉 교회의 예전 여덟 가지 DNA

3	복음의 핵심 세 가지 DNA
3	복음을 들은 불신자의 반응 세 가지 DNA
5	대사명 다섯 가지 DNA
6	그리스도 도의 초보 교훈 기본원칙 여섯 가지 DNA
7	교회의(예전) 일곱 가지 DNA
8	성도(교회)의 충만한 여덟 가지 DNA

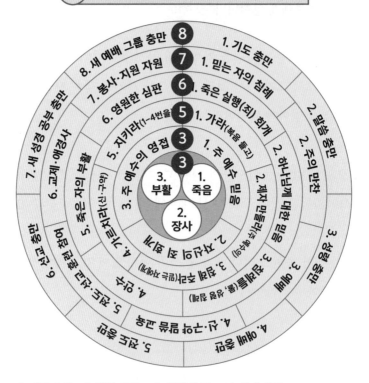

1. 기도 충만　　2. 말씀 충만　　3. 성령 충만　　4. 예배 충만
5. 전도 충만　　6. 선교 충만　　7. 새 성경 공부 충만　　8. 새 예배 그룹 충만

VI. 성도(교회)의 충만한 (여덟 가지(8) DNA

1) 기도충만함…기도는 곧 호흡과 같다. 물 떠난 물고기는 잠시 동안 살 수 있겠지만 기도 떠난 성도/교회는 살 수 없다. 그러면 매일 얼마동안 기도해야 되나? 숨쉬듯이 수시로 해야 하는 것이다. 하나님을 범사에 의식하면서 생각과 말과 행동을 하는 것이다. 그리고 정한 시간에 정한 시간을 기도 드릴 수 있다.

2) 말씀충만함…신·구약 말씀을 읽거나 들으며 수시로 상고하는 것이다. 모든 일에 말씀으로 표준을 삼아야 좌우로 치우치지 않는다.

3) 성령충만함…술 취하지 말고 오직 성령 충만함을 받으라고 하셨다(엡 5:18). 왜냐하면 육신의 정욕대로 살면 죽기 때문이다. 성령으로 육신의 잘못된 행실들을 죽이면 반드시 살기 때문이다(롬 8:13).

4) 예배충만함…산제사를 드리는 예배다. 예배 드리는 모임에서만이 아니다. 예배 시간에 몸은 예배자와 같으나 마음은 다른 데 가서 헤매고 있다면 예배당의 마당만 밟을 뿐이다(사 1:12). 그러므로 일상의 삶 가운데에서 산 예배를 드리는 것이다. 무엇이 산 예배가 될 수 있는가?

첫째, 이 세상의 세속된 삶을 본받지 않는 것이다. 둘째, 하나님의 선하심,

기뻐하심, 그리고 온전한 뜻이 무엇인지 분별하는 것이다. 셋째, 마땅히 생각할 그 이상의 생각을 품지 않는 것이다. 넷째, 믿음의 분량대로 하나님께서 주신 그대로 지혜롭게 생각하라고 하는 것이다. 심지어 기도하며 바라는 것은 잠자는 꿈 속에서라도 산 예배의 삶을 살 수 있도록 기도하는 것이다.

5) 전도 충만함…전도는 주 예수의 죽음과 장사와 부활을 모든 민족에게 전하여 예수의 제자를 만들라는 명령이시다. 이 복음전도를 통하여 내가 바로 첫째, 하나님의 택하신 족속이 되었고 둘째, 왕같은 제사장이 되었으며 셋째, 거룩한 나라가 되었고 넷째, 하나님의 소유된 백성이 되었다.
왜냐하면 곧 이는 다섯째, 나를 어두운 데서 불러내어 하나님의 기이한 빛에 들어가게 하신 이의 아름다운 덕 곧 십자가의 공로인 주 예수의 죽음과 장사되심과 생명부활을 선포하게 하신 이의 복음을 선포하게 하려는 것이다라고 기록하셨다(벧전 2:9).

6) 선교 충만함…성경은 아브라함을 택하셔서 한 민족을 만드시고 그 택하신 민족으로 모든 민족에게 복 주시려는 계획을 하신 것이다. 아브라함과 이삭과 야곱의 하나님으로 자칭하셨다(창 12:3) (출 3:16).
주 예수께서 지상대명령인 복음전도와 선교를 하여 모든 민족으로 주 예수의 제자를 만들라고 명령하셨다(마 28:19-20).
예루살렘으로 시작하여 땅끝까지 복음은 전파하라고 명하셨다(행 1:8).
이 복음이 온 세상에 전파되면 그제야 이 세상의 끝이 온다고 하셨다
(마 24:15).

7) 새 성경공부반 충만함…(행 5:42; 17:11-12) 비교적으로 새신자는 질문이 많다. 성경이 그러한가하여 날마다 성경을 상고하였다고 하였다. 신사적인 새신자는 마음이 간절하여 말씀을 받았다고 한다. 이와같이 새신자들로 구성된 새 성경공부반이 충만하게 일어나야 한다. 이러한 성경공부 그룹이 새 예배 그룹으로 곧 새 예배 집회소로 하나의 새 목장이 되는 것이다.

새 성경공부반이 충만하며 새 예배그룹이 충만하면 새 목장이 증가되어 교회의 부흥으로 하나님께 영광 돌리게 된다(새 신자 성경공부로 순종하여 또 다른 새 여러 곳에서 새 성경공부 시작).

8) 새 그룹 예배/새 집회소 충만함…(행 10:44-48; 13:48-49; 14:22-23; 16:30-34; 17:11-12; 19:8-10 등)

아굴라와 브리스길라의 집에 있는 교회(고전 16:19)

눔바와 그 여자의 집에 있는 교회(골 4:15)

빌레몬의 집에 있는 교회(몬 1:2)(새 다른 그룹 예배/집회소 계속 시작하여 목장/가정 교회를 설립)

예를 들어 기존 교회에서 가정교회를 하나의 목장 개념으로 목자와 목녀를 둘 수 있다. 주일에 함께 모여 예배드리며 교제를 나눌 수 있다. 혹은 특별 연중행사로 서너 번의 축제 예배와 교제 활동을 할 수 있다.

훈련
DNA

I. 교회

1.교회의 기원

1) 교회의 기원은 약 이천 년 전에 예루살렘에서 시작되었다.

교회의 기원은 오순절이다. AD 36년 경에 태동했다. 새 언약과 약속을 시작하는 날이며, 성령 침례를 주시고 죄 사함받는 법을 선포한 날이다. 오순절에 성령이 임하면서 2천 년 전에 교회가 탄생하였다. 예수 그리스도를 믿는 제자 120명이 함께 모여 기도하던 중, 성령 충만(성령 침례/성령 침례)을 받고 당일에 3천 명이 믿음의 공동체가 되었다(행 2:37-42).

오순절 성령 강림절에 새롭게 죄 용서받는 법이 사도에 의하여 선포되었다. 천국 열쇠를 받은 베드로를 통하여 매고, 풀어냄을 선포하였다.

> "내가 천국 열쇠를 네게 주리니 네가 땅에서 무엇이든지 매면 하늘에서도 매일 것이요 네가 땅에서 무엇이든지 풀면 하늘에서도 풀리리라 하시고"(마 16:19)

사람의 죄를 용서받는 새 법이 약 이천 년 전에 예루살렘에서 오순절 날 시작하여 모든 족속에게 전파되었다. 죄 사함을 받기 위하여 더는 동물 제사가 필요 없음을 선포하였다!

"그런즉 이스라엘 온 집은 확실히 알지니 너희가 십자가에 못 박은 이 예수를 하나님이 주와 그리스도가 되게 하셨느니라 하니라 그들이 이 말을 듣고 마음에 찔려 베드로와 다른 사도들에게 물어 이르되 형제들아 우리가 어찌할꼬 하거늘 베드로가 이르되 너희가 회개하여 각각 예수 그리스도의 이름으로 침례를 받고 죄 사함을 받으라 그리하면 성령의 선물을 받으리니 이 약속은 너희와 너희 자녀와 모든 먼 데 사람 곧 주 우리 하나님이 얼마든지 부르시는 자들에게 하신 것이라"(행 2:36-39)

2) 교회의 머리와 몸의 지체들

(1) 교회의 머리는 그리스도이시다.

AD 36 곧 그 고귀한 지상대명령을 내리신 주 예수님이 머리이시다. 최고의 주권자 보스(BOSS)는 태초의 말씀이 하나님이시다. 말씀이 육신이 되어 이 땅에 하나님의 아들로 오신 예수 그리스도이심을 명심해야만 된다.

"태초에 말씀이 계시니라 이 말씀이 하나님과 함께 계셨으니 이 말씀은 곧 하나님이시니라…말씀이 육신이 되어 우리 가운데 거하시매 우리가 그의 영광을 보니 아버지의 독생자의 영광이요 은혜와 진리가 충만하더라"(요 1:1-14)

"오직 사랑 안에서 참된 것을 하여 범사에 그에게까지 자랄지라 그는 머리니 곧 그리스도라"(엡 4:15)

"이는 남편이 아내의 머리 됨이 그리스도께서 교회의 머리 됨과 같음이니 그가 바로 몸의 구주시니라"(엡 5:23)

"교회는 그의 몸이니 만물 안에서 만물을 충만하게 하시는 이의 충만함이니라"(엡 1:23)

"하나님의 성령을 근심하게 하지 말라 그 안에서 너희가 구원의 날까지 인치심을 받았느니라"(엡 4:30)

집에 귀한 손님을 모셔놓고 존대하며 의식하지 않는다면 그 손님을 무시하는 것이다. 성령님을 모셔놓고 무시하고 의식하지 않고 마음대로 행동한다면 성령님이 슬퍼하실 것이다. 항상 주인 되신 예수님과 하나님을 의식하면서 살아야 한다.

"너희 몸은 너희가 하나님께로부터 받은 바 너희 가운데 계신 성령의 전인 줄을 알지 못하느냐 너희는 너희 자신의 것이 아니라"(고전 6:19)

"고린도에 있는 하나님의 교회 곧 그리스도 예수 안에서 거룩하여지고 성도라 부르심을 받은 자들과 또 각처에서 우리의 주 곧 그들과 우리의 주되신 예수 그리스도의 이름을 부르는 모든 자들에게"(고전 1:2)

"우리로 하여금 빛 가운데서 성도의 기업의 부분을 얻기에 합당하게 하신 아버지께 감사하게 하시기를 원하노라 그가 우리를 흑암의 권세에서 건져 내사 그의 사랑의 아들의 나라로 옮기셨으니 그 아들 안에서 우리가 속량 곧 죄 사함을 얻었도다"(골 1:12-14)

(2) 지체들이다

교회의 머리는 주 예수님이시며 각 성도는 주 예수님의 지체들인 구원 받은 자녀들이다. 믿음의 공동체는 예수 그리스도의 지체이므로 서로 다투지 말고 오히려 약한 자를 채워주며 보호하는 것이다. 서로 사랑하며 새 계명을 지킬 때 세상 사람들은 주 예수님의 제자들인 것을 알 수 있다고 기록하셨다.

"너희가 서로 사랑하면 이로써 모든 사람이 너희가 내 제자인 줄 알리라"(요 13:35)

"이와 같이 우리 많은 사람이 그리스도 안에서 한 몸이 되어 서로 지체가 되었느니라"(롬 12:5)

"그러나 이제 하나님이 그 원하시는 대로 지체를 각각 몸에 두셨으니 만일 다 한 지체뿐이면 몸은 어디냐 이제 지체는 많으나 몸은 하나라"(고전 12:18-20)

(3) 교회는 하나다

"나 예수는 교회들을 위하여 내 사자를 보내어 이것들을 너희에게 증언하게 하였노라 나는 다윗의 뿌리요 자손이니 곧 광명한 새벽 별이라 하시더라"(계 22:16)

예수님은 교회의 머리요 주인이 되시고 모든 권세자가 되시며 입법자와 행정가이시다. 그리스도의 지체는 예수님이 하나님의 아들이심을 마음에 믿고 자기 죄를 다 회개하고 그리스도의 이름, 예수님을 마음에 영접하는 자이다. 영접을 통해 자녀가 되고 교회가 된다. 하나님의 양자가 되는 권세를 받는 것이다. 흑암에서 복음을 듣고 나와서 마귀의 종과 자녀 된 신세에서 하나님의 자녀로 승격되었다.

주 예수님을 주인으로 모시고 사는 각 개인 성도는 교회이다. 그렇게 모인 자들이 크고 작은 공동체의 교회들이다. 교회가 된 하나님의 자녀들은 모든 일에 자기 마음대로 결정하지 않고 하나님과 예수님께 여쭈며 살아간다. 또한 말씀을 듣고 지켜 행하며 하나님께 모든 감사를 드리는 자들이다. 주 예수님을 주인으로 모시고 사는 사람은 자신의 이름을 드러내지 않고 예수님만 드러내려고 하는 삶을 살아가며 중심에 성령님이 내주하는 자이다.

흑암에서 풀려나왔고 마귀로부터 떠나서 하나님의 자녀가 되었다. 믿음의 공동체로 하나님의 교회가 되었다. 아담에게 번성하여 충만하여지라고 명령하신 대로 하나님을 믿는 성도들이 번성하여 충만한 삶을 살 수가 있다. 주 예수 이름을 부르며 하나님께 영광 돌리는 자들이 되는 것이다.

"떡이 하나요 많은 우리가 한 몸이니 이는 우리가 다 한 떡에 참여함이라"(고전 10:17)

주 예수님을 믿는 하나님의 자녀들이 한 덩어리의 떡으로 하나가 된 것이다.

"몸이 하나요 성령도 한 분이시니 이와 같이 너희가 부르심의 한 소망 안에서 부르심을 받았느니라 주도 한 분이시요 믿음도 하나이요 침례도 하나요 하나님도 한 분이시니 곧 만유의 아버지시라 만유 위에 계시고 만유를 통일하시고 만유 가운데 계시도다"(엡 4:4~6)

성경에서 말하는 하나님의 교회는 믿는 자들이 이 지상에서 어디에서 살든 간에 상관없이 모든 교단을 초월하여 하나가 될 수 있는 것이다.

2. 초대 교회 문화 배경

BC 27-1453년
서로마 395-476년
동로마 395-1453년

초대 교회는 1~3세기에 로마 제국이 번성했던 주전 27~주후 476년(팍스 로마 Pax Romana) 시대에 로마의 법률 발달, 도로, 상업 발달, 헬라어로 언어통용, 헬라 문화(지중해/호수, 해적 소탕) 등의 전성기였던 때다. 그리고 유대인 디아스포라가 한창 진행 중이었다. 예로 히브리파 유대인과 헬라파 유대인을 들 수 있다(행 6:4).

역사상 헬라 지배하의 유대민족에게 가슴 아픈 사건은 시리아의 안티오쿠스 4세 시기에 예루살렘 성전이 파괴된 일이다(BC 167). 성전 안에서 제우스 상에 제사를 지낸 것이다. 유다 마타디아, 유다, 시몬의 반란을 초래하였다(BC 164). 그리고 거듭 승리하였다.

유다 마카비우스가 성전을 회복하고 하누카/수전절을 지키게 되었다. 레위인을 제사장으로 임명하고, 모든 권세를 잡았으며 이후에 최고의 정치적 독립을 쟁취하였다. 이 시기에 부활의 교리가 발전하였고 종교자유를 회복하였으며 묵시문학이 발전하였다. 교리적으로는 영과 부활을 믿지 않는 사두개인들이 정치적으로 권력 있는 세력으로 부상하였으며 부유한 집단으로 군림하였다. 영과 부활을 믿는 바리새인들은 제사장과 종교집단으로 자리매김하였다.

쿰란 공동체와 에센파는 금욕, 평화, 독신, 비무장 주의였다. 열심당원은 폭력으로 외세 지배를 강력하게 반대하여 몰아내고자 독립 투쟁을 하는 자들이었다. 이러한 배경 속에서 초대교회는 탄생하였다.

3. 초대 교회의 사역자들

첫째, 사도 그룹은 마태복음에 정확하게 기록되어 있다.

> "열두 사도의 이름은 이러하니 베드로라 하는 시몬을 비롯하여 그의 형제 안드레와 세베대의 아들 야고보와 그의 형제 요한, 빌립과 바돌로매, 도마와 세리 마태, 알패오의 아들 야고보와 다대오와 가나안인 시몬과 및 가룟 유다 곧 예수를 판 자라"(마 10:2-5)

둘째, 여성 그룹이다.

여성 그룹은 마가의 엄마(행 1:13-15; 12:12)와 브리스길라(행 18:24-26; 고전 16:19)와 눔바(골 4:15)와 루디아(행 16:13-15)이다. 이 외에도 많이 있으며 특히 앞으로 여종들에게 말씀을 주셔서 소식을 공포하는 여성들이 큰 무리라고 선언하셨다.

> "주께서 말씀을 주시니 소식을 공포하는 여자들은 큰 무리라"(시 68:11)

셋째는 선지자 그룹이다. 예로 유다와 실라를 들 수 있다.

> "유다와 실라도 선지자라 여러 말로 형제를 권면하여 굳게 하고 얼마 있다가 평안히 가라는 전송을 형제들에게 받고 자기를 보내던 사람들에게로 돌아가되"(행 15:32-33)

넷째, 집사 그룹이다.

> "형제들아 너희 가운데서 성령과 지혜가 충만하여 칭찬 받는 사람 일

곱을 택하라 우리가 이 일을 그들에게 맡기고 우리는 오로지 기도하는 일과 말씀 사역에 힘쓰리라 하니 온 무리가 이 말을 기뻐하여 믿음과 성령이 충만한 사람 스데반과 또 빌립과 브로고로와 니가노르와 디몬과 바메나와 유대교에 입교했던 안디옥 사람 니골라를 택하여 사도들 앞에 세우니 사도들이 기도하고 그들에게 안수하니라(행 6:3-6)"

다섯째, 1.5세대인 디모데와 같은 그룹이다.

"바울이 더베와 루스드라에도 이르매 거기 디모데라 하는 제자가 있으니 그 어머니는 믿는 유대 여자요 아버지는 헬라인이라 디모데는 루스드라와 이고니온에 있는 형제들에게 칭찬받는 자니"(행 16:1-2)

가정교회 및 배경

마가의 어머니의 집(행 12:12).
루디아의 집(행 16:13-15).
아굴라와 브리스길라의 집(고전 16:19).
눔바의 집(골 4:15).
빌레몬의 집(몬 1:2).

주로 여성들이 음식과 의복과 쉼터까지 제공하는데 수고하였으며 규례를 뛰어넘어 활동하였다. 빈부와 귀족과 천한 신분을 가리지 않았다. 그리스도 예수님 안에서 하나가 됨에 방향을 제시했다.

두세 사람이 내 이름으로(마 18:20)
적은 무리여 두려워 말라…그 나라를 너희에게 주시기를 기뻐하심
(눅 12:32)

---

4. 초대교회의 복음 전도 및 선교 역사

초대 교회 시대에 하나님의 복음 전도와 선교는 유대인과 로마의 혹독한 핍박과 고난 속에서 보존되고 발전해 왔다. 악한 마귀는 이단 사상을 교묘하게 초대 교회 안으로 끌어들여 성도들을 혼란스럽게 하였으나 성경을 통해 볼 수 있듯이 많은 초대 교회 성도는 믿음을 굳게 지켰다.

4세기에 콘스탄티누스 황제가 등극하면서 교회에는 모든 면에 있어 큰 변화가 있었다. 혹독하고 심각한 박해들은 오히려 성도들을 정화하는 데 큰 역할을 하였다.

그러나 권력을 잡은 정치가가 기독교를 로마의 국교로 정하면서 큰 문제가 생겼다. 예루살렘의 성전이 부서진 이후 회당이나 가정에서 예배드렸던 것이 금지된 것이다. 이 시기부터 참된 교회 즉 유대인 성도와 이방인 성도가 함께 모여 가정에서 예배드리는 것이 완벽히 금지되었다. 로마 정부에서 마련한 예배당(건물)에서 정해진 방법으로만 예배드리게 강요했다. 예배 양식, 예배 장소, 예배 대상과 지향점 등 이교가 유입되었다. 그 후 송두리째 거의 모두 바꿔버렸다.

초대 교회는 유대인의 핍박 속에서 출발하였으나 믿음을 키웠고, 갖가지 이단의 공격에도 믿음을 지켰다. 하지만 밀라노 칙령(313)을 거쳐 니케아 종교회의(AD 325)와 안디옥 공의회(AD 345), 라오디게아 공의회(AD 365), 프랑스의 아그드 공의회(AD 506), 제2차 니케아 공의회(AD 787)를 거쳐 오면서 주 예수 그리스도의 복음과는 너무도 먼 이교도 교리가 가톨릭교회라는 이름 아래 확고하게 자리를 잡게 되었다. 본래의 지상대명령 곧 주 예수님의 복음으로 모든 족속을 주 예수님의 제자 삼으라는 것과는 너무도 먼 거리가 되었다.

5. 최초의 선교사와 그분의 복음

최초의 선교사는 사실상 창조주 하나님이시다. 아담과 하와가 두려워하며 나무 뒤에 숨어 어떻게 할지를 모르고 있을 때 하나님께서 먼저 찾아와 주셨다. 죄의 문제를 동물을 제물삼으시어 피제사를 지내주시고 그 가죽으로 옷을 지어 입혀주시며 해결해 주셨다(창 3:21). 아담과 하와의 가죽옷을 만들 정도라면 두 마리의 양(?)정도라야 지을 수 있었을 것이다. 동물 가죽이 나오려면 피흘리고 죽는 일이 먼저 일어나야 되지 않겠는가? 어떻게 아벨은 양으로 제사지내는 것을 알았을까? 레위기에 제사법을 규정짓기 전에 이미 동물을 제물되게 하여 죄를 사하는 제사 제도가 있었다. 아마도 아담은 하나님으로 부터 배웠고 아벨은 아담으로부터 죄사함 받는 제사법을 전수받았을 것이다.

그러나 진짜 하나님의 어린양이신 주 예수님의 보혈이 흘려지고 죽기까지는 모두 임시대응이다. 특히 십자가 위에서 피흘리시고 죽으신 후 장사되며 생명 부활하신 주 예수의 사랑과 자원함의 공로이시다.

그러므로 둘째 선교사는 주 예수이시다. 인류의 죄를 사해 주시려고 말씀이 육신이 되어 오셨다. 말씀은 하나님이시다(요 1:1-14). 곧 창조주 하나님이 인류의 죄문제를 사해주시려고 대신 죽어 주시고 기억도 하지 않으시려고(사 43:25) 장사지내 주시고 새롭게 살려주시려고 부활해 주신 것이다(요 11:25). 그러므로 세상에서 가장 좋은 소식은 주 예수 선교사의 좋은 소식 곧 주 예수의 복음인 그분의 죽음과 장사 되심과 생명의 부활하심이다(마 28:7). 전하는 자는 오직 주 예수 그리스도의 복음을 전해야 한다. 불신자에게 확실한 주 예수님 복음의 핵심을 나눠야 한다. 이것이 믿음의 교제이다. 초대교회 성도들은 주 예수님의 복음만을 선포했다.

사도 시대, 속사도 시대, 이방인 시대에도 주 예수님이 복음의 핵심이셨다. 복음 선교를 위해 헌신한 선교사들은 사도 바울과 바나바, 마가, 실라, 등

열두 제자 등이 있다. 오늘도 주 예수께선 세계 각 지역 선교사들과 변함없이 함께 주 예수님의 복음을 전하며 선교하고 계신다.

근대 선교의 아버지로 알려진 윌리엄 캐리는 덴마크 왕실의 도움으로 인도에 파송된 선교회 선교사들의 선교 편지에 영향을 많이 받았다.

해외 선교는 언어가 다른 민족에게 예수 그리스도의 복음을 전하는 일을 하는 것이다. 복음을 전하기 위하여 그 민족의 언어, 역사, 문화를 배우고 익히며 음식 및 의복, 현지 사회의 기준이나 규범을 이해하는 것이 중요하다. 이해한다는 것은 동의하거나 동화된다는 뜻이 아니다. 선교 훈련은 단기 선교와 장기 선교가 있다. 이를 위해 반드시 교육과 훈련으로 준비해야한다. 단기 선교를 위해 성경 공부, 복음 전도 및 복음 제시와 영접 기도, 새신자 훈련, 상호 책임 및 돌봄을 위하여 교육과 훈련받으며 국내·국외 선교를 통해 실습받아야 한다.

장기 선교를 위해서도 성경 공부, 복음 전도 및 복음 제시, 영접 기도, 새신자 훈련, 상호 책임 및 돌봄을 위하여 훈련받는다. 선교 비전 캐스팅, 선교 소명과 사명감의 정립 등 장기 선교를 위하여 교육과 훈련받으며 실습받아야 한다.

당시나 오늘날이나 제자들의 행적과 사역을 위해 기도, 메시지, 간증, 금식기도(이적과 표적을 위하여) 제자 만듦, 교육과 훈련, 주 만찬, 교육자와 훈련자 양성, 제자 파송, 교회 설립, 재생산 과정을 위해 준비하는 것은 당연하다.

1) 크리스천 박해 원인

초기 기독교 사회에서는 크리스천과 관련된 유일신, 음식 규례, 주 만찬 오해, 각종 거짓된 소문들 등이 있었고 그중에 심각한 것은, 사람이 어떻게 하나님이라고 하느냐였다.

네로 황제(주후 64-68)는 자신이 '신'이라고 주장하며 모든 사람에게 경배하라고 명했다. 그러면서 경배하지 않으면 궁극적으로 사형시켰다! 네로 황제 이후의 도미티안 황제(주후 81-96) 역시 자신을 신이라고 주장하며 경배하라고 명했다. 기독교인을 가장 잔인하게 박해한 디오클레시안 황제(주후 303-311)도 자신을 신이라고 경배하라고 명했다. 이들 황제들의 하나님을 믿는 성도들에 대한 핍박은 참으로 가혹했다. 유대인들이 예수 그리스도를 박해한 원인도 예수가 자신이 하나님의 아들이라고 선포했을 때였다. 그들은 분노하며 예수님을 돌로 쳐 죽이려 하였다. 그러나 그리스도인들은 유일하신 하나님 곧 주 예수님만 경배했기에 박해를 받을 수밖에 없었다. 그리고 여호와 하나님은 창조주시며 홀로 한 분이시라는 하나님의 말씀을 따랐기에 유대인은 로마 황제를 섬기지 않았다. 당시 로마는 다신교를 믿고 있었고 제우스, 아폴로, 바알, 아스다롯 등 다양한 신이 있었다. 그러나 크리스천은 차라리 죽을지언정 다른 신을 절대로 섬기거나 경배하지 않았다.

2) 가톨릭 보편교회

콘스탄티누스 황제 주후 306-307년 서로마 가톨릭은 로마에 있었다.

동로마 가톨릭은 비잔틴 제국(현재의 튀르키에(터키))의 콘스탄티노플 =이스탄불에서였다.

- 박해는 그쳤으나 이교와 혼합된 제국/제도교회가 시작되었다.
- 주후 313년 기독교를 공인, 종교의 자유를 선포했다(좋은 지위/성공 위해 거짓 회심했다).
- 로마 제국민 오천만 명 중 10% 곧 오백만 명이 크리스천이 되었다. 기독교 공인 후 4배가 되었다고 한다.
- 교회당/예배당은 크고 높고 대형화하여 고급스럽게 세금으로 지었고 제도화, 조직화, 권력화하였다.
- 큰 예배당을 지어놓고 그곳에서만 모든 예배 요구와 제어를 공식화했다.
- 가정에서 예배드리면 불법이라 공포했다. 잡아서 가두고 죽였다.
- 주후 325년 니케아 공회와 주후 415년 칼케돈 공회는 정통신학이라고

했다.

- 정통신학(가톨릭) 교육 안 받았으면 설교나 선교할 수 없다고 규정했다.

3) 중세 가톨릭 사제들의 부패상

성직매매, 성직 겸침, 부 축적, 고리대금, 여자관계와 자녀들, 폭력을 일삼았다. 공개적으로 여인들과 살며 동성애 등등이 만연했다. 그리하여 가톨릭 수도원들이 많이 설립되었다. 그러나 교회 성직자의 부패함은 '가톨릭 교회' 이전에도 만연하였기에 수도원이 이집트에서 최초 설립되었다고 한다.

II. 교회의 성장

1. 제도적 교회와 성경적 교회

제도적 교회는 크게 국가교회 모델, 기업 모델, 왕정교회 모델 셋으로 구분할 수 있다. 교회를 다스리는 원리, 기능, 관계, 존재 목표, 특성, 지배력을 바탕으로 구분할 수 있다. 기업 모델은 돈 벌기 위하여 사장과 직원의 원리로 접근하고, 왕정교회는 그 나라 왕의 믿음대로 교회가 형성되는 모델이었다. 마지막으로 국가교회 모델인데 성공회 이전의 모델은 다 국가교회 모델이었다.

국가교회는 기업 모델로 이해할 수 있는데 가톨릭교회가 대표적이다. 가톨릭교회는 서로마와 동로마로 구분되며 그리스 정교회도 이와 같다고 할 수 있다. 교회는 신정정치가 필요함에도 콘스탄틴의 로마국가교회는 국가정치가 교회를 다스려야 함을 주장하였다. 제도주의적 교회인 국가교회를 위해 교황과 황제가 서로 다스리려는 다툼의 역사가 있었다.

국가제도적 교회는 기업과 같다. 동로마교회가 동방정교회와 그리스 정교회로 나뉘었는데, 왕이 어떤 성향을 가지고 있는가에 따라 교회가 형성

되었다. 개신교가 독일에서 1517년에 종교개혁이 일어나면서 개혁 루터 교회로 나타났지만 1564년 영국교회는 국가교회로 나가게 되었다. 영국 국가교회를 성공회라고 하는데, 성공회의 등장은 주후 1534년 헨리 8세가 앤 볼린과의 결혼 문제로 인해 가톨릭과 갈등하여 가톨릭으로부터 독립하여 성공회를 만들었다. 이 사건으로 가톨릭과 성공회가 전쟁하게 되었다. 그러나 식민지를 많이 둔 영국은 해가 지지 않는 대영제국이라고 불리며 발전하게 되었다. 왕정교회의 대표적인 모습은 왕이 어느 편에 서는가에 따라 교파 방향이 정해졌다. 예를 들어 왕이 천주교인이면 그 왕국은 천주교가 국교가 된다. 만약 왕이 루터란 교인이면 루터란 교파가 국교가 되며 왕이 성공회면 성공회가 국교가 된다. 성공회는 어떤 면에서는 개혁했지만, 가톨릭으로부터 개혁하였기에 가톨릭과 비슷한 점이 많다. 이후 유럽에서는 왕정적이며 제도적인 교회에서 벗어나려고 더 많은 종파가 나타나게 되었다.

성경을 통하여 상고해 보면 제도적 교회의 기업, 비지니스 모델은 맞지 않다고 생각한다. 오늘날의 교회들이 이러한 모습을 나타내고 있는데 기업, 비지니스 모델의 교회는 목적을 이루기 위해 목표와 방향들을 세속화된 모습으로 나가는 경우가 많기 때문이다.

진정으로 주 예수님의 교회를 세워가고 있는지 주의해서 살펴봐야 한다. 내가 주 예수님의 제자가 되어야 주 예수님의 제자들을 만들 수 있다. 그러기 위해서는 사람을 낚는 어부답게 많은 사람을 만나서 하나님께서 구원시키시도록 주 예수님의 복음을 전해야 한다. 또한 주 예수님께서 내 어린 양을 먹이고 치라고 하셨다. 그러므로 예수님의 제자는 먼저 복음을 전하여 하나님의 자녀가 되도록 인도하고 신구약 말씀을 지혜롭게 가르쳐야 한다. 그리고 주 예수님의 제자들을 만들기 위해 훈련하며 가르쳐야 한다.

2. 성경적인 교회

성경적 유기적인 교회라는 말은 교회가 살아있다는 말이다. 이 생명력을 따라 우리는 제자의 생활을 하며 직분을 감당해야 한다. 성경적인 교회는 예수님의 복음을 들은 후 믿고, 회개하고, 영접한 후에 침례를 받고 제자로서 배우고 행하면서 또 다른 사람으로 제자를 만들며 예수님의 교회를 세워야 한다.

성경에서 말하는 교회는 '하나님의 교회'이다. 예수 그리스도의 이름을 부르는 모든 자들이다.

"고린도에 있는 하나님의 교회 곧 그리스도 예수 안에서 거룩하여지고 성도라 부르심을 받은 자들과 또 각처에서 우리의 주 곧 그들과 우리의 주 되신 예수 그리스도의 이름을 부르는 모든 자들에게"(고전 1:2)

"흑암과 죄의 권세에서 풀려나 죄사함을 받고 구원받은 거룩한 성도들과 주의 이름을 부르는 사람들의 모임이 곧 성경적인 교회이다"(골 1:13~14)

초대교회에서는 날마다 마음을 같이 하여 성전에 모이기를 힘쓰며 교제하였다. 교제하며 성경공부하며 기도하는 일에 힘썼다.

"그들이 사도의 가르침을 받아 서로 교제하고 떡을 떼며 오로지 기도하기를 힘쓰니라"(행 2:42)

성경적인 교회의 핍박은 예루살렘에서 시작하여 주 예수의 복음이 전파되는 곳마다 나타났다.

"사울은 그가 죽임 당함을 마땅히 여기더라 그 날에 예루살렘에 있는 교회에 큰 박해가 있어 사도 외에는 다 유대와 사마리아 모든 땅으로 흩어지니라"(행 8:1)

핍박과 성전이 완전히 부서진 후에는 세상 가운데 흩어져서 가정에서 모여 복음을 전하였다.

"오직 성령이 너희에게 임하시면 너희가 권능을 받고 예루살렘과 온 유대와 사마리아와 땅 끝까지 이르러 내 증인이 되리라 하시니라"(행 1:8)

하나님의 뜻은 세상 끝까지 복음을 전하는 것이므로 우리는 두루 돌아다니며 믿지 않는 사람을 전도하는 사람 낚는 즉 어부와 같은 사람이 되어야 한다. 특정한 날을 정하여 전도하고, 만남을 위해 기도하고 찾아다녀야 한다. 주 예수의 복음을 전도하기 위하여 땅을 기경해야 한다. 고르게 해야 하며 씨를 뿌려야 한다. 심고 거둬들여야 한다. 이 모든 광대한 지혜와 묘략이 하나님께로 난 것이라고 하셨다(사 28:24-29). 그러므로 모이기를 힘쓰고 같이 먹고 교제하며 예수님의 사랑을 더 깊이 알아가야 한다.

성경적 교회는 생명이 있는 유기적 공동체이다. 먼저 믿은 제자 곧 목자가 나중에 믿는 자들에게 침례를 베푼다(요 4:2). 믿고 죄를 회개하고, 예수님의 피로 죄 사함을 받고, 예수 그리스도를 영접한 하나님의 자녀에게 주 예수로 옷 입은 침례를 주어야 한다(갈 3:27). 그 이유는 침례를 통해 자신의 죄 씻음과 주 예수님과 연합함의 옷을 입고 더욱 믿음에서 믿음으로 성장하는 것을 돕기 때문이다.

"복음에는 하나님의 의가 나타나서 믿음으로 믿음에 이르게 하나니 기록된 바 오직 의인은 믿음으로 말미암아 살리라 함과 같으니라"(롬1:17)

성경에는 창세기 1장부터 요한계시록 22장까지 그 짝이 없는 것이 없다고 하신다(사 34:16).

예수님께서 제자들에게 침례를 주셨다(요 3:22). 그 제자들이 또 침례를 새 신자들에게 주었다(요 4:1-2). 회개하고 성령과 물과 피로 임하신 예수님을 영접하였다. 이렇게 물과 성령으로 거듭난 믿는 모든 사람은 믿는 자의 침례를 받았다.

> "예수께서 대답하시되 진실로 진실로 네게 이르노니 사람이 물과 성령으로 나지 아니하면 하나님의 나라에 들어갈 수 없느니라"(요 3:5)

믿는 자의 침례를 받은 자는 주의 만찬인(깨어진 주 예수의 몸) 떡을 떼는데, 그 떡은 예수님의 몸을, 포도주는 예수님의 십자가 위에서 못박히며 흘리신 피를 상징한다. 주 예수께서 다시 오실 때까지 찢기신 몸과 흘리신 피를 기념하라고 하셨다. 축사하시고 떼어 가라사대 이것은 너희를 위하는 내 몸이니 이것을 행하여 나를 기념하라 하시고 식후에 또한…이 잔은 내 피로 세운 새 언약이니 이것을 행하여 마실 때마다 나를 기념하라 하셨으니(고전 11:24-25) 라고 선포하셨다.

주의 만찬에 참석하는 사람은 예수님을 머리로 삼는다. 하나님이 화목하게 하는 직책을 하나님의 자녀들에게 주셨다. 하나님과 화목하게 하는 그 삶을 살아내야 한다.

나 혼자만 예배드리고 잘 사는 사람이 되면 안 된다. 나도 복음을 전하는 예수님의 제자가 되어서 복음을 잘 전하며 주 예수님의 제자로 양성하여 모든 민족으로 주 예수님의 제자를 만드는 사람이 되어야 한다. 복음을 전하며, 하나님의 자녀 된 영생을 얻은 자로서 순종해야 한다.

> "내 아버지의 뜻은 아들을 보고 믿는 자마다 영생을 얻는 이것이니 마

지막 날에 내가 이를 다시 살리리라"(요 6:40)

"아들을 믿는 자에게는 영생이 있고 아들에게 순종하지 아니하는 자는 영생을 보지 못하고 도리어 하나님의 진노가 그 위에 머물러 있느니라"(요 3:36)

예수 그리스도의 증인으로서 내가 있는 곳에서 시작하여 땅끝까지 주예수님을 증거하는 자로서 화평의 복음을 전파하여야 한다. 주 예수의 복음을 전하는 자에게는 하나님께서 그의 영육간에 필요한 것을 채워주신다고 기록하셨다.

그리고 복음 전파자인 사역자에게 사례비를 드리는 것은 성경적이다. 성도들의 합당한 예절로 복음 사역자를 영접하고 무엇이든지 그에게 소용되는 바를 도와주라고 기록하셨다(롬 16:2).

3. 교회의 멤버십

우선 교회의 멤버십을 가지려면 침례와 주 만찬을 마친 자라야 한다.

첫째, 침례(침례)는 믿는 사람만 침례받을 자격이 있다. 성경에서는 유아침례가 없다. 왜냐하면 진심으로 주 예수님을 믿으며 죄를 회개하고 예수님을 마음에 영접하여 하나님의 자녀가 된 사람만 받을 수 있기 때문이다.

둘째, 주 만찬(성찬)이다. 하나님의 자녀가 된 자는 주의 만찬에 참여할 수 있다.

성경적으로 강조하자면 유기적 공동체인 교회의 멤버가 되는 기본 자격은 다음과 같다. 주 예수님의 복음을 듣고 진심으로 죄를 회개하며 주 예수님을 자신의 마음에 주와 왕으로 고백하고 주 예수님의 이름을 영접하고 믿는 자의 침례를 받아야 된다. 그리하여 믿음의 유기적 공동체인 교회에 멤버로 등록하고 믿음의 새 생활을 시작한다.

믿음의 유기적 공동체에 멤버로 등록하면 그 믿음의 공동체로부터 사랑과 보호와 다방면에 혜택을 받을 권리를 준다. 동시에 하나님 가족의 멤버로 함께 교회의 일곱 가지 기본인 믿는 자의 침례, 주 만찬,(성찬) 예배, 말씀 교육(신·구약), 전도/선교 훈련과 참여, 교제, 봉사 곧 아웃리치에 힘써 참여하며 각종 선한 일에 수고할 의무가 있다.

홈/소그룹 예배 설립을 위하여 준비

내 집을 열어서 함께 모여 예배를 드리며 주 예수의 제자 만든다(나의 집에서 성경/예배모임이 안 되겠으면 커피집, 식당, 공원 등).

새 신자에게 성경 신구약 말씀을 가르치고 전도/선교 훈련 및 참여/함께 하나님께 예배를 드려야 한다.

---

1) 목장/셀 개척 시작 및 재생산

(1) 씨를 뿌려야 한다(말씀의 씨).

(2) 복음의 씨를 뿌릴 곳은 물 위이다

"너는 네 떡을 물 위에 던져라 여러 날 후에 도로 찾으리라 일곱에게나 여덟에게 나눠 줄지어다 무슨 재앙이 땅에 임할는지 네가 알지 못함이니라"(전 11:1-2)

"너는 아침에 씨를 뿌리고 저녁에도 손을 놓지 말라 이것이 잘 될는지, 저것이 잘 될는지, 혹 둘이 다 잘 될는지 알지 못함이니라"(전11:6)

한 사람만 대상자로 놓지 말고 적어도 7~8명에게 동시에 전해야 한다.

구원받지 않은 상태에서 죽으면 구원받을 기회는 다시 없다.

(3) 각종 사람은 (물)이다. 무리와 열국과 방언들이다. 물 위에 말씀을 나눠주고 목장을 개척한다.

> "또 일곱 대접을 가진 일곱 천사 중 하나가 와서 내게 말하여 이르되 이
> 리로 오라 많은 물 위에 앉은 큰 음녀가 받을 심판을 네게 보이리라…
> 또 천사가 내게 말하되 네가 본 바 음녀가 앉아 있는 물은 백성과 무리
> 와 열국과 방언들이니라"(계 17:1-15)

루디아가 바울을 영접했던 것처럼, 고넬료를 만났던 베드로처럼 사람을 만날 수 있어야 한다. 미친 거라사인을 만나야 기적이 일어난다. 일단 사람이 있는 곳으로 가야 한다. 전도하기 위하여 불신자를 고의로 만나야 한다.

(4) 실천

① 기도/말씀/묵상…기도와 말씀으로 거룩(깨끗)해짐(딤전 4:4-5)을 얻는다.

항상 전도할 사람들을 초청하기 위해 집안을 적당히 준비해 놓는다. 그리고 사람을 만날 수 있는 전도의 현장으로 가야 한다. 기도가 가고, 몸이 가고, 약간의 물질이 함께 따라가야 한다. 나의 몸이 먼저 가서 어떤 사람이든 만나 입을 먼저 열어야 한다. 잡담 말고 복음을 말한다.

② 합당한 자를 찾아낸다(마 10:5-15).

영생을 주시기로 작정된 자는 다 믿더라(행 13:48).

거라사 광인이 귀신 들려 쇠고랑에 매여 있었어도 예수님을 영접한 것처럼 전도자는 누가 믿을지 잘 모른다. 누구든지…기도 후에 복음 전도를 시도한다.

일단, 먼저 하나님께 어디로 어떻게 가며 누구를 찾아가느냐고 여쭙는다. 기도 후 밖으로 나가야 한다. 발자국을 옮겨 나가야만 그때 만날 자를 만나게 하신다. 만나서 보냄을 받은 자로서의 사명을 분명히 해야 한다. 우리는 하나님과 화목하게 하는 직분으로 부르심을 받았고 보내심을 받았다. 복음을 듣고 믿음이 자라나게 하시는 분은 하나님이시다(고전 3:6).

③ 성장시키시는 분은 하나님이시다. 일주일에 수시로 아니면 시간을 정하고 기도한 대상자들을 초청하거나 또 찾아가서 만나야 한다.

초청 시: 간단한 다과와 음료: 물이나 녹차 등 간단하게 대접한다.
방문할 때: 수수하고 단정하며 규모 있는 예의를 갖춘다.

말문 및 마음 문 열기: 성령님의 감동과 인도 아래 먼저 들어준다.
주 예수님 안에서 말문을 바꿔 복음을 제시한다.

한 사람이 믿게 되면: 그의 집에서나 내 집 혹은 빵집이나 공원에서 두세 사람이 소그룹 예배를 하나님께 드리기 시작할 수 있다. 한 사람이 믿게 된 그 집의 가족도 함께 믿을 수 있도록 위하여 기도하며 힘쓴다.

예배인도: 기도, 찬송, 말씀, 축복기도
성경공부 인도: 신구약 성경

④ 예배 구성원이 5~8명에 이르면 그 모임의 제자 실습생이 신자 한

사람을 데리고 나가 목자가 되어, 주 예수의 새로운 모임을 재생산하여 새 목장을 세운다. 모든 주 예수님의 제자는 소그룹 예배소인(목장에서 목자로 혹은 목녀로), 그리고 국내와 국외 선교지 설립을 평생 희망하며 계속 소그룹 공동체 모임을 설립하고, 모여 기도와 예배와 성경의 가르침을 받으며, 동시에 가르치며 믿음에서 믿음으로 장성하도록 훈련하며 도와준다.

"그들이 사도의 가르침을 받아 서로 교제하고 떡을 떼며 오로지 기도하기를 힘쓰니라"(행 2:42)

"날마다 마음을 같이하여 성전에 모이기를 힘쓰고 집에서 떡을 떼며 기쁨과 순전한 마음으로 음식을 먹고 하나님을 찬미하며 또 온 백성에게 칭송을 받으니 주께서 구원받는 사람을 날마다 더하게 하시니라"
(행 2:46-47)

"모이기를 폐하는 어떤 사람들의 습관과 같이 하지 말고 오직 권하여 그 날이 가까움을 볼수록 더욱 그리하자"(히 10:25)

⑤ 두세 사람으로 시작하는 소규모의 공동체에 주 예수님께서 함께하신다. 적은 무리라도 꼭 구원주시기를 기뻐하신다.

"적은 무리여 무서워 말라 너희 아버지께서 그 나라를 너희에게 주시기를 기뻐하시느니라"(눅 12:32)

예배 샘플

예배 시작 30분 전 집안을 깨끗이 정리하고 찬양을 틀어 놓습니다.

준비 찬송

예배 인도자의 선언 이제 예배를 시작하겠습니다.(인도자의 기도는 아래의 내용을 포함한다.)

묵도/기도

주 예수님! 오늘 우리가 이곳에 모여 함께 예배드리게 하시니 감사드립니다. (기타 다른 내용을 포함할 수도 있다) 주 예수님의 보혈로 우리 모두의 죄와 허물을 깨끗하게 씻어 주시옵소서. 주님! 우리 각 사람이 신령과 진정으로 예배드릴 수 있도록 도와주옵소서. 주 예수님! 우리의 예배를 주관하여 주옵시고, 주 예수의 이름으로 마귀 사단을 결박하여 주옵소서. 하나님께서 우리의 예배를 받아 주실 수 있도록 보혈의 능력으로 도와 주시옵소서. 우리 각 사람의 죄를 주님의 보혈로 우리의 죄를 정결케 하시고 사하여 주옵소서. 말씀을 선포하시는 하나님의 종에게 성령의 기름을 부어주시옵소서. 말씀을 듣고 깨달을 뿐만 아니라 순종할 수 있는 힘을 주시옵소서. 하늘의 신령한 복과 땅의 좋은 것으로 채워주시옵소서. 하나님께만 영광을 돌리게 하옵소서. 아직 이곳에 도착하지 못한 자, 예배드릴 수 없는 자들을 축복하여 주옵시며, 함께 예배드릴 수 있도록 도와주옵소서. 주 예수 그리스도의 이름으로 기도드립니다.

찬송 지정된 찬송
기도 성령의 감동 받은 두세 사람이 간단명료하게 기도드린다.
간증 두세 사람이 간단명료하게 감사한 내용을 간증한다.

경배와 워십 댄스 지정되거나 및 준비한 자가 한다.
말씀 봉독 지정된 자
메시지 지정된 자

초청(불신자 영접 기도 초청으로 앞으로 나오도록 하고 안수 기도한다.)
아직 믿음이 없는 자들은 믿음을 가질 수 있도록 말씀과 격려로 초청/축복하고, 안수가 필요한 분들에게 안수 기도하며 이미 믿는 자들은 더욱 열심히 복음을 전하여 주 예수의 교회를 많이 세우도록 축복 기도로 격려한다.

헌금 존경과 감사함으로 헌물을 드린다. 모든 십일조와 첫 태생과 첫 열매는 하나님께 속한 것이기에 요구하신다(민 15:12; 겔 20:40). 오직 생축의 첫 새끼는 여호와께 돌릴 첫새끼라 우양은 물론하고 여호와의 것이니 누구든지 그것으로는 구별하여 드리지 못할 것이며(레 27:26).

"그리고 그 땅의 십분의 일 곧 그 땅의 곡식이나 나무의 열매는 그 십분의 일은 여호와의 것이니 여호와의 성물이라…모든 소나 양의 십일조는 목자의 지팡이 아래로 통과하는 것의 열 번째의 것마다 여호와의 성물이 되리라"(레 27:30-32)

십일조와 첫 헌물은 하나님께 돌려드리는 것으로써 진실되고 충성의 마음을 하나님께 표시하는 것이다. 그리고 마리아의 향유처럼 더 크고 값진 것들을 주 하나님께 감사드리기도 한다.

기도 메시지 요약 및 축복기도 한다(간단하게).

찬송 지정된 찬송
광고 현재 알려야할 소식과 사역 보고, 헌금 및 출납 보고, 필요 요청이 있을 때는 기도 부탁 등을 한다.
찬송 지정된 찬송

헌금 축복
주 예수 우리의 하나님, 감사드립니다. 주께 드린 십일조와 그 손길들을 기억하시고 축복하여 주옵소서. 거룩히 구별하여 주옵소서. 주여! 저희를 인도하여 주셔서, 이 헌금을 잘 분배하여 교회를 세우게 하옵소서. 주께 더욱 구하오니 하늘 문을 여시고 우리에게 하늘의 복을 쌓을 곳이 없도록 쏟아 부어 주옵소서. 주 예수 그리스도의 이름으로 기도 드립니다. 아멘!

축도 (총체적 축복 기도)
우리 주 예수 그리스도의 은혜와 하나님의 사랑과 성령의 감동하심이 모든 성도 위에와 그리고 온 가족과 친척과 친구와 학업과 생업 위에 복을 주시며 이제부터 영원히 함께하시기를 주 예수 그리스도의 이름으로 축원합니다. 아멘!(고후 13:13)

4. 헌금

1) 예배에서 봉헌(헌금과 헌물)은 함께 드려진다.

네 보물 있는 곳에 네 마음도 있다고 하신다(마 6:19-21). 이 세상에 마음을 두지 말고 하늘에 쌓아야 한다. 또 예수님께서는 헌금과 헌물드리는 모습에 대해 말씀하셨다. 과부가 헌금함에 넣는 것을 보시고 과부는 구차한 중에서 생활비 전부를 넣었다고 말씀하셨다(눅 21:1-4). 그렇다면 과부는 어떻게 모두를 넣을 수 있었을까? 모든 것이 하나님으로부터 주어졌음을 인정하는 사람은 온전히 드릴 수 있다. 땅과 거기에 충만한 것과 세계와 그 가운데에 사는 자들은 다 여호와의 것이로다(시 24:1).

마리아의 헌물은 당시 1년 상당의 노동력에 해당하는 것을 주 예수님의 머리에 부은 것이었다(요 12:3). 이 사건은 예수님의 죽음과 장사를 의미하는 중요한 일이기도 했다. 마리아의 특별한 헌물은 때에 따른 특별한 헌물로 하나님께 바친 행위이다. 이렇게 특별한 감동으로 하나님의 사역을 위하여 바쳐질 때 하나님께서 받아주신다. 마음에 있는 것을 모두 받아주신다(고후 8:12.)

하나님께서 갚아 주실 때에 흔들고 눌러서 갚아주신다(눅 6:38). 하나님께서는 십일조와 첫 열매에 대하여 말씀하셨다(레 27:26; 27:30-32; 겔 20:40). 이것은 율법이 아니고 하나님의 명령이다.

하나님께서 뭐가 부족해서 십일조와 첫 열매를 내라고 하신 것이 아니다. 그러나 특히 이 두 가지는 하나님의 것이다. 성전/회당 곧 교회 운영의 경제 원리를 위하여 하나님께 돌려드리는 것이다. 그렇지 않으면 도적질 행위라고 하신다(말 3:8-9). 스스로 저주를 받게 되는 행위라고 하신다. 십일조와 첫 열매와 헌물과 헌금은 교회의 경제 원리이기 때문이다. 헌물 곧 봉헌의 이유는 봉헌자 자신의 유익을 위함이며 축복의 통로가 되기 때문이다. 하지만 외적인 것에만 치중하지 말아야 한다(마 23:23). 십일조는 드리되 율법의 더 중한 바 정의와 긍휼과 믿음은 버리면 안 된다.

사실상, 올바른 헌물과 헌금은 그 헌물과 헌금을 하는 자의 축복의 통로다. 자원하는 심령으로 예배 전에 미리 준비해야 연보답고 억지로 해서는 안 된다(고후 9:4). 온전한 연보는 하늘 문을 여시고(말 3:10-12), 부요케 하신다고 약속하셨다(고후 8:9-10). 쌓을 공간이 부족할 정도로 채워주신다고 약속하셨다. 그러므로 인색함으로나 억지로 하지 말고 즐거이 드려야 한다(고후 9:7). 잘못된 헌물과 헌금의 방법은 저주를 불러오게 된다(레 10:1-2). 하나님이 명하신 방법대로 드려야 한다. 잘못된 제사는 열납하지 않으신다(말 1:6-8:13-14). 모든 것의 십일조, 첫 열매, 헌물과 헌금은 하나님의 성물이므로 하나님의 일을 위해 참되게 사용해야 한다.

2) 헌금을 사용할 때

첫째, 십일조는 하나님의 전문적인 일꾼/사역자들에게 사용해야 한다.

십일조를 레위 자손에게 주어 생활비에 쓰게 하셨다. 하나님께서 하나님을 위해 일하는 수고를 종에게 갚는다고 하셨다.

> "내가 이스라엘의 십일조를 레위 자손에게 기업으로 다 주어서 그들의 하는 일 곧 회막에서 하는 일을 갚나니"(민 18:21)

복음 전하는 자들이 복음으로 말미암아 살리라고 하셨다(고전 9:13-14). 로마교회로 파송되는 여종 뵈뵈의 생활 비용을 로마교회 성도들의 합당한 교회의 예절로 일체 도와주었다.

> "내가 겐그레아 교회의 일꾼으로 있는 우리 자매 뵈뵈를 너희에게 추천하노니 너희는 주 안에서 성도들의 합당한 예절로 그를 영접하고 무엇이든지 그에게 소용되는 바를 도와 줄지니 이는 그가 여러 사람과 나의 보호자가 되었음이라"(롬 16:1-2)

둘째, 십일조를 부족한 다른 사람들에게 사용해야 한다.

(신 14:28-29) 레위인, 객, 고아와 과부

(고후 4:32-37) 그중에 가난한 사람이 없으니 각 사람의 필요를 따라 나누어 줌이라

(고후 8:14) 너희의 부족한 것을 보충하여 균등하게 하려 함이라

셋째, 선한 사역에 사용하여 빛과 소금의 역할을 하여 하나님께 영광을 돌려드려야 한다(마 5:14-17).

아웃리치 사역으로 각종 선한 사역 곧 봉사하는 일에 사용하는 것이다. 특히 사역자의 사례비는 성도나 교회가 주는 것이 아니고 하나님께서 주시는 것이다. 일단 감사함과 자신의 믿음으로 하나님께 드린 것은 더 이상 내 소유가 아니다. 내가 드린 예물에 관해서 가부를 따지며 주관하지 않는다. 더 이상 내 것이 아니며 나의 소관도 아니다. 모든 것이 다 하나님의 소관이다. 모든 것이 다 여호와의 것이다.

"땅과 거기에 충만한 것과 세계와 그 가운데에 사는 자들은 다 여호와의 것이로다"(시 24:1)

혹시 담임 목사나 복음사역자 곧 목자(목회자) 목녀(목회녀)가 잘못 사용한다고 생각이 들면 그 문제를 위하여 하나님께 조용히 축복하며 기도하는 것이다. 치리는 내가 하는 것이 아니다. 하나님께서 하시는 것이다. 내가 치리하고 바로 잡아야 한다고 생각하거나 행동한다면 그것은 하나님의 영역을 범하는 것으로 곧 월권 행위가 된다. 다만 하나님 앞에서 죄를 범할 뿐이다.

"악을 행하는 자들 때문에 불평하지 말며 불의를 행하는 자들을 시기

하지 말지어다"(시 37:1)

"여호와 앞에 잠잠하고 참고 기다리라 자기 길이 형통하며 악한 꾀를 이루는 자 때문에 불평하지 말지어다 분을 그치고 노를 버리며 불평하지 말라 오히려 악을 만들 뿐이라"(시 37:7-8)

5. 7가지 자원

1) 첫 번째 자원: 복음 증거

믿는 자/성도는 자원함으로 믿지 않는 가족과 이웃, 친구, 친지에게 복음을 나눠줘야 한다. 그리고 누구든지 예수님을 믿지 않는 자에게 언제 어디서든지 복음을 전해야 한다. "엄히 명하노니 너는 말씀을 전파하라 때를 얻든지 못 얻든지 항상 힘쓰라 범사에 오래 참음과 가르침으로 경책하며 경계하며 권하라"(딤후 4:2)라고 성경에서 명하신다.

거라사인의 지방에서 더러운 군대 귀신 들린 자가 예수님을 만났다. 군대 귀신들이 쫓겨나고 정신이 온전해져서 예수 그리스도를 따라가려고 할 때 "허락지 아니하시고 저에게 이르시되 집으로 돌아가 주께서 네게 어떻게 큰일을 행하사 너를 불쌍히 여기신 것을 네 친족에게 고하라"(막 15:19)라고 하셨다.

우물가의 사마리아 여인은 다 이해하거나 다 알지 못했지만 자기가 만난 예수 그리스도를 즉시 전파하여 결과적으로 많은 사마리아 사람이 나아와 주 예수님을 직접 믿는 역사가 일어났다(요 4:28-42).

2) 두 번째 자원: 예배 참여

예배는 주 예수를 믿는 자가 자원함으로 드린다. 개인으로 혹은 공동체 모임에서 함께 예배를 드리기도 한다. 특별히 일상생활에서 즉 각각 믿는 자/성도의 삶 속에서 온몸으로 산 예배가 되도록 힘쓴다(롬 12:1-2). 하루 24시간 속에서 영이 깨어 있도록 심지어 자다가 꿈속에서라도 산 예배가 되도록 힘쓰는 자가 되어야 하겠다. 만약 꿈에서 죄를 범한다면 비록 꿈에서 범한 죄일지라도 자기를 살피며 그 죄를 회개하는 것 그 자체가 하나님을 의식하며 예배하는 삶이다.

3) 세 번째 자원: 성도 간의 교제

성도 간에 교제는 서로 격려하며 힘을 실어준다. 전도인의 고난을 감당하며 예수 그리스도의 사랑으로 서로 봉사한다. 세상 친구들은 하나님을 떠나게 하는 데 도움을 주며 유혹한다. 그러므로 "육신을 쫓는 자는 육의 일을 … 육신의 생각은 사망이요… 육신의 생각은 하나님과 원수가 되게 하나니 이는 하나님의 법에 굴복치 아니할 뿐 아니라 할 수도 없음이라 육신에 있는 자들은 하나님을 기쁘시게 할 수 없느니라"(롬 8:5-8). 믿는 자/성도는 자원함으로 힘써 성도 간에 교제한다. 초대 교회의 주 예수님을 믿는 자들은 하나님의 말씀을 사도들을 통해 가르침을 받으며 교제하며 식사를 함께하며 기도하기를 전혀 힘쓰는 자들이다(행 2:42).

4) 네 번째 자원: 부양

사도 바울은 자원으로 일하여서 자기의 필요와 다른 사람들의 필요도 감당하는 삶을 모범적으로 했다.

"음식을 값없이 먹지 않고 오직 수고하고 애써 주야로 일함은 너희 아무에게도 폐를 끼치지 아니하려 함이니 우리에게 권리가 없는 것이 아니요 오직 스스로 너희에게 본을 주어 우리를 본받게 하려 함이니라 우리가 너희와 함께 있을 때에도 너희에게 명하기를 누구든지 일하기 싫

어하거든 먹지도 말게 하라"(살후 3:8-10)

"또 수고하여 친히 손으로 일을 하며 모욕을 당한즉 축복하고 박해를 받은즉 참고 비방을 받은즉 권면하니 "(고전 4:12-13).

이 성경 구절을 상상해 보자. 수고하는 손은 거칠어질 수도 있다. 장막을 짓는 일은 노동이다. 당시, 바울 사도는 최고의 학문을 수료한 자다. 하나님의 복음 전하는 사역을 본 직업으로 하였다. 그런데 생활비를 위하여 장막을 밤낮으로 틈틈이 아르바이트로 만들며 복음 전파를 위주로 하였다. 이렇게 열심히 수고하면 칭찬과 상이 따라야 하는데 오히려 후욕과 핍박, 그리고 비방을 당했다. 그러할지라도 당연히 해야 할 일들을 열심히 한 그 거친 손과 고된 몸이지만 주 예수님을 바라보며 푯대를 향하여 끝까지 뛰는 것이다(빌 3:14).

5) 다섯 번째 자원: 치리

먼저 창조주 하나님께서는 열방을 치리하신다(시 47:8)는 것을 반드시 명심하자. 교회에서 치리할 때 "늙은이를 꾸짖지 말고 권하되 아비에게 하듯 하며…늙은 여자를 어미에게 하듯 하며…참 과부를 경대(삼가 공경으로 대접)하라"(딤전5:1-3)고 성경은 가르치신다.

또 "네 형제가 죄를 범하거든 가서 너와 그 사람만 상대하여 권고하라 만일 들으면 네가 네 형제를 얻은 것이요 만일 듣지 않거든 한두 사람을 데리고 가서 두세 증인의 입으로 말마다 증참케 하라 만일 그들의 말도 듣지 않거든 이방인과 세리와 같이 여기라"(마 18:15-17).

즉 어떤 믿는 자가 범죄하면 먼저 한 믿는 자가 그 범죄하는 사람과만 상대로 권면한다. 만약 듣지 않으면 공동체 교회의 한두 사람이 그 잘못하는 사람에게 권면한다. 교회의 권면도 듣지 않으면 이방인, 즉 주 예수님을 믿지 않는 자로 대하라는 것이다. 그리고 고전 5장 전체에서 교회 안에 있는 믿는 자가 범죄하면 "만일 어떤 형제라 일컫는 자가 음행하거나 탐람하거나 우상숭배를 하거나 모욕하거나 술 취하거나 속여 빼앗거든 사귀지도 말고 그런 자와는 함께 먹지도 말라…이 악한 사람은 너희 중에서 내어 좇으리라"(고전 5:9-12)라고 성경에 기록되었다.

계속 다음 장에서 다시 설명하면서 "불의한 자가 하나님의 나라를 유업으로 받지 못할 줄을 알지 못하느냐 미혹을 받지 말라 음행하는 자나 우상숭배하는 자나 간음하는 자나 탐색하는 자나 남색하는 자나 도적이나 탐욕을 부리는 자나 술 취하는 자나 모욕하는 자나 속여 빼앗는 자들은 하나님의 나라를 유업으로 받지 못하리라…너희 몸은 너희가 하나님께로부터 받은바 너희 가운데 계신 성령의 전인 것을 알지 못하느냐 너희의 것이 아니라 값으로 산 것이 되었으니 그런즉 너희 몸으로 하나님께 영광을 돌리라"(고전 6:9-20).

6) 여섯 번째 자원: 교회 설립(작은 목장, 새 예배 처소)

두세 사람으로 시작하는 모임으로 시작하는(마 18:20) 작은 공동체 곧 작은 교회 모임을 자원함으로 설립한다. 마치 브리스길라와 아굴라의(고전 16:19) 집에서, 눔바의(골 4:15) 집에서, 그리고 빌레몬의(1:2) 집에서 같은 공동체 작은 교회들을 설립하여 복음이 전파되지 않은 곳으로 땅끝까지 전하는 것이다(행 1:8).

7) 일곱 번째 자원: 선교 참여

교회가 시작되는 첫날부터 베드로 사도를 통해 선포되었다. "이 약속은 너희와 너희 자녀와 모든 먼 데 사람"(행 2:39)에게 전파하라고 기록되었다. 그러므로 예수 그리스도께서 부활하신 후에 승천 직전에 명령하신 "오직 성령이 너희에게 임하시면 너희가 권능을 받고 예루살렘과 온 유대와 사마리아와 땅끝까지 이르러 내 증인이 되리라 하시니라"(행 1:8)라고 말씀하셨다. 그러므로 교회의 7가지 자원(스스로 자원함)함으로 사역을 하는 것이 성경 말씀에 근거한다. 스스로 힘을 다하여 첫 번째 자원: 복음 증거, 두 번째 자원: 예배 참여, 세 번째 자원: 성도 간의 교제, 네 번째 자원: 부양, 다섯 번째 자원: 치리, 여섯 번째 자원: 교회 설립, 일곱 번째 자원: 선교 참여하여 지금부터 땅끝까지라도 참여하여 하나님께 영광을 올려드리는 충성된 제자들이 되어야 하겠다.

6. 전 성도 복음 사역자 및 동역자

1) 하나님의 자녀라면 모두 사역자가 되어야 한다

> "우리는 하나님의 동역자들이요 너희는 하나님의 밭이요 하나님의 집이니라"(고전 3:9)

전 성도는 하나님의 동역자로 협력하여 복음 사역한다. 만약에 어떤 두 사람이 동역하기로 했다면 함께 일하고 함께 애써야 한다. 주 예수님께서 이 땅에 사람을 구원하시기 위해 오셨다. 하나님의 자녀가 된 제자들에게 주 예수님의 사역을 맡기신 것이다. 하나님의 동역자로 주 예수님의 복음을 전도하며 주 예수님의 대사명을 따르는 제자를 만들 때 사랑의 수고를 자원함으로 힘써야 한다.

> "너희의 믿음의 역사와 사랑의 수고와 우리 주 예수 그리스도에 대한 소망의 인내를 우리 하나님 아버지 앞에서 끊임없이 기억함이니"(살전 1:3)

사랑하기 때문에 자원하여 평생 종으로서 일한다.

"만일 종이 분명히 말하기를 내가 상전과 내 처자를 사랑하니 나가서 자유인이 되지 않겠노라 하면 상전이 그를 데리고 재판장에게로 갈 것이요 또 그를 문이나 문설주 앞으로 데리고 가서 그것에다가 송곳으로 그의 귀를 뚫을 것이라 그는 종신토록 그 상전을 섬기리라"(출 21:5~6)

동역의 시작은 예루살렘부터 시작하여 모든 족속에게로 간다.

"예수께서 나아와 말씀하여 이르시되 하늘과 땅의 모든 권세를 내게 주셨으니 그러므로 너희는 가서 모든 민족을 제자로 삼아 아버지와 아들과 성령의 이름으로 침례를 베풀고 내가 너희에게 분부한 모든 것을 가르쳐 지키게 하라 볼지어다 내가 세상 끝날까지 너희와 항상 함께 하시니라"(마 28:18~20)

"오직 성령이 너희에게 임하시면 너희가 권능을 받고 예루살렘과 온 유대와 사마리아와 땅끝까지 이르러 내 증인이 되리라 하시니라"(행 1:8)

아브라함에게 '너로 말미암아 모든 족속이 복을 받는다'고 하셨다. 아브라함 자신만을 위해서가 아니라 이삭과 야곱의 자손이며 모든 민족을 위한 것이다. 주 예수님의 복음, 온 인류 구원의 청사진을 가지고 동역하라고 하셨다.

예수님께서 베드로에게 나타나시고, '나를 사랑하느냐?'고 세 번 물으신 것을 통해 어린 양을 먹이고, 치고, 계속 일하는 것이 곧 목자의 모습이다. 그러므로 두세 사람이 모여 예배드리는 곳이 소그룹 예배 모임의 교회이다(마 18:20).

2) 교회는 여러 지역과 가정에 있었다

(1) 예루살렘 교회

"사울은 그가 죽임 당함을 마땅히 여기더라 그 날에 예루살렘에 있는 교회에 큰 박해가 있어 사도 외에는 다 유대와 사마리아 모든 땅으로 흩어지니라"(행 8:1)

(2) 나라 및 지역교회, 가정교회

"자매 압비아와 우리와 함께 병사 된 아킵보와 네 집에 있는 교회에 편지하노니"(몬 1:2)

"라오디게아에 있는 형제들과 눔바와 그 여자의 집에 있는 교회에 문안하고"(골 4:15)

"아시아의 교회들이 너희에게 문안하고 아굴라와 브리스가와 그 집에 있는 교회가 주 안에서 너희에게 간절히 문안하고"(고전 16:19)

(3) 하나님의 말씀 따라 순종하는 교회
말씀 순종하는 교회(하나님의 자녀)는 주 예수님께서 직접 일하고 계심을 알아야 한다.

"나를 보내신 이의 뜻은 내게 주신 자 중에 내가 하나도 잃어버리지 아니하고 마지막 날에 다시 살리는 이것이니라 내 아버지의 뜻은 아들을 보고 믿는 자마다 영생을 얻는 이것이니 마지막 날에 내가 이를 다시 살리리라 하시니라"(요 6:39-40)

나 자신은 다만 하나님의 동역자이다. 자신의 신분을 알고 지혜의 근본이신 하나님을 의지하면서 창의적인 생각이 주어지도록 기도하며 승리하는 삶을 살도록 해야 한다. 우리는 하나님의 동역자들이요 너희는 하나님의 밭이요 하나님의 집이니라(고전 3:9).

네 가지 형태의 토양
마태복음 13장 3-8절, 18:23절

완두콩 3~5개월 후 수확   옥수수 4개월 후 수확

토끼는 1마리가
1년에 32마리 생산

전통적인 교회

한 명의 신자가 1년에 한 명을 주님께
인도하기를 희망한다.
이렇게 함으로써 교회를 배가할 수 있다.
하지만 연말이 되어 큰 변화가 없는 것이
아주 흔한 일이다. 신자가 스스로 복음을
나누는 일은 드문 일이다, 주로 목회자를 의지한다.

코끼리는 22개월에

SET 복음 전도 및 SET 교회 설립 전략

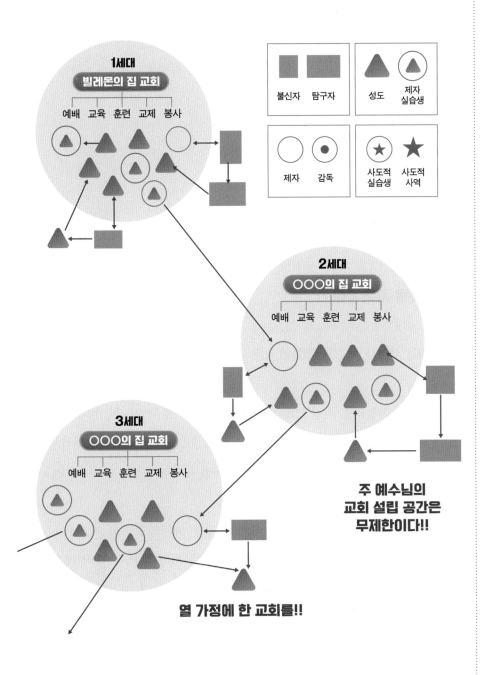

불신자 탐구자 성도 제자 실습생

제자 감독 사도적 실습생 사도적 사역

1세대

빌레몬의 집 교회

예배 교육 훈련 교제 봉사

2세대

○○○의 집 교회

예배 교육 훈련 교제 봉사

3세대

○○○의 집 교회

예배 교육 훈련 교제 봉사

주 예수님의
교회 설립 공간은
무제한이다!!

열 가정에 한 교회를!!

2부 _ 훈련 DNA • 155

III. 복음 사역자들(하나님의 종들/제자들)의 실무와 영성

1. 복음 사역자란?

1) 복음 사역자, 목회자, 제자의 삶은 구약시대의 제사장 삶이 아니다.

> "그가 어떤 사람은 사도로, 어떤 사람은 선지자로, 어떤 사람은 복음 전하는 자로, 어떤 사람은 목사와 교사로 삼으셨으니 이는 성도를 온전하게 하여 봉사의 일을 하게 하며 그리스도의 몸을 세우려 하심이라"(엡 4:11-12)

> "그러나 너희는 택하신 족속이요 왕 같은 제사장들이요 거룩한 나라요 그의 소유가 된 백성이니 이는 너희를 어두운 데서 불러 내어 그의 기이한 빛에 들어가게 하신 이의 아름다운 덕을 선포하게 하려 하심이라"(벧전 2:9)

2) 제사 지낼 수 있는 성전은 없어졌다.

AD 70년에 예루살렘 성전은 파괴됐다. 대략 AD 30년 무렵에 구약에서 하나님의 요구하시는 번제와 화목제, 소제, 속죄제, 속건제, 곧 모든 제사를 주 예수께서 만족시키시고 단번에 십자가 위에서 지내 주셨다.

주 예수님의 성취하신 십자가 공로를 전파하는 자들이 복음 사역자들의 실무이다.

> "그는 저 대제사장들이 먼저 자기 죄를 위하고 다음에 백성의 죄를 위하여 날마다 제사 드리는 것과 같이 할 필요가 없으니 이는 그가 단번에 자기를 드려 이루셨음이라"(히 7:27)

3) 정확한 주 예수님 복음의 DNA, 곧 죽음, 장사, 부활을 똑바로 들려줘야 한다.

> "보내심을 받지 아니하였으면 어찌 전파하리요 기록된 바 아름답도다 좋은 소식을 전하는 자들의 발이여 함과 같으니라"(롬 10:15)

4) 믿든지 안 믿든지 선택의 자유의지는 복음을 들은 각 개인에게 있다.

(1) 영접하느냐 않느냐를 선택할 수 있다. 하나님이 세상을 이처럼 사랑하사 독생자를 주셨으니 이는 저를 믿는 자마다 멸망치 않고 영생을 얻게 하려 하심이라 하셨다(요 3:16).

(2) 마음의 문을 열고 모셔 들이느냐 않느냐는 복음을 들은 자의 몫이다. 복음 사역자는 진심으로 마음에 축복하며 복음을 들은 자가 믿으며 영접하도록 기도한다.

> "볼지어다 내가 문 밖에 서서 두드리노니 누구든지 내 음성을 듣고 문을 열면 내가 그에게로 들어가 그와 더불어 먹고 그는 나와 더불어 먹으리라"(계 3:20)

5) 메시지가 확실해야 영혼 구원이 일어날 수 있다.

주 예수님을 영접하기 전 반드시 먼저 믿고 죄를 회개한 후 마음속에 주 예수님을 주와 왕으로 영접하여 하나님의 자녀가 되는 권세를 얻고 구원받아야 한다.

혹시 365일, 24시간, 몇백 년, 몇천 년 동안 사랑과 평등과 연합을 외쳐도 죄를 용서받아 영, 혼, 육의 구원에 이를 수는 없다. 오직 주 예수님 복음의 DNA인 죽음, 장사, 부활을 믿어 하나님의 구원받는 법대로 통과하지 않으면 절대로 하나님께 나갈 수가 없다. 주 예수님의 십자가 공로 외에는 사람의 죄를 사하시고 속량하시어 생명을 주시는 구원은 없다.

"예수께서 이르시되 내가 곧 길이요 진리요 생명이니 나로 말미암지 않고는 아버지께로 올 자가 없느니라"(요 14:6)

"너희는 다시 무서워하는 종의 영을 받지 아니하고 양자의 영을 받았으므로 우리가 아빠 아버지라고 부르짖느니라"(롬 8:15)

오직 길이요 진리요 생명이신 주 예수님을 통해서만이 인류 타락 이전의 에덴동산의 하나님의 자녀로 복귀, 곧 입양될 수 있다. 모든 죄로부터 용서받고 회복되어 생명을 소유해야만 하나님 아버지께 자녀들로 나아갈 수 있다. 너희는 다시 무서워하는 종의 영을 받지 아니하였고 양자의 영을 받았으므로 아빠 아버지라 부르짖느니라(롬 8:15).

2. 복음 사역자들(제자들)의 직무/실무 설명

1) 직무/실무 내용 설명서

"예수께서 열 두 제자를 불러 모으사 모든 귀신을 제어하며 병을 고치는 능력과 권위를 주시고 하나님의 나라를 전파하며 앓는 자를 고치게 하려고 내보내시며"(눅 9:1-2)

직무와 실무를 설명하시면서, 능력과 권세를 주셨음을 알 수 있다. 모든 귀신을 제어하기 위하여 귀신을 제어하는 능력을 주신 것이다. 복음 사역자에게 병을 고치는 능력, 뱀과 전갈 즉 마귀를 밟는 권세를 주셨다.

"내가 너희에게 뱀과 전갈을 밟으며 원수의 모든 능력을 제어할 권능을 주었으니 너희를 해칠 자가 결코 없으리라"(눅 10:19)

"가면서 전파하여 말하되 천국이 가까왔다 하고 병든 자를 고치며 죽은 자를 살리며 나병환자를 깨끗하게 하며 귀신을 쫓아내되 너희가 거저 받았으니 거저 주라"(마 10:7-8)

2) 제자 직무기술서

(1) 가면서 복음을 전파한다. 내가 먼저 사람들에게 다가간다.

(2) 동시에 천국이 가까웠다고 말한다. 하루가 천년 같다(벧후 3:8).

(3) 병든 자를 고친다. 각종 병을 고치신 주 예수님을 따라 한다(마 4:24; 9:35).

(4) 죽은 자를 살린다.

(5) 문둥이를 깨끗하게 한다.

(6) 귀신을 쫓아낸다.

(7) '삯을 위하여'가 아니고 '값없이 주어라.' 거저 받았으니, 거저 주라고 하셨다(마 10:8).

(8) 귀신들이 항복한다.

"칠십 인이 기뻐하며 돌아와 이르되 주여 주의 이름이면 귀신들도 우리에게 항복하더이다"(눅 10:17)

"그러나 귀신들이 너희에게 항복하는 것으로 기뻐하지 말고 너희 이름이 하늘에 기록된 것으로 기뻐하라 하시니라"(눅 10:20)

"내가 너희에게 뱀과 전갈을 밟으며 원수의 모든 능력을 제어할 권능을 주었으니 너희를 해칠 자가 결코 없으리라"(눅 10:19)

3. 능력과 권세는 어떻게 일어나는가?

기도와 금식이 아니면 나타나지 않는 능력이 있다. 악한 마귀의 능력을 제어하고 오직 하나님의 능력만 나타나기 위함이다. 복음 사역자의 능력은 생활과 사역 중에 자연스럽게 나타나야 한다. 사도바울이 섬에서 불을 쬐는 중에 독사에 물렸으나 살아났던 그런 종류의 능력처럼, 이렇게 나타나기 위해 금식과 기도를 하면서 하나님의 능력이 강하게 나타나도록 기도해야 한다(마 17:21, KJV; 막 9:29)

"집에 들어가시매 제자들이 조용히 묻자오되 우리는 어찌하여 능히 그 귀신을 쫓아내지 못하였나이까 이르시되 기도 외에 다른 것으로는 이런 종류가 나갈 수 없느니라 하시니라"(막 9:28-29)

4. 두 종류의 사람들

1) 순종하여 구원받은 자/순종하여 복음을 전하는 자
2) 불순종하여 구원받지 못한 자/불순종하여 복음을 전하지 않는 자

하나님이 보실 때 순종하여 믿고 구원받은 자요 또 순종하여 복음을 전하는 자가 있다. 불순종하여 믿지도 않고 구원받지도 못한 자요 또 불순종하여 복음을 전하지 않는 자가 있다.

하나님께서는 화목하게 하는 직분을 맡기시려고 순종하는 하나님의 자녀들 곧 제자들을 찾으신다.

"모든 것이 하나님께로서 났으며 그가 그리스도로 말미암아 우리를 자기와 화목하게 하시고 또 우리에게 화목하게 하는 직분을 주셨으니 곧 하나님께서 그리스도 안에 계시사 세상을 자기와 화목하게 하시며 그들의 죄를 그들에게 돌리지 아니하시고 화목하게 하는 말씀을 우리에게 부탁하셨느니라 그러므로 우리가 그리스도를 대신하여 사신이 되어 하나님이 우리를 통하여 너희를 권면하시는 것 같이 그리스도를 대신하여 간청하노니 너희는 하나님과 화목하라"(고후 5:18-20)

"수고하고 무거운 짐진 자들아 다 내게로 오라 내가 너희를 쉬게 하리라 나는 마음이 온유하고 겸손하니 나의 멍에를 메고 내게 배우라 그리하면 너희 마음이 쉼을 얻으리니 이는 내 멍에는 쉽고 내 짐은 가벼움이라"(마 11:28-30)

3) 영생의 씨앗/씨알(DNA)

온유하시고 겸손하신 주 예수님을 닮고 그분의 멍에를 메어야 한다. 주

예수님의 생명 씨알(DNA)을 소유한 제자라야 가서 씨앗을 맺는 제자를 낳을 수 있다. 주 예수님의 생명 복음의 씨앗으로 많은 열매를 맺어 하나님께 영광을 돌려드리며 감사가 넘치는 복음 사역자들이 되고 균형 잡힌 대사명의 제자들이 되어야 한다. 하나님의 살려주시는 영 곧 생명 씨앗을 받아 믿음으로 영생을 얻는 것이다.

> "내 아버지의 뜻은 아들을 보고 믿는 자마다 영생을 얻는 이것이니 마지막 날에 내가 이를 다시 살리리라 하시니라"(요 6:40)

> "영생은 곧 유일하신 참 하나님과 그가 보내신 자 예수 그리스도를 아는 것이니이다"(요 17:3)

주 예수께서 주신 최고의 사명은 죽은 사람을 살도록 인도하여 하나님의 자녀가 되도록 수고하는 일이 곧 하나님 아버지의 일이다. 곧 유일한 하나님과 그분이 보내신 아들 예수 그리스도를 바로 알고 믿어 영생을 얻도록 주 예수 복음을 전파하여 하나님의 자녀가 되게 하는 일이 가장 고귀하고 중요한 직무요 실무다. 제자들이 물었다. 그들이 묻되 우리가 어떻게 하여야 하나님의 일을 하오리이까 예수께서 대답하여 이르시되 하나님의 보내신 이를 믿는 것이 하나님의 일이니라 하시니(요 6:28-29).

4) 시대에 맞는 SET=Speed Evangelism Training, 스피드(쾌속) SET 복음 전도와 SET 대사명 제자훈련으로 새 패러다임을 만들어 스피드하게 하나님의 충성된 자녀들과 균형 잡힌 주 예수의 제자들을 만들어 내는 것이다. 수준과 인격을 갖춘 복음 사역자들을 전 세계에서 양성, 배출하여 그 고귀한 대사명을 새 패러다임으로 감당하고자 간절히 기도한다.

- 왜 복음 전도하는가?
  - 교회를 세우려고 한다.
- 왜 교회를 세우는가?
  - 선교하기 위함이다.
- 왜 선교하려는가?
  - 계속 복음 전도로 교회 세우고 선교를 반복하려는 것이다.

나는 진리 안에서 자유인으로 태어났다. 고로 나는 자유인으로 존재한다!
그러므로 나는 진리 안에서 천국 갈 때까지 자유인으로 지속한다!
I was born free in truth so I shall stay free in truth !
Therefore I shall stay in truth until entering to heaven !
(어느 시인의 글을 읽고 감동하여 약간 변형해서 옮김)

5) 복음을 전해야 할 이유

(1) 주 예수님께서 명령하셨다. 주 예수님의 제자를 만들어야 한다(마 28:19-20).

(2) 복음을 전하여 하나님과 사람이 화목하게 하는 직무를 맡겼다(고후 5:18).

(3) 복음을 전하지 않으면 내게 화가 된다(고전 9:16).

(4) 하나님의 사랑이 나를 강권하신다(고후 5:14).

(5) 씨앗(DNA) 있는 제자가 또 다른 씨앗(DNA) 있는 제자를 만들 수 있다.

곧 생명 있는 주 예수님의 제자를 낳을 수 있다. 물론, 그 역시 하나님이 하신다.

6) 복음을 전하지 않는 이유

복음을 전하지 않는 것은 '왜'라는 동기부여가 확실하지 않고 무엇을 어떻게 나눠야 하는지 모르기 때문이다!

- '왜'를 설명하면서 비전을 캐스팅한다: 예수님의 명령, 하나님의 사랑이 강권함.
- 축복 전도 대상자의 이름을 적고 기도한다.
- 어떻게 대상자에게 가서 전도지나 개인 간증을 통해 복음을 제시하는지 연습한다.
- 어떻게 진심으로 죄를 회개하고 예수 그리스도를 마음에 영접하는지를 설명한다.
- 1대에서 적어도 2대부터 3대 더 나아가서 4대~5대까지 뻗어 나가도록 노력한다.

7) 팔복과 최고의 큰 복

"심령이 가난한 자는 복이 있나니 천국이 그들의 것임이요 애통하는
자는 복이 있나니 그들이 위로를 받을 것임이요 온유한 자는 복이 있나
니 그들이 땅을 기업으로 받을 것임이요 의에 주리고 목마른 자는 복이
있나니 그들이 배부를 것임이요 긍휼히 여기는 자는 복이 있나니 그들
이 긍휼히 여김을 받을 것임이요 마음이 청결한 자는 복이 있나니 그들
이 하나님을 볼 것임이요 화평케 하는 자는 복이 있나니 그들이 하나님
의 아들이라 일컬음을 받을 것임이요 의를 위하여 박해를 받은 자는 복
이 있나니 천국이 그들의 것임이라"(마 5:3-10)

8) 최고의 큰 복

최고의 큰 복은 욕먹음, 박해받음, 거짓으로 거슬러 악한 말을 들으며 멸
시당함이다. 일반적으로 주 예수님의 복음을 전하지 않으면 그렇게 욕을 먹
거나 박해를 당하거나 거짓을 거슬러 모든 악한 말과 행동으로 핍박하지 않
는다. 복음을 전하니까 마귀가 복음전도자들이 보기싫어서 괴롭히는 것이
다. 무슨 다른 일로나 아니면 꼭 가까운 친척이나 친구를 통하여 괴롭힐 때
가 많다.

핍박을 가하는 그런 불행한 자들을 위하여 불쌍히 여기며 후하게 축복
해줘야 한다. 오히려 상을 하늘에 쌓도록 도와주니까 기뻐하며 감사할 줄
아는 성도요 주 예수의 제자로 장성하여야 한다.

"나로 말미암아 너희를 욕하고 박해하고 거짓으로 너희를 거슬러 모든
악한 말을 할 때에는 너희에게 복이 있나니 기뻐하고 즐거워하라 하늘
에서 너희의 상이 큼이라 너희 전에 있던 선지자들도 이같이 박해하였
느니라"(마 5:11-12)

IV. 배가 원리

1. 네 종류의 땅과 배가 원리

(세 종류의 땅과 세 종류의 좋은 땅, 마 13:18-23)

1) 길가 땅

마귀가 먹는다. 말씀을 아무리 전해도 못 알아 듣는다고 지나치지 말고 성령의 단비를 위해 기도해 준다. 새가 와서 곧 악한 마귀새가 와서 하나님의 말씀을 즉시 집어 먹어 치우기 때문에 도저히 깨닫지도 못한다. 다만 마귀의 방해로 두통만 겪기 때문에 위하여 기도해준다(마 13:18).

2) 돌밭 땅

흙과 습기는 있지만 환난이 오면 결실하지 못한다. 돌들을 치우면서 그 아래 있는 좋은 땅에서 열매 맺도록 도와야 한다. 하나님께 기도한다.

3) 가시 땅

세상 염려로 결실하지 못한다. 가시만 제거하면 땅이 좋을 수 있으니 위하여 기도해주어야 한다.

4) 좋은 땅

100배, 60배, 30배를 맺는 좋은 땅의 평화의 사람을 찾는 것이 중요하다.

2. 목표는 배가다

재생산으로 배가하는 것이다. 100배, 60배, 30배 맺는 평화의 사람을 만드는 것이다. 평화의 사람은 사마리아 여인, 거라사의 미친 사람, 친절하고 착한 사람이다. 빌립보의 자줏빛 옷감 장사 루디아도 평화의 사람이다. 하나님께서 루디아의 마음을 열어서 바울의 말을 듣고 깨닫게 해 주셨다.

"두아디라 시에 있는 자색 옷감 장사로서 하나님을 섬기는 루디아라
하는 한 여자가 말을 듣고 있을 때 주께서 그 마음을 열어 바울의 말을
따르게 하신지라"(행 16:14)

3. 배가 원리

한 알의 밀알이 땅에 떨어져 죽으니 많은 씨알을 맺었다. 반드시 내가 먼저 죽어야 한다. 하나님의 도우심으로 많은 씨알이 있는 주 예수의 제자를 만들어 낸다.

"내가 진실로 진실로 너희에게 이르노니 한 알의 밀이 땅에 떨어져 죽
지 아니하면 한 알 그대로 있고 죽으면 많은 열매를 맺느니라"(요 12:24)

"처음에는 싹이요 다음에는 이삭이요 그 다음에는 이삭에 충실한 곡식이라 열매가 익으면 곧 낫을 대나니 이는 추수 때가 이르렀음이라"

(막 4:28-29)

■ 행동 모형화(모델링) 훈련

모델 Model 내가 하는 것을 보라 = You watch what I do

협조 Assist 너는 나를 협조하라 = You assist me

본다 Watch 나는 네가 하는 것을 본다 = I watch you do

돕다 Help 나는 그림자로서 뒤에서 돕는다 = I help you as shadow

떠남 Leave 나는 다른 사람이나 새로운 지역을 돕기 위해 떠난다 =

I leave to help other person or to a new place

■ 달란트 비유

한 달란트 = 0은 아무 사랑의 수고가 없다.

두 달란트 = 네 달란트로 늘리려면 거기에 맞는 사랑의 수고가 반드시 동반되어야만 된다.

다섯 달란트 = 열 달란트로 늘리려면 거기에 맞는 사랑의 수고가 반드시 수반되어야만 된다.

V. 메시아

1. 메시아 예수 그리스도는 누구신가?

말씀이 육신이 되어 오신 하나님의 아들이시다.

> "미혹하는 자가 세상에 많이 나왔나니 이는 예수 그리스도께서 육체로 오심을 부인하는 자라 이런 자가 미혹하는 자요 적그리스도니"(요이 1:7)

1) 100% 신성이시고 100% 인성이신 살아계신 하나님의 아들이시다.

> "베들레헴 에브라다야 너는 유다 족속 중에 작을지라도 이스라엘을 다스릴 자가 네게서 내게로 나올 것이라 그의 근본은 상고에, 영원에 있느니라"(미 5:2)

> "이는 한 아기가 우리에게 났고 한 아들을 우리에게 주신 바 되었는데 그의 어깨에는 정사를 메었고 그의 이름은 기묘자라, 모사라, 전능하신 하나님이라, 영존하시는 아버지라, 평강의 왕이라 할 것임이라"(사 9:6)

2) 복음의 본질인 주 예수님의 죽음, 장사, 부활을 통하여 죽은 전 인류의 죄를 사하시고 구원시키시려고 오셨다. 그러나 주 예수님을 믿는 자라야만 이 구원받는다. 애석하게도 믿음은 모든 사람의 것이 아니라고 기록하셨다.

> "아들을 낳으리니 이름을 예수라 하라 이는 그가 자기 백성을 그들의 죄에서 구원할 자이심이라 하니라"(마 1:21)

> "그가 빛 가운데 계신 것같이 우리도 빛 가운데 행하면 우리가 서로 사귐이 있고 그 아들 예수의 피가 우리를 모든 죄에서 깨끗하게 하실 것이요"(요일 1:7)

> "또한 우리를 부당하고 악한 사람들에게서 건지옵소서 하라 믿음은 모든 사람의 것이 아니니"(살후 3:2)

2. 메시아의 자격은 어떠해야 하는가?

1) 유대인이어야만 한다.

> "너희는 알지 못하는 것을 예배하고 우리는 아는 것을 예배하노니 이는 구원이 유대인에게서 남이니라"(요 4:22)

2) 어머니가 처녀(동정녀)이어야 한다.

> "그러므로 주께서 친히 징조로 너희에게 주실 것이라 보라 처녀가 잉태하여 아들을 낳을 것이요 그 이름을 임마누엘이라 하리라"(사 7:14)

3) 고향이 베들레헴이어야 하고 자라신 곳이 나사렛이어야 한다.

"베들레헴 에브라다야 너는 유다 족속 중에 작을지라도 이스라엘을 다
스릴 자가 네게서 내게로 나올 것이라 그의 근본은 상고에, 영원에 있
느니라"(미 5:2)

"나사렛이란 동네에 와서 사니 이는 선지자로 하신 말씀에 나사렛 사
람이라 칭하리라 하심을 이루려 함이러라"(마 2:23)

4) 인류의 죄를 위하여 저주의 나무 십자가 위에서 피 흘리며 죽어야 한다.

"그 시체를 나무 위에 밤새도록 두지 말고 그날에 장사하여 네 하나님
여호와께서 네게 기업으로 주시는 땅을 더럽히지 말라 나무에 달린 자
는 하나님께 저주를 받았음이니라"(신 21:23)

참 그리스도를 분별하는 힌트

- 처녀의 아들이시다.
- 유대인이시다. 구원이 유대인에게서 남이라(요 4:22).
- 다윗의 자손이시다.
- 고향이 베들레헴이시다.
- 피 제사를 위하여 저주받고 나무에 달려 죽었다가 장사 지낸 후 3일 후
  에 생명 부활해야 한다. 위와 부합 못하면 다 가짜다! 아니다!

하나님께서 하늘과 땅을 지으셨다. 또 부리는 천사들도 지으셨다. 예수
그리스도는 생명의 도를 이 땅에 전하기 위해서 여자의 후손으로 오셨다.
그분이 곧 '주'이시다. 주인이시다.
사람이 PC를 소유했다면 그 소유자 마음대로 사용할 수 있다. 주인이라

는 권세요 권리다. 또 남의 땅을 쓰는 사람은 땅 주인의 권세에 따라 복종한다.

이처럼 천지를 창조하신 하나님 아버지는 모든 피조물의 창조자로서 그분의 거룩한 말씀으로 사람을 살리신다. 주 예수님은 온 인류의 죄를 사하시고 죽음에서 회복시켜 하나님과 화목케 하려고 오신 분이시다. 주 예수님께서는 선포하셨다. '나는 길이요 진리요 생명'이라 하셨다. 나로 말미암지 않고는 하나님께 아버지께로 갈 자가 없다고 선포하셨다.

어디로 와서 어디로 가는지 모르는 인생길에 있는 사람들에게 길 되신 예수님을 잘 믿어야 한다. 그리고 길 잃은 자들에게 길이 되시며 또한 진리요 생명이신 주 예수님을 똑바로 소개하여야 한다. 죄 사함을 받고 하나님의 자녀가 되도록 길 안내를 잘해야 한다.

하나님은 범죄한 아담과 하와에게 무화과 잎 대신 동물의 가죽옷을 입혀 주셨다. 동물이 제물이 되어 아담과 하와의 죄를 임시로 깨끗하게 한 것이다. 그 후에도 동물의 제사로 임시 깨끗함을 받았다. 그러나 주 예수님의 보혈로(진짜 죄 사함의 피)만이 죄를 깨끗하게 씻을 수 있다. 왜냐하면 오직 하나님께서 스스로 준비하신 어린양 곧 주 예수님의 이름으로 주 예수님의 보혈만 효험이 있기 때문이다.

"이는 황소와 염소의 피가 능히 죄를 없이 하지 못함이라"(히 10:4)

"염소와 황소의 피와 및 암송아지의 재로 부정한 자에게 뿌려 그 육체를 정결하게 하여 거룩하게 하거든"(히 9:13)

그러나 더는 동물의 피로 죄 사함을 받는 것이 아니다. 천국 열쇠를 받은 사도 베드로는 죄 사함을 받는 새 법을 선포했다. 믿고 자기 죄를 회개하며 침례를 받고 죄 사함을 얻으라고 공포했다.

"베드로가 이르되 너희가 회개하여 각각 예수 그리스도의 이름으로 침례를 받고 죄 사함을 얻으라 그리하면 성령을 선물로 받으리니"(행 2:38)

5) 장사 되었다가 삼 일 후에 다시 살아나야 한다.

"이방인들에게 넘겨 주어 그를 조롱하며 채찍질하며 십자가에 못 박게
할 것이나 제삼일에 살아나리라"(마 20:19)

"아리마대 사람 요셉은 예수의 제자이나 유대인이 두려워 그것을 숨기
더니 이 일 후에 빌라도에게 예수의 시체를 가져가기를 구하매 빌라도
가 허락하는지라 이에 가서 예수의 시체를 가져가니라"(요 19:38)

"여기 계시지 않고 살아나셨느니라 갈릴리에 계실 때에 너희에게 어떻
게 말씀하셨는지를 기억하라"(눅 24:6)

"예수의 부활 후에 그들이 무덤에서 나와서 거룩한 성에 들어가 많은
사람에게 보이니라"(마 27:53)

이 세상에는 자칭 그리스도라는 자들이 많다. 성경 말씀에 부합하는 그
리스도는 '주 예수 그리스도' 밖에는 없다. 그 외에는 전 세계에 아무도 없다.
위의 자격에 부합지 못하면 모두 가짜다.

6) 죽은 자 가운데서 3일 후 살아나신 후 하늘에 오르사 하나님 우편에
계시다가(전 3:22) 다시 이 땅에 오셔서 믿는 자들을 데리러 오시는 분이라야
그리스도의 자격이 있다(요 14:3).

7) 능력과 큰 영광으로 구름 타고 다시 이 땅에 오시며(마 24:30), 흰보좌에
앉으사 누구든지 생명책에 기록되지 못한 자들을 불못에 던지시며(계 20:15),
새하늘과 새땅에서 모든 눈물을 닦아주시고 다시는 애곡이나 죽음이 없는 천

국을 상속받고 하나님의 아들이 되게 하시는 자가 곧 그리스도이시다(계 21:7).

2. 유대인의 종으로 오신 주 예수님

섬기러 오심

"인자가 온 것은 섬김을 받으려 함이 아니라 도리어 섬기려 하고 자기 목숨을 많은 사람의 대속물로 주려 함이니라"(막 10:45)

"내가 말하노니 그리스도께서 하나님의 진실하심을 위하여 할례의 추종자가 되셨으니 이는 조상들에게 주신 약속들을 견고하게 하시고"
(롬 15:8)

그리스도는 유대인의 할례의 수종자(종)가 되셨으니
"Christ has become a servant of the Jews"(NIV)

유대인의 종으로 오신 예수 그리스도를 본받아야 한다. 가난한 종으로 궁핍한 자를 불쌍히 여기셨다.

배고프며 아픈 자들을 먹이시고 치료해 주셨다. 이같이 마땅히 하나님의 종인 복음 사역자는 창조주 하나님을 존경하기 때문에 모든 사람 곧 빈부를 가리지 않고 공평하게 대하며 불쌍히 여겨 창조주 하나님을 존경할 줄 알아야 한다.

"가난한 사람을 학대하는 자는 그를 지으신 이를 멸시하는 자요 궁핍한 사람을 불쌍히 여기는 자는 주를 공경하는 자니라"(잠 14:31)

3. 예수님은 언제 그리고 어디에 다시 오시는가?

1) 주 예수께서 언제 오시는지 잘 모른다. 오직 아버지만 아신다고 하셨다.
분명한 것은 어둠에 속한 자들에게는 반드시 도적같이 오신다.

> "그러나 그 날과 그 때는 아무도 모르나니 하늘의 천사들도, 아들도 모
> 르고 오직 아버지만 아시느니라"(마 24:36)

> "형제들아 때와 시기에 관하여는 너희에게 쓸 것이 없음은 주의 날
> 이 밤에 도둑같이 이를 줄을 너희 자신이 자세히 알기 때문이라"(살전
> 5:1-2)

2) 그러나 빛의 아들에게는 도적같이 임하지 않는다고 기록되어 있다.

> "형제들아 너희는 어둠에 있지 아니하매 그 날이 도둑 같이 너희에게
> 임하지 못하리니 너희는 다 빛의 아들이요 낮의 아들이라 우리가 밤이
> 나 어둠에 속하지 아니하나니 그러므로 우리는 다른 이들과 같이 자지
> 말고 오직 깨어 정신을 차릴지라"(살전 5:4-6)

특히, 하나님의 선지자들에겐 비밀을 알리시고 행하신다고 하셨다. '어
두움에 속하지 않고 빛에 속한다면 그날이 도적같이 너희에게 임하지 못하
리니'라고 기록하셨으니 혹시 그날과 그때는 정확하게 모를 수도 있겠으나
날씨를 분별하듯 어느 정도 알 수가 있을 것이다. 더더욱 하나님께서 그 비
밀을 보여주시면 분명히 알고 주 예수님을 맞이할 수 있을 것이다.

> "주 여호와께서는 자기의 비밀을 그 종 선지자들에게 보이지 아니하시
> 고는 결코 행하심이 없으시리라"(암 3:7)

3) 승천하심을 본 그대로 다시 오신다.

"이르되 갈릴리 사람들아 어찌하여 서서 하늘을 쳐다보느냐 너희 가운데서 하늘로 올려지신 이 예수는 하늘로 가심을 본 그대로 오시리라 하였느니라"(행 1:11)

4) 예루살렘의 감람산으로 다시 오신다고 기록하셨다.

"그 날에 그의 발이 예루살렘 앞 곧 동쪽 감람 산에 서실 것이요 감람 산은 그 한가운데가 동서로 갈라져 매우 큰 골짜기가 되어서 산 절반은 북으로, 절반은 남으로 옮기고"(슥 14:4)

주 예수께서 구름 타고 능력과 큰 영광과 나팔 소리와 함께 천사를 보내서 택하신 자들을 사방에서 모으신다고 하셨다.

"그 때에 인자의 징조가 하늘에서 보이겠고 그 때에 땅의 모든 족속들이 통곡하며 그들이 인자가 구름을 타고 능력과 큰 영광으로 오는 것을 보리라 그가 큰 나팔소리와 함께 천사들을 보내리니 그들이 그의 택하신 자들을 하늘 이 끝에서 저 끝까지 사방에서 모으리라"(마 24:30-31)

이날을 기다리며 끝까지 견디며 인내하여야 한다. 특별히 이방인의 충만한 숫자가 차게 되면 유대인의 충만한 구속과 함께 이 세상이 끝이 오는 것을 알 수 있다.

"형제들아 너희가 스스로 지혜 있다 하면서 이 신비를 너희가 모르기를 내가 원하지 아니하노니 이 신비는 이방인의 충만한 수가 들어오기까지 이스라엘의 더러는 우둔하게 된 것이라 그리하여 온 이스라엘이 구원을 받으리라 기록된 바 구원자가 시온에서 오사 야곱에게서 경건하지 않은 것을 돌이키시겠고 내가 그들의 죄를 없이 할 때에 그들에게 이루어질 내 언약이 이것이라 함과 같으니라"(롬 11:25-27)

"그러나 끝까지 견디는 자는 구원을 얻으리라 이 천국 복음이 모든 민족에게 증언되기 위하여 온 세상에 전파되리니 그제야 끝이 오리라"
(마 24:13-14)

현재, 세계 곳곳에서 일어나는 현상을 보면 주 예수의 재림하심이 참으로 가까움을 알 수 있다. 깨어 있어 명령하신 대사명을 충성스럽게 준행하는 자가 되어야 하겠다. 대사명 속의 다섯 가지 능동 동사들-가라, 만들라, 침례 주라, 말씀을 가르치라, 지켜라(마 28:19-20)를 골고루 균형 있게 가르치고 지켜 행하는 주 예수의 제자들이 되어야 한다.

4. 재림하시는 예수 그리스도

이 땅에 다시 오시는 왕 중 왕 심판자

(1) 누가: 주 예수께서 충신과 진실과 불꽃 같은 눈과 만왕의 왕

"또 내가 하늘이 열린 것을 보니 보라 백마와 그것을 탄 자가 있으니 그 이름은 충신과 진실이라 그가 공의로 심판하며 싸우더라 그 눈은 불꽃 같고 그 머리에는 많은 관들이 있고 또 이름 쓴 것 하나가 있으니 자기밖에 아는 자가 없고"(계 19:11-12)

"기약이 이르면 하나님이 그의 나타나심을 보이시리니 하나님은 복되시고 유일하신 주권자이시며 만왕의 왕이시며 만주의 주시요"(딤전 6:15)

(2) 왜: 심판의 주로서 흰 보좌 심판과 천년왕국을 통치하신다.

"그의 심판은 참되고 의로운지라 음행으로 땅을 더럽게 한 큰 음녀를 심판하사 자기 종들의 피를 그 음녀의 손에 갚으셨도다 하고…또 내가 들으니 허다한 무리의 음성과도 같고 많은 물 소리와도 같고 큰 우렛소리와도 같은 소리로 이르되 할렐루야 주 우리 하나님 곧 전능하신 이가 통치하시도다"(계 19:2-6)

"또 내가 크고 흰 보좌와 그 위에 앉으신 이를 보니 땅과 하늘이 그 앞에서 피하여 간 데 없더라"(계 20:11)

(3) 어디에: 예루살렘의 감람산에 오신다.

"그 날에 그의 발이 예루살렘 앞 곧 동쪽 감람산에 서실 것이요 감람산은 그 한 가운데가 동서로 갈라져 매우 큰 골짜기가 되어서 산 절반은 북으로, 절반은 남으로 옮기고"(슥 14:4)

(4) 어떻게: 백마 타시고 / 구름 타시고 능력과 큰 영광으로 / 큰 나팔소리와 함께 오신다(마 24:27-31).

(5) 무엇을 위하여: 하나님 나라 곧 영원한 왕국인 주 예수님의 나라를 세우기 위해서다.

(6) 신랑 되시는 주 예수님께서 우리의 거처를 준비하신 후 데리러 오신다.

"그 때에 천국은 마치 등을 들고 신랑을 맞으러 나간 열 처녀와 같다 하리니"(마 25:1)

"일곱 대접을 가지고 마지막 일곱 재앙을 담은 일곱 천사 중 하나가 나아와서 내게 말하여 이르되 이리 오라 내가 신부 곧 어린 양의 아내를 네게 보이리라 하고 성령으로 나를 데리고 크고 높은 산으로 올라가 하나님께로부터 하늘에서 내려오는 거룩한 성 예루살렘을 보이니"(계 21:9-10)

"너희는 마음에 근심하지 말라 하나님을 믿으니 또 나를 믿으라 내 아버지 집에 거할 곳이 많도다 그렇지 않으면 너희에게 일렀으리라 내가 너희를 위하여 거처를 예비하러 가노니 가서 너희를 위하여 거처를 예비하면 내가 다시 와서 너희를 내게로 영접하여 나 있는 곳에 너희도 있게 하리라"(요 14:1-3)

(7) 하나님께서 원수 갚으시는 날이다.

"이 세 재앙 곧 자기들의 입에서 나오는 불과 연기와 유황으로 말미암아 사람 삼분의 일이 죽임을 당하니라"(계 9:18)

"예루살렘을 친 모든 백성에게 여호와께서 내리실 재앙은 이러하니 곧 섰을 때에 그들의 살이 썩으며 그들의 눈동자가 눈구멍 속에서 썩으며 그들의 혀가 입 속에서 썩을 것이요"(슥 14:12)

"보라 그 날 곧 내가 유다와 예루살렘 가운데에서 사로잡힌 자를 돌아오게 할 그때에 내가 만국을 모아 데리고 여호사밧 골짜기에 내려가서 내 백성 곧 내 기업인 이스라엘을 위하여 거기에서 그들을 심문하리니 이는 그들이 이스라엘을 나라들 가운데에 흩어 버리고 나의 땅을 나누었음이며 또 제비 뽑아 내 백성을 끌어 가서 소년을 기생과 바꾸며 소녀를 술과 바꾸어 마셨음이니라 두로와 시돈과 블레셋 사방아 너희가 나와 무슨 상관이 있느냐 너희가 내게 보복하겠느냐 만일 내게 보복하면 너희가 보복하는 것을 내가 신속히 너희 머리에 돌리리니 곧 너희가 내 은과 금을 빼앗고 나의 진기한 보물을 너희 신전으로 가져갔으며 또 유다 자손과 예루살렘 자손들을 헬라 족속에게 팔아서 그들의 영토에서 멀리 떠나게 하였음이니라"(욜 3:1-6)

"유다는 영원히 있겠고 예루살렘은 대대로 있으리라 내가 전에는 그들의 피흘림 당한 것을 갚아 주지 아니하였거니와 이제는 갚아 주리니 이는 여호와께서 시온에 거하심이니라"(욜 3:20-21)

구하는 것이나 생각하는 것에 넘치도록(엡 3:20)

하나님은 우리의 구하는 것이나
생각하는 모든 것을 이루실 수 있다!
하나님은 우리의 구하는 것이나 생각하는
모든 것에 넘치도록 이루실 수 있다!
하나님은 우리의 구하는 것이나 생각하는
모든 것을 풍성하게 넘치도록 이루실 수 있다!
하나님은 우리의 구하는 것이나 생각하는
모든 것을 풍성하게, 더욱 넘치도록 이루실 수 있다!

할렐루야!

5. 이스라엘 독립은 하나님의 뜻인가?

이스라엘의 독립은 하나님 아버지의 뜻인가? 아브라함과 이삭과 야곱의 자손은 하나님의 뜻과 영광의 소망을 모든 민족에게 이루시려 하나의 도구로 불러 종으로 사용하시고 복 주시려고 부르셨다(사 41:8-9, 20). 아브라함 이삭과 야곱과 다윗의 자손 주 예수 그리스도의 십자가 공로를 통하여 모든 민족에게 복 주시려고 택하셨다. 온 인류의 죽은 상태의 죄를 사해 주시고 자녀들로 회복시켜서 영생을 주시려고 하셨다.

목적을 위하여 택함을 받은 이스라엘이 각종 범죄를 짓게 되었다. 더 이상 그 땅이 우상숭배와 죄를 견딜 수 없어서 이스라엘 사람들도 토해냈다(레 18:25). 그러나 때가 되어 하나님께서는 다시 이스라엘의 남은 자 그들의 자손들을 1881년 말경부터 2025년 현재인 지금도 이스라엘 땅인 고토로 불러 데리고 오셔서 새롭고 깨끗하게 재정비하시며 주 예수님의 재림을 준비하고 계신다.

> "너희가 전에 있던 그 땅 주민이 이 모든 가증한 일을 행하였고 그 땅도 더러워졌느니라 너희도 더럽히면 그 땅이 너희가 있기 전 주민을 토함 같이 너희를 토할까 하노라"(레 18:27)

> "전에는 내가 그들이 사로잡혀 여러 나라에 이르게 하였거니와 후에는 내가 그들을 모아 고국 땅으로 돌아오게 하고 그 한 사람도 이방에 남기지 아니하리니 그들이 내가 여호와 자기들의 하나님인 줄을 알리라"
> (겔 39:28)

엘람=바사=페르시아=이란

하나님 아버지께서는 이스라엘이 쫓겨간 나라에서 나와서 다시 이스라엘 땅으로 들어 가게 하신다. 현재의 땅에서 다시는 남 왕국과 북 왕국으로 두 나라로 나뉘지 않고 한 임금이신 다윗의 자손으로 오시는 메시아가 다스리게 하시려고 역사하고 계신다.

> "그들에게 이르기를 주 여호와께서 이같이 말씀하시기를 내가 이스라엘 자손을 잡혀 간 여러 나라에서 인도하며 그 사방에서 모아서 그 고국 땅으로 돌아가게 하고 그 땅 이스라엘 모든 산에서 그들이 한 나라를 이루어서 한 임금이 모두 다스리게 하리니 그들이 다시는 두 민족이 되지 아니하며 두 나라로 나누이지 아니할지라"(겔 37:21-22)

> "여러 날 후 곧 말년에 네가 명령을 받고 그 땅 곧 오래 황폐하였던 이스라엘 산에 이르리니 그 땅 백성은 칼을 벗어나서 여러 나라에서 모여들어오며 이방에서 나와 다 평안히 거주하는 중이라"(겔 38:8)

이같이 세상 말년에도 하나님의 뜻대로 역사는 흘러가고 있다. 이해가 안 되어도 창조주 하나님을 믿는다면 하나님 편에 서서 이스라엘을 위하여 축복하는 것이다. 절대로 하나님이 사랑하시는 이스라엘 자손을 지중해에 빠트려 몰살시키고 그 지도를 세계지도에서 지워 버리자면서 창조주 하나님의 뜻을 무시하면 안 된다. 그렇게 주장하는 자들과 함께 힘을 합쳐도 안 된다. 하나님을 거슬러 죄를 지으면 교만하여 올무에 걸려 망할 뿐이다.

> "…내가 너를 잡으려고 올무를 놓았더니 네가 깨닫지 못하고 걸렸고 네가 나 여호와와 다투었으므로 만난 바 되어 잡혔도다…활 쏘는 자를 바벨론에 소집하라 활을 당기는 자여 그 사면으로 진을 쳐서 피하는 자가 없게 하라 그가 일한 대로 갚고 그가 행한 대로 그에게 갚으라 그가 이스라엘의 거룩한 자 여호와를 향하여 교만하였음이라"(렘 50:24-29)

"만군의 여호와가 이같이 말하노라 보라 내가 엘람의 힘의 으뜸가는 활을 꺾을 것이요 하늘의 사방에서부터 사방 바람을 엘람에 오게 하여 그들을 사방으로 흩으리니 엘람에서 쫓겨난 자가 가지 않는 나라가 없으리라 여호와의 말씀이니라 내가 엘람으로 그의 원수의 앞, 그의 생명을 노리는 자의 앞에서 놀라게 할 것이며 내가 재앙 곧 나의 진노를 그들 위에 내릴 것이며 내가 또 그 뒤로 칼을 보내어 그들을 멸망시키리라"(렘 49:35-37)

예레미야 51장에서는 바벨론 곧 현대의 이라크에 관하여서도 다음과 같이 슬프게 예언하셨다.

"예레미야가 바벨론에 닥칠 모든 재난 곧 바벨론에 대하여 기록한 이 모든 말씀을 한 책에 기록하고 스라야에게 말하기를 너는 바벨론에 이르거든 삼가 이 모든 말씀을 읽고 말하기를 여호와여 주께서 이 곳에 대하여 말씀하시기를 이 땅을 멸하여 사람이나 짐승이 거기에 살지 못하게 하고 영원한 폐허가 되리라 하셨나이다 하라 하니라 너는 이 책 읽기를 다한 후에 책에 돌을 매어 유브라데 강 속에 던지며 말하기를 바벨론이 나의 재난 때문에 이같이 몰락하여 다시 일어서지 못하리니 그들이 피폐하리라 하라 하니라 예레미야의 말이 이에 끝나니라"

(렘 51:60-64)

하나님을 향하여 교만하지 말아야 된다. 하나님의 뜻을 어기는 것은 스스로 망하게 될 뿐이다. 이란과 이라크가 그들의 교만한 죄를 회개하고 하나님께로 나아와 구원을 받을 수 있도록 위하여 기도해야 한다.

VI. 대체 신학이란 무엇인가?

1. 대체 신학 종류: 그러나 대체 신학은 없다!

'대체 신학(Replacement Theology)'에서는 신약의 교회가 이스라엘을 대체(replace)했기 때문에 하나님의 구속 역사에서 이스라엘은 더 이상 그 역할이 남아있지 않다는 주장으로 성취신학 또는 언약신학이라 한다.

1) 처벌적(Punitive)

대체주의 신학은 유대인들이 예수 그리스도를 거부하였기에 하나님도 유대인들을 거부했다고 주장한다.

2) 경륜적(Economic)

대체주의 신학은 태어나면서 사라지기 위해 고안되었다고 주장한다.

3) 구조적(Structural)

대체주의 신학은 이스라엘이 다만 우주적인 죄와 우주적인 구원에 관하여 배경을 제공할 뿐이라고 주장한다.

대체 신학의 핵심은 일반 교회(가톨릭교회와 개신교 교회)들이 아브라함의 영적 후손이 됐고, 이스라엘의 역할을 대신하며 이스라엘에 주신 언약을 교회(가톨릭교회와 개신교 교회)가 계승했다고 주장한다. 문제는 이스라엘에 관한 예언을 교회로 대체해서 해석하다 보니 구체적으로 이 예언들이 무엇을 의미하는지 이해하기 힘들게 되었다.

4) 비유 해석

알렉산드리아 학파(이집트의 알렉산드리아 학파=히브리 사상과 그리스 사상을 혼합)는 모든 것을 비유나 영해 등 상징으로 해석한다.

이스라엘=가톨릭 보편교회라고 한다. 일반적으로 개신교는 가톨릭에서 나왔다고 생각한다. 그러므로 개신교회들도 이스라엘을 영적으로 대체했다고 가르친다. 교회는 이스라엘을 영적으로 대체했다는 알레고리 해석학으로 대체 신학이 나왔다. 예언에 대한 문자적인 해석(안디옥 학파)을 포기하고 비유적이나 상징적 혹은 영적(알렉산드리아 학파)인 해석을 시도하다 보니 해석하는 사람들마다 각기 다른 해석을 내놓게 된 것이다.

일반적으로 가톨릭교회와 개신교회가 이스라엘을 대체했다는 생각 때문에, 성경에 기록된 모든 예언의 말씀과 특히 요한계시록에 기록된 이스라엘에 관한 예언들도 지리적 이스라엘이 아니라 일반 가톨릭과 개신교회에 주신 예언으로 추상적이며 상징적이라는 영적 해석을 내렸다. 그러므로 스스로 영적 이스라엘이라 한다. 주후 대략 130년부터~1948년 이전에는 아직 이스라엘이 독립 국가로 존재하지 않았다. 디아스포라라 하며 이 나라에서 저 나라로 구박과 죽임을 당하며 쫓겨 다녔다. 이스라엘은 저주받은 민족으로 하나님으로부터 처벌받았다고 생각하였다.

2. 1948년 5월에 이스라엘 나라가 독립

이스라엘이 강성해지며 하나님의 도우심을 받는 역사를 지난 칠십 년 이상을 지켜보며 대체 신학이 흔들리고 있다. 성경 말씀을 통하여 다시 오실 주 예수님을 맞을 준비를 하는 이때 대체 신학이란 전혀 없다고 확실하게 알아야 한다. 지리적 이스라엘이니, 영적 이스라엘이니 하는 생각은 절대로 성경적이 아니다.

하나님께서는 말년에 이스라엘에서 쫓겨나고 여러 다른 나라에 팔려 갔다가 남은 자손들을 고토에 데려오신다고 약속하셨다. '알리야'는 곧 돌아간다는 뜻이며 예루살렘에 올라간다는 뜻이다. 아브라함과 이삭과 야곱에게 약속하신 땅으로 돌아오게 하신다는 것이다. 곧 다윗이 통치했던 그 왕국에 주 예수께서 왕으로 다시 오시는 것이다.

> "내가 내 종 야곱에게 준 땅 곧 그의 조상들이 거주하던 땅에 그들이 거주하되 그들과 그들의 자자 손손이 영원히 거기에 거주할 것이요 내 종 다윗이 영원히 그들의 왕이 되리라"(겔 37:25)

> "여러 날 후 곧 말년에 네가 명령을 받고 그 땅 곧 오래 황폐하였던 이스라엘 산에 이르리니 그 땅 백성은 칼을 벗어나서 여러 나라에서 모여 들어오며 이방에서 나와 다 평안히 거주하는 중이라"(겔 38:8)

> "전에는 내가 그들이 사로잡혀 여러 나라에 이르게 하였거니와 후에는 내가 그들을 모아 고국 땅으로 돌아오게 하고 그 한 사람도 이방에 남기지 아니하리니 그들이 내가 여호와 자기들의 하나님인 줄을 알리라 내가 다시는 내 얼굴을 그들에게 가리지 아니하리니 이는 내가 내 영을 이스라엘 족속에게 쏟았음이라 주 여호와의 말씀이니라"(겔 39:28-29)

위 예언 말씀들 외에도 이스라엘이 고토로 돌아와서 하나님을 바로 알며 감사드린다고 성경에 숱하게 예언하셨다.

3. 대체 신학자들은 현 이스라엘의 유대인들은 가짜라고 한다

지금의 유대인들이 이방 사람과 다른 신들을 섬기며 잘못된 문화로 물들여 오는 것이 문제가 되었고 혼혈아들이기에 가짜라고 주장한다.

성경의 이방인 라합과 룻을 볼 때 꼭 그렇지는 않다. 유대인과 이방인이 섞였다고 가짜라고는 할 수 없다. 여리고의 기생 라합은 주 예수님의 조상이 되었다(수 6:22-25).

"살몬은 라합에게서 보아스를 낳고 보아스는 룻에게서 오벳을 낳고 오벳은 이새를 낳고"(마 1:5)

모압 여인 룻과 보아스를 보아도 그렇다(룻 4:13)

"이에 보아스가 룻을 맞이하여 아내로 삼고 그에게 들어갔더니 여호와께서 그에게 임신하게 하시므로 그가 아들을 낳은지라…살몬은 보아스를 낳았고 보아스는 오벳을 낳았고"(룻 4:13)

"룻이 이르되 내게 어머니를 떠나며 어머니를 따르지 말고 돌아가라 강권하지 마옵소서 어머니께서 가시는 곳에 나도 가고 어머니께서 머무시는 곳에서 나도 머물겠나이다 어머니의 백성이 나의 백성이 되고 어머니의 하나님이 나의 하나님이 되시리니"(룻 1:16)

1. 세계 속의 차이나타운을 볼 때 많은 중국인은 중국 문화와 중국인끼리의 결혼풍습을 그대로 지킨다.

2. 세계 속의 코리아타운을 보아도 많은 한국인은 한국 문화와 한국인끼리의 결혼풍습 역시 많이 이어 나간다.

3. 특히 전 세계 속의 유대인타운/구역을 역사적으로 살펴볼 때 더더욱 그렇다. 유대인 혹은 히브리인끼리의 전통 결혼은 특별하다. 유대인 회당에서 조상 야곱(이스라엘/유대인 문화와 풍습)의 신앙, 문화, 풍습 등을 선명하게 오늘날에도 볼 수 있다. 유대인으로 랍비에게 인정되면 이스라엘 정부는 이스라엘 시민으로 '알리야' 시켜서 이스라엘로 데려간다.

4. 현재 이스라엘의 메시아닉 유대인들과 그 나라의 모습을 보며 대체 신학이 흔들리고 있다.

VII. 하나님의 비밀…최고 걸작품

1. 하나님의 비밀인 한 새사람과 참 감람나무 가지에 접붙임

하나님의 비밀은 주 예수 그리스도시다. 하나님의 일꾼은 하나님의 비밀을 맡은 자다. 마땅히 우리를 그리스도의 일꾼이요 하나님의 비밀을 맡은 자로 여길지어다. 그리고 맡은 자들에게 구할 것은 충성이니라(고전 4:1-2). 일반적으로 무엇이든지 비밀이라고 하면 참으로 궁금한 것이 기정사실이다. 독자는 그리스도의 일꾼으로서 그 비밀이 무엇인지 잘 알고 믿고 순종하며 가르치는가? 사도 베드로는 이 비밀에 대하여 고백하며 선포했다.

"시몬 베드로가 대답하여 이르되 주는 그리스도시요 살아 계신 하나님의 아들이시니이다"(마 16:16).

사도 바울도 이 비밀에 대하여 분명하게 선포했다.

"이는 그들로 마음에 위안을 받고 사랑 안에서 연합하여 확실한 이해의 모든 풍성함과 하나님의 비밀인 그리스도를 깨닫게 하려 함이니"(골 2:2).

그리스도 예수가 누구이시며 세상에서 무엇을 이루셨으며 승천 후에 왜 다시 세상에 오시며 믿는 자를 어디로 데리고 가시는지 알고 지키며 가르치며 깨달은 자가 하나님의 일꾼이다.

하나님의 비밀은 그리스도 예수의 복음으로 유대인과 이방인이 함께 주 예수를 믿음으로 구원받아 한 새로운 사람이 되는 것이다(엡 2:15). 이 한 새 사람은 아담의 불순종으로 죽은 인류를 구원하여 산자로 원상 복귀시키는 대 사역으로서 회복이다. 이 회복의 목적을 위하여 아브라함은 특별히 택함을 받았다. 이삭과 야곱의 자손인 유대인은 아브라함의 씨로서 인류 구속과 모든 사람이 복을 얻게 하기 위하여 선택되었다. 땅의 모든 족속이 너로 말미암아 복을 얻을 것이라(창 12:3). 그리고 또 네 씨로 말미암아 천하 만민이 복을 받으리니 이는 네가 나의 말을 준행하였음이니라 하셨다 하니라(창 22:18). 주 예수께서 선포하셨다. 우리는 아는 것을 예배하노니 이는 구원이 유대인에게서 남이라(요 4:22) 하셨다. 그러므로 아브라함의 자손인 유대인을 통하여 모든 사람이 복을 받아 유대인이나 이방인이 주 예수의 복음으로 말미암아 그리스도 예수 안에서 함께 상속자가 되고 함께 지체가 되고 함께 약속에 참여하는 자가 되는 것이라는 것이다(엡 3:6).

하나님께서는 바울에게 복음의 비밀을 계시로 깨닫게 하셨다.

"곧 계시로 내게 비밀을 알게 하신 것은…그것을 읽으면 내가 그리스도의 비밀을 깨달은 것을 너희가 알 수 있으리라"(엡 3:3-4)

그래서 사도 바울은 이 복음을 위하여 하나님의 능력이 역사하시는 대로 내게 주신 하나님의 은혜의 선물을 따라 내가 복음의 일꾼이 되었노라고 고백하였다(엡 3:7). 성경에서는 사람의 지혜로 하나님을 알 수 없기에 미련해 보이는 전도로 믿는 자들을 구원하신다고 하셨다(고전 1:21). "십자가의 도가 멸망하는 자들에게는 미련한 것이요 구원을 받는 우리에게는 하나님의 능력이라"(고전 1:18)고 선언하셨다.

첫째, 하나님의 비밀은 주 예수 그리스도시며 그분의 탄생이시다.

> "…마리아 데려오기를 무서워하지 말라 그에게 잉태된 자는 성령으로 된 것이라 아들을 낳으리니 이름을 예수라 하라 이는 그가 자기 백성을 그들의 죄에서 구원할 자이심이라 하니라"(마 1:18-25)

주 예수 탄생 이전 약 칠백 년 전에 선지자 이사야는 보라 처녀가 잉태하여 아들을 낳을 것이요 그의 이름을 임마누엘이라(사 7:14) 하였으며 그 이름의 뜻은 '하나님이 함께하시다'이다. 이는 한 아기가 우리에게 났고 한 아들을 우리에게 주신 바 되었는데 그의 어깨에는 정사를 메었고 그의 이름은 기묘자라, 모사라, 전능하신 하나님이라, 영존하시는 아버지라, 평강의 왕이라 할 것이라(사 9:6)고 선언했다.

인류의 조상 아담이 하나님의 말씀을 불순종하여 죽었다. 죽은 인류의 조상과 그 인류의 자손들을 살리기 위하여 창세기 3:15절에서 하나님은 마귀에게 선포하셨다. "내가 너로 여자와 원수가 되게 하고 네 후손도 여자의 후손과 원수가 되게 하리니 여자의 후손은 네 머리를 상하게 할 것이요 너는 그의 발꿈치를 상하게 할 것이니라"(창 3:15) 하시며 하나님께서 여자의 후손으로 오셔서 죄와 죽음을 이기고 필승하신다는 것이다. 여자의 후손들도 대장 되시는 여자의 후손이신 하나님 아들의 죽음과 장사와 죽음으로부터 영생의 부활하심으로 함께 승리함을 포함하신 것이다. 모든 민족의 죄를 사해주는 곧 그의 이름으로 죄 사함을 받게 하는 회개가 예루살렘에서 시작하여 모든 족속에게 전파될 것이 기록되었다(눅 24:47). 주 예수께서 나는 내 아버지의 이름으로 왔으매(요 5:43)라고 하시며 아버지의 이름으로 내가 그들과 함께 있을 때 내게 주신 아버지의 이름으로 그들을 보전하였다는 대제사장의 기도를 하셨다 (요 17:12). 이 승리의 대 사역을 시작하시고 마치시는 것이 하나님의 비밀이다.

하늘과 땅이 창조되기 이전에 이미 계신 창조주 하나님은 '말씀이시다' 라고 기록하셨다. 태초에 말씀이 계시니라 이 말씀이 하나님과 함께 계셨으니 이 말씀은 곧 하나님이시니라 하셨다(요 1:1). 그리고 말씀이 육신이 되어 우리 가운데 거하시매 우리가 그의 영광을 보니 아버지 독생자의 영광이요 은혜와 진리가 충만하더라(요 1:14)고 부연으로 설명되었기에 성육신하신 하나님이신 주 예수 그리스도를 더욱 잘 알 수가 있다. 그러므로 누구든지 하나님이 세상을 이처럼 사랑하사 독생자를 주셨으니 이는 그를 믿는 자마다 멸망하지 않고 영생을 얻게 하려 하심이라고 약속하셨다. 하나님이 그 아들을 세상에 보내신 것은 세상을 심판하려 하심이 아니요 그로 말미암아 세상이 구원을 받게 하려 하심이라고(요 3:16-17) 기록하셨으니, 하나님의 사랑과 구원하시는 과정이 하나님의 비밀이시다.

독생자 하나님의 아들은 참으로 겸손하시다. "너희 안에 이 마음을 품으라 곧 그리스도 예수의 마음이니 그는 근본 하나님의 본체시나 하나님과 동등됨을 취할 것으로 여기지 아니하시고"(빌 2:5-6)라고 하셨다. 겸손 정도만이 아니라 믿는 자들을 구속하시기 위하여 섬기며 죽어주시려고 오셨다. 깊도다 하나님의 지혜와 지식의 풍성함이여, 그의 판단은 헤아리지 못할 것이며 그의 길은 찾지 못할 것이로다…이는 만물이 주에게서 나오고 주로 말미암고 주에게로 돌아감이라 그에게 영광이 세세에 있으리라고 기록되었다 (롬 11:33-36). 주 예수께서 "인자가 온 것은 섬김을 받으려 함이 아니라 도리어 섬기려 하고 자기 목숨을 많은 사람의 대속물로 주려 함이니라"(마 20:28) 말씀하셨다. 주 예수 그리스도는 근본 하나님의 본체이시다. 그런데도 죽기까지 섬겨주셨으니 이토록 위대하고 광대하며 높고도 깊은 큰 사랑이 곧 창조주 하나님의 비밀이시다.

둘째, 하나님의 비밀은 곧 주 예수께서 십자가상의 죽음과 장사 되심과 부활하심이다.

1. 피 흘리고 저주의 나무 위에서 죽으러 오셨고 죽어주셨다.
2. 장사 지내주려고 오셨다.
3. 삼 일 후에 죽은 자 중에서 부활하시려고 오셨다.

왜 피 흘리며 죽으시고 장사 되며 삼 일 후에 부활하셨나? 피는 생명이다. 곧 피는 그 생명이라고 하셨다(신 12:23). 크게 삼가서 먹지 말라고 명하셨다. 인류의 첫 사람 아담이 불순종으로 죽었다. 생령이 죽은 영이 되었다(창 2:17). 아담이 죽자마자 하나님께서는 죄 없는 사람의 아들로 세상에 오셔서 죽은 인류를 직접 구속하시려고 여자의 씨로 오실 것을 선포하셨다. 곧 죄가 전혀 없는 피 제사를 지내어 죽은 인류를 살리실 것을 예표하신 것이다(창 3:15). 생물학에서 여자는 절대로 혼자 아이를 생산할 능력, 곧 씨가 없다. 하나님의 영, 성령님께서 역사하신 것이다. 인류를 구속할 피의 제사를 위해서다. "그에게 잉태된 자는 성령으로 된 것이라"(마 1:20)라고 하셨다. 아들의 피 값으로 사람들을 사서 하나님께 드렸다고 하셨다. 일찍이 죽임을 당하사 각 족속과 방언과 백성과 나라 가운데에서 사람들을 피로 사서 하나님께 드리시고(계 5:9). 하나님의 일꾼들인 목회자들은 자기들을 위하여 또는 온 양 떼를 위하여 삼가라 성령이 그들 가운데 여러분을 감독자로 삼고 하나님이 자기 피로 사신 교회를 보살피게 하셨느니라(행 20:28) 하셨다.

여자의 후손인 하나님 아들의 피 제사를 통하여 불신자로서 죽은 자인데 주 예수 그리스도를 믿어 산자가 되어 구원받아 하나님의 자녀가 되는 것이다. 겉으로는 아브라함의 씨로서 이삭과 야곱의 자손 중의 하나로 보인다. 그러나 실상은 하나님이 스스로 사람의 아들이 되었다. 불순종한 죄로 죽어 죄의 종으로 사단 마귀에게 갇힌 사람을 하나님의 자녀로 입양해 주시는 것이다. 다시 무서워하는 종의 영을 받지 않고 양자의 영을 받았기에 아빠 아버지라고 부른다고 하셨다(롬 8:15). 곧 불순종으로 죽은 아담의 영을 살려주신 것이다. "살리는 것은 영이니 육은 무익하니라 내가 너희에게 이른 말은 영이요 생명이라"(요 6:63)라고 기록되었다.

DNA는 속이지 않는다. 예를 들자면 곧 콩 심은 데 콩이 나오고 팥 심은 데 팥이 난다. 창세기부터 하나님의 인류 구속의 설계도는 여자의 후손인 주 예수 그리스도를 통하여서만 세우셨다. 이 세상에는 많은 종교가 있다. 그러나 죄를 사해준다고 선포하는 종교는 없다. 주 예수를 믿는다는 것은 하나의 종교를 믿는 것이 아니다. 생명을 믿는 것이다! "예수께서 이르시되 내가 곧 길이요 진리요 생명이니 나로 말미암지 않고는 아버지께로 올 자가 없느니라"(요 14:6) 죽지 않고 영원히 살려면 주 예수 안에 거하여야만 산다. 예수께서 이르시되 나는 부활이요 생명이니 나를 믿는 자는 죽어도 살겠고 무릇 살아서 나를 믿는 자는 영원히 죽지 아니하리라고 하셨다(요 11:25-26). 영원히 죽지 않는 이 비밀을 맡은 자는 반드시 주 예수 그리스도를 깨달아 알고 분부하신 말씀을 먼저 지켜야 한다. 또 전하며 잘 가르쳐야 한다. 하나님의 일은 복잡하지 않고 명료하다. 하나님의 일은 곧 아버지께서 보내신 자를 믿는 것이다(요 6:29). 그리고 주 예수께서는 이 믿는 자들을 마지막 날에 생명 부활로 살리시는 것이다. "내 아버지의 뜻은 아들을 보고 믿는 자마다 영생을 얻는 이것이니 마지막 날에 내가 이를 다시 살리리라 하시니라"(요 6:40)라고 말씀하셨다. 하나님의 비밀을 맡은 자는 복음을 똑바로 전해줘야 한다. 아래와 같이 간단하고 명료하게 주 예수님을 올바르게 소개하고 들려주어 믿을 수 있도록 돕는다.

1. 죽은 자(불신자)에게 주 예수를 하나님의 아들로 믿도록 전파하는 것이 하나님의 일이요 비밀이다.
2. 죽은 자(불신자)에게 자기의 죄를 회개하며 하나님을 믿도록 돕는 것이

하나님의 일이요 비밀이다.

3. 산(살은 자)자가 되기 위해 주 예수를 믿고 죄를 회개, 중심에 영접하여 하나님의 자녀 되는 일이 비밀이다.

셋째, 하나님의 비밀은 유대인과 이방인이 한 새사람이 되는 것이다.

유대인이나 이방인이나 참 감람나무에 접붙임을 받은 자로서 곧 한 새사람이다. 유대인과 이방인 곧 모든 민족이 주 예수 그리스도 십자가 밑에서 함께 접붙임으로 하나가 되는 것이다. 참 감람나무에 접붙임이 가능한 것은 여자의 후손인 주 예수 그리스도의 십자가 위에서 피 흘리며 죽으심과 장사 되심과 죽은 자 가운데서 다시 살아나신 생명 부활 때문이다. 한 새사람은 진심으로 주 예수를 믿는 하나님의 자녀가 된 유대인과 모든 민족 중에서다. 곧 십자가 밑에서 그리스도인이요 하나님의 자녀가 된 자다. 그리스도 예수 안에서 한 새사람이 이루어질 때 교회의 완성이 일어난다(엡 2:15). 반드시 믿는 유대인이 포함되어야 한다. 그리하여야 유대인이든 이방인이든 주 예수 그리스도 십자가의 피 제사 밑에서 각각 구원받은 성도들이요 교회가 된다. 참으로 사망에서 생명을 얻은 것이다.

> "내가 진실로 진실로 너희에게 이르노니 내 말을 듣고 또 나 보내신 이를 믿는 자는 영생을 얻었고 심판에 이르지 아니하나니 사망에서 생명으로 옮겼느니라"(요 5:24)

곧 마귀와 그의 사자들이 가는 종착지인 유황불 못을 면하게 해 주셨다(마 25:41). 화평의 하나님이 중보자이신 주 예수 그리스도의 육체를 통하여 유대인과 이방인을 하나가 되게 하여 한 새로운 피조물인 한 새사람을 창조하신 것이다.

"그러므로 생각하라…너희는 그리스도 밖에 있었고 이스라엘 나라 밖의 사람이라 약속의 언약들에 대하여는 외인이요 세상에서 소망이 없고 하나님도 없는 자이더니…너희가 그리스도 예수 안에서 그리스도의 피로 가까워졌느니라 그는 우리의 화평이신지라 둘로 하나를 만드사 원수 된 것 곧 중간에 막힌 담을 자기 육체로 허시고 법조문으로 된 계명의 율법을 폐하셨으니 이는 이 둘로 자기 안에서 한 새 사람을 지어 화평하게 하시고"(엡 2:11-15)

"또 십자가로 이 둘을 한 몸으로 하나님과 화목하게 하려 하심이라 원수 된 것을 십자가로 소멸하시고…이는 그로 말미암아 우리 둘이 한 성령 안에서 아버지께 나아감을 얻게 하려 하심이라 그러므로 이제부터 너희는 외인도 아니요 나그네도 아니요 오직 성도들과 동일한 시민이요 하나님의 권속이라"(엡 2:16-19)

왜냐? 하나님의 뜻은 땅의 모든 족속이 너로 말미암아 복을 얻을 것이라 하셨다(창 12:3). 또 네 씨로 말미암아 천하 만민이 복을 받으리니 이는 네가 나의 말을 준행하였음이니라 하셨으며(창 22:18). 이방인들이 복음으로 말미암아 그리스도 예수 안에서 함께 상속자가 되고 함께 지체가 되고 함께 약속에 참여하는 자가 됨이라 하셨기 때문이다(엡 3:6). 그러므로 유대인이나 이방인 모두 같은 목적으로 함께 참 감람나무 뿌리와 그 몸통 안에서 진액을 빨아먹고 살아야 한다. 주 예수와 상생하는 삶 곧 사람이 주 예수 안에 거하고 또 주 예수께서 그 사람 안에 거하시며 함께 살아갈 때 비로소 이런 사람은 많은 열매를 맺는다. 거하지 않으면 열매를 맺지 못할 뿐만 아니라 말라 비틀어 죽을 뿐이다.

넷째, 하나님의 비밀은 유대인(꺾인 원가지)**이 참 감람나무 가지로 접붙임을 받**

음이다.

성경에 유대인을 참 감람나무의 가지로 이방인을 돌감람나무의 가지라고 묘사했다. 참 감람나무는 하나님이시다. 참 감람나무의 가지 얼마가 꺾였으므로 돌감람나무의 이방인 가지가 그 원 참 감람나무의 가지인 유대인 중에 접붙임을 받아 참 감람나무의 진액을 함께 받는 자가 되었다고 하신다 (롬 11:17; 24).

> "그들의 넘어짐이 세상의 풍성함이 되며 그들의 실패가 이방인의 풍성함이 되거든 하물며 그들(유대인)의 충만함이리요…그들(유대인)을 버리는 것이 세상의 화목이 되거든 그 받아들이는 것이 죽은 자 가운데서 살아나는 것이 아니면 무엇이리요"(롬 11:12; 15)

하나님께서 세상과 화목하기 위해 이방인으로 하여금 주 예수 그리스도를 믿는 기회를 주신 것이다. 바로 이 원 가지인 유대인을 꺾고서 돌감람나무를 접붙여 주신 것이다. 그러니 하나님 아버지께서는 원 가지인 유대인이 주 예수를 믿으면 더욱 화목하고 풍성하게 살아난다는 약속을 하시는 것이다. 그들도(유대인) 믿지 아니하는 데 머무르지 아니하면 (곧 믿는데 머무르면) 접붙임을 받으리니 이는 그들을 접붙이실 능력이 하나님께 있음이라"(롬 11:23) 하셨으며 원 가지인 이 사람들이야 얼마나 더 자기 참 감람나무 가지에 접붙이심을 받으랴"(롬 11:24)고 하셨다. 그러니까 하나님께서는 유대인 원가지가 주 예수를 믿으면 아버지께서는 참으로 반갑고도 기쁘게 접붙임을 해 주시고 약속대로 눈물과 애통함과 아픔과 죽음이 없는 새 하늘과 새 땅인 천국을 상속해 주신다는 것이다. 이방인들도 주 예수를 믿음으로 눈물과 죽음이 없는 새 하늘과 새 땅의 천국을 동일하게 상속받은 것이다. 그러나 믿는 이방인들이 믿음에서 떠나 우쭐하여 높은 마음을 품으면 유대인 원

가지처럼 아끼지 않으시고 찍히는 바가 될 수 있다. 그러므로 크게 삼가며 주 예수 그리스도의 겸손을 잘 배워 오직 정의를 행하며 주 예수 그리스도와 사람을 사랑하며 겸손하게 하나님과 함께 행하는 것이다(미 6:8).

"그러면 네 말이 가지들이 꺾인 것은 나로 접붙임을 받게 하려 함이라 하리니 옳도다 그들은 믿지 아니하므로 꺾이고 너는 믿으므로 섰느니라 높은 마음을 품지 말고 도리어 두려워하라 하나님이 원 가지들도 아끼지 아니하셨은즉 너도 아끼지 아니하시리라 그러므로 하나님의 인자하심과 준엄하심을 보라 넘어지는 자들에게는 준엄하심이 있으니 너희가 만일 하나님의 인자하심에 머물러 있으면 그 인자가 너희에게 있으리라 그렇지 않으면 너도 찍히는 바 되리라"(롬 11:19-22)고 기록하셨다. 주 예수를 믿고 참 감람나무에 접붙임을 받고도 말씀을 믿지 않고 불순종하는 하나님의 자녀가 된 이방인에게 경고하시는 말씀이다.

유대인 접붙임에 마귀 사단의 방해는 초대교회부터 지금까지 끈질기게 집착하며 괴롭히고 있다. 이스라엘에서 믿는 유대인은 0.5% 정도라고 한다. 물론, 초대교회부터 베드로나 바울 등 유대인들이 주 예수 그리스도를 믿었다. 그러나 유대인 역사를 뒤돌아볼 때 핍박과 슬픔과 각종의 사형과 대체신학으로 괴롭혀 왔다. 악랄한 마귀는 어떤 학자들을 통해서 유혹한다. 예를 들어 유대인들은 하나님의 특별히 택한 선민이니 하나님께선 어떤 특별한 방법으로 직접 구원하실 것이니 유대인 선교는 그렇게 필요하지 않다며 신경을 쓰지 않아도 된다고 하는 말이 있다고 한다. 아니다. 하나님의 말씀은 유대인이나 헬라인이나 종이나 자유인이나 남자나 여자나 다 그리스도 예수 안에서 하나이니라 하셨다(갈 3:28). 그리고 사도 바울을 통하여 곧 예수 그리스도를 믿음으로 말미암아 모든 믿는 자에게 미치는 하나님의 의니 차별이 없느니라고 선포하셨다(롬 3:22).

"하나님은 다만 유대인의 하나님이시냐 또한 이방인의 하나님은 아니시냐 진실로 이방인의 하나님도 되시느니라 할례자도 믿음으로 말미암아 또한 무할례자도 믿음으로 말미암아 의롭다 하실 하나님은 한 분이시니라 그런즉 우리가 믿음으로 말미암아 율법을 파기하느냐 그럴 수 없느니라 도리어 율법을 굳게 세우느니라"(롬 3:29-31)

마귀 사단은 유대인들을 이모저모로 고립시켰다. 주 예수 복음을 듣지 못하게 막았다. 특히 어떤 부류의 크리스천은 유대인은 예수 그리스도를 죽인 자손이라면서 많은 핍박을 했다. 과연 유대인이 주 예수 그리스도를 죽였는가? 로마 군병이 죽였는가? 둘 다 아니다! 세계 인류의 죄가 죽였다. 그이유는 곧 내 죄가 주 예수 그리스도를 그 저주의 십자가 위에서 모진 고통과 피를 흘리게 하면서 죽였다!

성경에서 마귀 사단의 유대인 말살 작전 시도를 바로, 하만, 헤롯 등을 통해 정확하게 볼 수 있다. 악한 영 사단 마귀는 전 인류를 자기 밑에 그리고 흑암의 감옥에 가둬놨는데 빼내어 데리고 나갈 하나님의 아들, 예수 그리스도를 배출한 유대인이 너무도 싫고 미운 것이다. 그래서 어떻게 하든지 괴롭히고 핍박하고 고립시켜 복음을 듣지 못하게 하여 영원히 죽이려는 것이다. 영원히 자기가 가는 유황불 못으로 데리고 가는 것이다(마 25:41). 역사를 살펴보면 일부의 그리스도인들은 유대인의 재물을 약탈했다. 죽이고 빼앗고 말살까지 하였다. 다만 유대인이라는 이유만으로 불공평한 대우를 했다. 또 다른 그리스도인들은 침묵했다. 침묵으로 암묵적 동의를 한 것인가? 심지어 유대인 남녀노소를 회당 안에 가두고 밖에서 문을 굳게 잠그고 불을 놓아 건물과 그 안의 사람들을 모두 불태워 죽이면서 할렐루야! 예수 그리스도!라고 외쳤다. 이 외에도 그리스도인이라는 사람들이 공공연히 유대인을 핍박하고 능욕했다. 유대인 학살에 대하여 많은 증거물과 자료가 즐비하다. 그러니 주 예수 그리스도를 믿지 않는 유대인들에겐 그리스도인이라든지, 십자가와 주 예수 그리스도라든지 하면 저주의 소리로 들리며 그리스도인을 철천지원수라고 생각이 될 뿐이다.

필자가 아는 어느 믿는 유대인의 간증이다. 부활절 때면 유대인 학생들은 동료 그리스도인 학생들로부터 주먹질과 밑 엎어놓고 마구 걷어참을 받았다고 했다. '너희는 우리의 구주 예수를 죽인 자손들이니까 맞아도 죽어도 타당하다'라며 공개적으로 구타하고 또 몰매를 수없이 맞았었다고 했다. 비교적 유대인들은 사회적으로 외면당했었고 또 현대 교회의 선교 계획에서도 등한시함을 받는 편이다. 이스라엘에 가면 검은 옷을 입고 다니는 랍비들을 쉽게 만나볼 수 있다. 일부 사람들은 그런 랍비를 까마귀라고 호칭하며 코웃음까지 친다. 이 정통 랍비들은 성전산에 성전이 없고 아직 메시아가 통치하는 진정한 신정 정부가 등장하지 않았기에 슬프다는 뜻으로 검은 옷을 입고 기도하며 다닌다고 한다. 그 슬픈 마음을 조금이라도 이해한다면 과연 까마귀라는 별명을 붙여주며 코웃음을 칠 수 있을까?

일반적으로 종교적이며 보수적인 유대인과 어떤 개혁적인 유대인은 안식일을 엄격하게 지킨다. 예를 들어 안식일에 불을 켜고 끄는 행위를 일하는 것으로 해석되어 금지한다. 자동식 기계로 미리 켜고 꺼지게 조작해 둔다. 기계가 작동이 안 될 때는 이방인에게 부탁하여 해결하기도 한다. 안식일에는 엘리베이터 문이 층층이 자동으로 열리고 닫히도록 조장해 둔다. 그 이유인즉 우리와 우리 조상들이 하나님의 명령과 말씀을 지키지 않아서 나라를 잃고 수천 년이나 유랑하다가 고토에 돌아와서 힘들게 나라를 세웠다는 것이다. 그런데 또 하나님의 말씀을 불순종하다가 다시 유랑민으로 이 나라와 저 나라로 쫓겨 다니겠냐는 것이다. 이들은 진실로 두려워하며 혼돈 상태에 있다. 혹시 유대인을 이해하기 힘들지라도 적어도 하나님을 아버지로 섬기는 그리스도인이라면 불신자 유대인을 불쌍히 여기며 위로하는 것은 하나님의 뜻이다. "너희의 하나님이 이르시되 너희는 위로하라 내 백성을 위로하라"(사 40:1) 기록하셨다. 참으로 하나님의 비밀을 맡은 일꾼이라면 그늘진 역사 때문에 예수 그리스도를 오해하고 있는 불신자 유대인이 참 자유를 주시는 주 예수 그리스도를 잘 믿고 구원과 복을 받도록 위하여 기도하며 힘써야 하겠다.

그러니까 먼저 믿고 참 감람나무 가지에 접붙임을 받은 자로서 긍휼히 여기는 마음으로 믿지 않는 유대인을 축복하여야 한다. 나 자신이 복을 받기 위해서라도 축복하여야 한다(창 12:3). 또한 위로해 주어야 한다(사 40:1). 유대인 불신자에게 복음을 전해야 한다. 메시아의 죽음, 장사, 생명의 부활을 들어야 할 대상들이다. 모든 유대인도 하나님의 인류구속설계도에서 벗어나지 않았다. 반드시 주 예수 십자가 피의 제사로 죄 사함을 받아야만 산자가 될 수 있다. 그래야만 눈물과 죽음이 없는 새 하늘과 새 땅에 들어갈 수 있다는 것을 알 권리가 있다. 유대인이든 이방인이든 주 예수 그리스도를 하나님의 아들로 믿으며 자기 죄를 회개하고 그 위대한 하나님의 이름 예수(예슈아)를 마음속에 영접하여야 하나님의 자녀가 되는 권세를 받는다는 진실의 사실을 알고 믿어야 산다는 말이다. 누구든지 참 감람나무의 가지로 접붙임을 받아야만 참으로 진정한 자유와 하나님의 평화를 누릴 수 있는 것이다.

하나님의 마음은 믿지 않으므로 꺾이고 찍힌 원 가지들을 접붙여서 살리기를 원하시고 또 원하신다. 하나님께서는 거의 이천 년 동안에 흩어져 여러 나라로 끌려간 자손들 중에 남은 자 곧 유대인을 고토로 데려오시는 중이다. 지난 1세기(백년) 동안에 약 사백 만 명 정도를 이스라엘로 데리고 오셨으며 현재에도 계속 알리야(돌아간다 혹은 예루살렘으로 올라간다)를 시키고 계신다. 에스겔 선지자는 "전에는 내가 그들이 사로잡혀 여러 나라에 이르게 하였거니와 후에는 내가 그들을 모아 고국 땅으로 돌아오게 하고 그 한 사람도 이방에 남기지 아니하리니 그들이 내가 여호와 자기들의 하나님인 줄을 알리라"(겔 39:28) 선포한 예언이 지금 성취되는 중이다.

1948년 이스라엘 독립 이전과 이후부터 현재 하나님 아버지께서는 유대인들도 주 예수를 믿음으로 말미암아 참 감람나무에 접붙임을 하시는 중이시다. 하나님의 인류 구속 방법은 유대인이나 이방인이나 자유자나 종이나 남자나 여자나 똑같다. 너희가 다 믿음으로 말미암아 그리스도 예수 안에서 하나님의 아들이 되었으니 너희는 유대인이나 헬라인이나 종이나 자유인이나 남자나 여자나 다 그리스도 예수 안에서 하나이니라(갈 3:26-28)" 하셨다. 하나님의 인류구속설계도에서는 분명히 모든 유대인도 주 예수 그리스도를 메시아로 믿고 자기 죄를 회개하며 주 예수와 그 이름 곧 죄 사함을 주는 예수 이름을 마음속에 영접하여 하나님의 자녀로 다시 접붙임을 받아야 산다. 하나님의 일꾼은 전 세계에서 유대인이 감람나무 가지로 접붙이시는 하나님의 일에 전심전력으로 함께하여 '잘하였노라'라는 칭찬을 받아야 한다. 하나님의 사랑과 은혜의 신비는 유대인에게만 베푸시는 것만이 아니다. 이방인인 모든 민족에게도 같은 사랑과 은혜를 베푸신다. 하나님은 죽은 자의 하나님이 아니요 산 자의 하나님이시라 하셨기 때문이다(막 12:27).

그러므로 유대인이나 이방인 모두 동일하게 함께 주 예수그리스도를 믿음으로 산자가 된다. 산자가 되려면 유대인이든 이방인이든 주 예수를 하나님의 아들이요 메시아라고 믿으며 자신의 죄를 회개하여야 한다. 예수 그리스도의 십자가 보혈로 죄 씻음을 받아야 산자가 되어 구원받을 수 있다. 더욱 나아가 그 이름 예수를 믿음으로 마음속에 영접하면 하나님의 자녀가 되는 권세를 받는다(요 1:12). 그러므로 구원은 하나님 은혜의 선물이다(엡 2:8-9). 돌감람나무 가지인 이방인을 참 감람나무 원가지에 접붙여서 살려주시는 것이다. 너희가 스스로 지혜 있다고 하면서 이 신비를 너희가 모르기를 내가 원하지 아니하노니 이 신비는 이방인의 충만한 수가 들어오기까지 이스라엘의 더러는 우둔하게 된 것이라(롬 11:15-27). 모든 민족이 예수 그리스도의 십자가 공로로 참 감람나무 가지에 접붙여진, 그 충만한 이방인 숫자가 구원받아 하나님께로 들어오는 것이다.

이 신비한 하나님의 비밀을 맡은 일꾼은 그리스도 예수와 함께 십자가에 못을 박고 하나님의 뜻을 위하여 살아가야 한다. 하나님의 일꾼은 사람을 사랑하사 자신을 버리신 하나님의 아들을 믿는 믿음 안에서 주 예수의 복음을 통하여 참 감람나무 가지에 접붙임이라는 일을 위하여 산다는 것임을 명심하여야 한다 "내가 그리스도와 함께 십자가에 못 박혔나니 그런즉 이제는 내가 사는 것이 아니요 오직 내 안에 그리스도께서 사시는 것이라 이제 내가 육체 가운데 사는 것은 나를 사랑하사 나를 위하여 자기 자신을 버리신 하나님의 아들을 믿는 믿음 안에서 사는 것이라"(갈 2:20)라고 기록되었다. 그러므로 하나님께서 사람에게 주신 자유의지를 오로지 끊임없이 영, 혼, 육의 주인이 되시는 하나님께 예수그리스도와 참 감람나무에 접붙이는 일에만 선택하고 사용되어야 한다. 명심하여야 한다. 하나님의 참 감람나무 가지에 접붙이는 일은 유대인에게나 이방인에게나 동일하다. 하나님의 신비한 비밀의 궁극적인 목적은 한 새 사람인 하나님의 자녀 곧 교회를 만드는 일이다. 곧 한 새사람은 하나님의 최고 걸작품이다! 그러기에 하나님 일꾼의 헌신 기도는 "내 원대로 마옵시고 아버지의 원대로 되기를 원하나이다"(눅 22:42) 하면서 하나님의 뜻이 이루어지도록 힘쓰는 것이다. 주 예수 그리스도는 "내 아버지의 뜻은 아들을 보고 믿는 자마다 영생을 얻는 이것이니 마지막 날에 내가 이를 다시 살리리라 하시니라"(요 6:40) 하셨다. 그러므로 쉬지 않고 불신자 유대인에게와 모든 불신자 이방인에게 계속 복음 전도와 교회설립을 하며 땅끝까지 선교하는 것이다.

2. 유대인

하나님께서는 전 인류 구속을 위해 메시아의 탄생을 계획하셨다. 아브라함을 특별히 선택하시어 세운 민족이 유대 민족이다. 메시아는 아브라함, 이삭, 야곱과 유다 곧 다윗 자손을 통하여 여자의 후손으로 오시도록 계획하셨다(신 29:13; 렘 33:26).

"내가 너로 여자와 원수가 되게 하고 네 후손도 여자의 후손과 원수가 되게 하리니 여자의 후손은 네 머리를 상하게 할 것이요 너는 그의 발꿈치를 상하게 할 것이니라 하시고"(창 3:15)

말씀이 육신이 되어 우리 가운데 거하시는 하나님이시라고 기록되어 있다(요 1:14). 주 예수님은 100% 신성과 100% 인성을 겸하신 살아계신 하나님의 아들이시다. 예수님을 믿는 자 곧 영접하는 자는 하나님의 아들이 되는 권세를 주셨다(요 1:12; 3:16). 하나님의 아들인 주 예수를 믿는 자들을 사망에서 생명으로 회복시켜 하나님의 자녀로 만들러 오셨다.

"내가 진실로 진실로 너희에게 이르노니 내 말을 듣고 또 나 보내신 이를 믿는 자는 영생을 얻었고 심판에 이르지 아니하나니 사망에서 생명으로 옮겼느니라"(요 5:24)

"태초에 말씀이 계시니라 이 말씀이 하나님과 함께 계셨으니 이 말씀은 곧 하나님이시니라…영접하는 자 곧 그 이름을 믿는 자들에게는 하나님의 자녀가 되는 권세를 주셨으니(요 1:1; 12)

"말씀이 육신이 되어 우리 가운데 거하시매 우리가 그의 영광을 보니 아버지의 독생자의 영광이요 은혜와 진리가 충만하더라"(요 1:14)

1) 여섯 부류의 유대인/이스라엘 국민 구성

(1) 이삭과 야곱의 자손들(아브람의 자손들) (신 30:20)

(2) 이집트에서 나올 때 잡종들(출 12:38)

(3) 초청받은 호밥(민 10:29-30; 삿 4:11)

(4) 페르시아 왕국의 본토인들(에 8:17)

"왕의 어명이 이르는 각 지방, 각 읍에서 유다인들이 즐기고 기뻐하여 잔치를 베풀고 그 날을 명절로 삼으니 본토 백성이 유다인을 두려워하여 유다인 되는 자가 많더라"(에 8:17)

(5) 카자리야/하자리야 왕국의 국민 전체

740년 무렵 카자르 왕 불란(Bulan)은 왕국 전체를 유대교로 집단 개종하였다.

(6) 이스라엘 시민권을 받은 여러 나라와 민족.

2) 일곱 부류의 유대인(유대인들에 대한 이해를 위하여)

(1) 정통 유대인: 이들은 나라를 잃고 성전을 잃어 슬픈 마음으로 검은 옷을 입고 다닌다. 초 정통 유대인들은 현 이스라엘 정부를 부정한다.

(2) 보수파이며 종교적인 유대인: 이들은 하나님 앞에 모자(키파)를 쓰고 머리를 감추고 하나님 앞에서 겸손한 태도를 보이며 신앙생활도 잘하며 안식일을 지키는 유대인이다.

(3) 개혁주의 유대인: 이들은 보수파는 아니지만 신앙생활을 하고 안식일도 지키고 충실히 일하면서 나라를 사랑하는 유대인이다.

(4) 재건 유대인: 이들은 바벨론 유수 후 예루살렘으로 귀향한 율법학자 에스라(BC 437)를 제2의 모세로 추대한다. 율법주의자/율법을 중히 여기는 자들이다.

(5) 인본주의 유대인: 이들은 하나님을 믿지 않고 종교 생활의 중심인 회당에 가지 않고 음식도 가리지 않는다.

(6) 자칭 유대인: 이들은 계시록에 나오는 사단의 회당이라고 칭하는 유대인으로 스스로 유대인이라 칭하는 이모저모 면으로 섞여서 구성된 유대인으로 볼 수 있다(계 3:9).

(7) 메시아닉 유대인: 이들은 주 예수님께서는 유일하신 하나님이시다

라고 믿으며 성부, 성자, 성령의 하나님으로 인류 구원을 위하여 역사하신다고 믿는 유대인이다. 주 예수를 믿는 유대인들이 하나님의 절기(레 23:37)를 지켜서 구원 받는다고 믿지 않는다.

3. 유대인이신 주 예수 그리스도

멜기세덱의 반차를 따라 단번에 자기를 드리신 대제사장 주 예수께서는 의의 왕, 살렘 왕, 곧 평강의 왕이시다. 아버지도 없고 어머니도 없고 족보도 없고 시작한 날도 없고 생명의 끝도 없어 하나님의 아들과 닮아서 항상 제사장으로 계신다(히 7:1-10:21). 곧 하나님이신 말씀이 육신이 되셔서(요 1:1-14) 내가 '그'라(요 4:26) 하신 분이 죽음, 장사, 생명의 부활로 피 제사를 완성하셨기에 오직 홀로 대제사장이시다. 그 어느 사람도 하나님의 아들을 대신할 수 없다.

무화과나무 비유는 이스라엘의 1948년 독립을 의미한다. 인자가 가까이 곧 문 앞에 이른 줄 알라···이 세대가 지나가기 전에 모든 일이 다 일어난다(마 24:31-34).

이 세대를 백 년으로 본다면 2048년이다. "그의 발이 예루살렘 앞 곧 동쪽 감람 산에 서실 것이요"(슥 14:1-4)라고 하셨다. 이 예수는 하늘로 가심을 본 그대로 오시리라(행 1:8). "구원에 이르게 하기 위하여···자기를 바라는 자들에게 두 번째 나타나시리라"(히 9:28). 곧 유대인이신 주 예수께서 이 한 세대가 지나기 전이라 하셨으니 2048년 이전에라도 감람 산에 다시 오실 수 있으시다.

목회자·목자·목녀가
반드시 갖춰야 할 영성

I. 주기도문

1. 주기도문(너희는 이렇게 기도하라)

9 그러므로 너희는 이렇게 기도하라 하늘에 계신 우리 아버지여 이름이 거룩히 여김을 받으시오며

10 나라가 임하시오며 뜻이 하늘에서 이룬 것 같이 땅에서도 이루어지이다

11 오늘 우리에게 일용할 양식을 주시옵고

12 우리가 우리에게 죄 지은 자를 사하여 준 것 같이 우리 죄를 사하여 주시옵고

13 우리를 시험에 들게 하지 마시옵고 다만 악에서 구하시옵소서 (나라와 권세와 영광이 아버지께 영원히 있사옵나이다 아멘)

14 너희가 사람의 잘못을 용서하면 너희 하늘 아버지께서도 너희 잘못을 용서하시려니와

15 너희가 사람의 잘못을 용서하지 아니하면 너희 아버지께서도 너희 잘못을 용서하지 아니하시리라 (마 6:9-15)

"너희는 먼저 그의 나라와 그의 의를 구하라 그리하면 이 모든 것을 너
희에게 더하시리라"(마 6:33)

남의 죄(잘못)를 먼저 용서하지 않으면 하나님 아버지께서도 나의 죄(잘못)
를 용서하지 않으신다(마 6:15).

"너희는 모든 악독과 노함과 분냄과 떠드는 것과 비방하는 것을 모든
악의와 함께 버리고 서로 친절하게 하며 불쌍히 여기며 서로 용서하기
를 하나님이 그리스도 안에서 너희를 용서하심과 같이 하라"(엡 4:31-32)

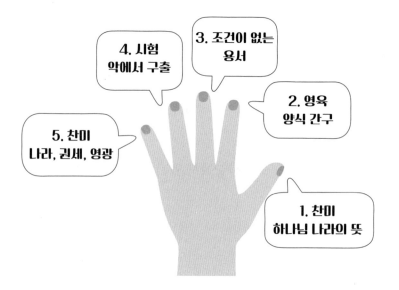

2. 왼손가락으로 주기도문 외우기

1) 왼손 엄지

- 하늘에 계신 우리 아버지여

- 이름이 거룩히 여김을 받으시오며

- 나라가 임하시오며

- 뜻이 하늘에서 이루어진 것 같이 땅에서도 이루어지이다.

아버지/무성, 이름, 나라 임함, 뜻이 땅에서도 이룬다(예: 손가락 촛불).

2) 왼손 검지

- 오늘 우리에게 일용할 양식을 주시옵고

- 영혼에 필요한 영혼의 영적 양식과 육에 필요한 각종 육체적 양식.

3) 왼손 중지

- 우리가 우리에게 죄 지은 자를 사하여 준 것 같이 우리 죄를 사하여 주

  시옵고

- 하나님께서 무조건 용서하심같이 나도 조건 없이 용서한다.

"너희가 사람의 잘못을 용서하지 아니하면 너희 아버지께서도 너희 잘못을 용서하지 아니하시리라"(마 6:15)

4) 왼손 약지

- 우리를 시험에 들게 하지 마시옵고 다만 악에서 구하시옵소서
- 시험: 머리, 눈, 귀, 입, 코, 손, 가슴, 발, 생각 등

5) 왼손 소지

- 나라와 권세와 영광이 아버지께 영원히 있사옵나이다
- 아버지의 나라, 권세, 영광이 나의 나라, 권세, 영광이다.
- 이 세상에서도 죄를 다스리며 넉넉히 죄를 이기며 승리의 삶을 산다.

5. 찬미
나라, 권세, 영광

3. 십자가상 칠언

주 예수 그리스도께서는 십자가상에서 죽으시는 순간까지도 사람을 이처럼 사랑하사 최종 일곱 가지의 말씀으로 모범의 교훈을 하셨다.

1) 용서

일반적으로 사람들은 자기에게 잘못한 자들을 용서하지 못해서 생각이 날 때마다 괴로운 시간을 보낸다. 용서하지 못하기 때문에 병까지 얻게 되는 경우가 많다. 긴 시간 동안 아니면 평생 마음과 육체로 고생하는 것을 흔히 우리 주위에서 볼 수가 있다.

주 예수님은 전혀 죄가 없으신 데도 불공평한 사형선고를 받았다. 그 얼마나 억울하셨을까! 두 강도가 사형당하는 사이, 십자가 위에서 고통을 받는 중에도 자신을 못 박는 자들의 죄를 위하여 용서하여 달라고 기도하셨다. 못 박는 자와 못 박으라 외치는 자들은 '자기가 하는 것을 알지 못하니' 그 잘못까지도 용서를 구하셨다.

"이에 예수께서 이르시되 아버지여 저들을 사하여 주옵소서 자기들이 하는 것을 알지 못함이니이다 하시더라"(눅 23:34)

순교 당시의 스데반의 기도를 살펴보겠다.
주 예수님을 닮아서 자기를 죽이는 자들을 위하여 기도하였다.

"무릎을 꿇고 크게 불러 이르되 주여 이 죄를 그들에게 돌리지 마옵소서 이 말을 하고 자니라"(행 7:60)

주 예수님을 믿는 사람이 다른 믿는 사람의 허물을 권고했을 때 돌아오지 않을 수 있다. 특히 교회의 말도 듣지 않거든 이방인과 세리와 같이 여기라고 하셨다(마 18:17). 돌아오지 않는다고 원수로 생각하며 미워하는 것은 아니다. 왜냐하면, 그의 죄를 위하여 중보기도 해줄 수 있어야 한다. 미워하는 것은 살인죄로 치부되는 것이기 때문이다.

"그 형제를 미워하는 자마다 살인하는 자니 살인하는 자마다 영생이 그 속에 거하지 아니하는 것을 너희가 아는 바라"(요일 3:15)

"그 때에 베드로가 나아와 이르되 주여 형제가 내게 죄를 범하면 몇 번이나 용서하여 주리이까 일곱 번까지 하오리이까 예수께서 이르시되 네게 이르노니 일곱 번뿐 아니라 일곱 번을 일흔 번까지라도 할지니라"(마 18:21-22)

490번까지도 … 조건 없이 무한정 용서하라는 뜻이다!

> "너희가 각각 마음으로부터 형제를 용서하지 아니하면 나의 하늘 아버지께서도 너희에게 이와같이 하시리라"(마 18:35)

2) 오늘 네가 나와 함께 낙원에 있으리라

> "달린 행악자 중 하나는 비방하여 이르되 네가 그리스도가 아니냐 너와 우리를 구원하라 하되 하나는 그 사람을 꾸짖어 이르되 네가 동일한 정죄를 받고서도 하나님을 두려워하지 아니하느냐 우리는 우리가 행한 일에 상당한 보응을 받는 것이니 이에 당연하거니와 이 사람이 행한 것은 옳지 않은 것이 없느니라 하고 이르되 예수여 당신의 나라에 임하실 때에 나를 기억하소서 하니 예수께서 이르시되 내가 진실로 네게 이르노니 오늘 네가 나와 함께 낙원에 있으리라 하시니라"(눅 23:39-43)

하나님과 주 예수님을 믿는 자들을 천국으로 이끄시려고 십자가상에서 못 박히시고 돌아가셨다. 모든 믿는 자에게 주 예수님과 같이 죽어가면서도 믿지 않는 사람을 주 예수님이 계시는 낙원에 이르도록 불러 주신 소명을 다하라는 교훈을 주신다.

오늘날 주 예수 그리스도를 믿는 사람이 죽으면 바로 낙원에 간다. 낙원은 천국에 가는 대기실이며 천국이다. 쉬다가 새 하늘과 새 땅에 들어가는 곳이다.

> "귀 있는 자는 성령이 교회들에게 하시는 말씀을 들을지어다 이기는 그에게는 내가 하나님의 낙원에 있는 생명나무의 열매를 주어 먹게 하리라"(계 2:7)

믿지 않는 자는 믿지 아니함으로 이미 정죄를 받은 상태로 음부로 가게 된다. 음부는 지옥에 가는 곳이며 고통받는 대기실이다.

> "그가 음부에서 고통중에 눈을 들어 멀리 아브라함과 그의 품에 있는 나사로를 보고 불러 이르되 아버지 아브라함이여 나를 긍휼히 여기사 나사로를 보내어 그 손가락 끝에 물을 찍어 내 혀를 서늘하게 하소서 내가 이 불꽃 가운데서 괴로워하나이다"(눅 16:23-24)

> "믿고 침례를 받는 사람은 구원을 얻을 것이요 믿지 않는 사람은 정죄를 받으리라"(막 16:16)

3) "보라 네 어머니라"

끝까지 효를 이행하시는 주 예수님을 본받는 자가 되어야 한다.

> "예수께서 자기의 어머니와 사랑하시는 제자가 곁에 서있는 것을 보시고 자기 어머니께 말씀하시되 여자여 보소서 아들이니이다 하시고 또 그 제자에게 이르시되 보라 네 어머니라 하신대 그때부터 그 제자가 자기 집에 모시니라"(요 19:26-27)

주 예수님께서는 육신의 어머니, 곧 '처녀가 아들을 낳으리라'고 하신 예언(사 7:14; 9:6)대로 동정녀 마리아를 통하여 이 땅에 오셨다. 곧 믿는 자들을 위하여 몸 찢기시고 피 흘려 죽고, 장사 되며 생명의 부활을 하시러 오셨다. 죽는 순간까지도 십계명의 제5계명의 말씀을 이행하셨다. 육신의 어머니 곧 네 부모를 공경하라 하신 말씀을 끝까지 모본을 보이며 행하여 주셨다. 믿는 자로서 이처럼 부모님께 공경하며 살고 있는가? 인간 사이에 있는 약속 있는 첫 계명이다.

"네 부모를 공경하라 그리하면 네 하나님 여호와가 네게 준 땅에서 네 생명이 길리라"(출 20:12)

"네 아버지와 어머니를 공경하라 이것은 약속이 있는 첫 계명이니 이로써 네가 잘되고 땅에서 장수하리라"(엡 6:2-3)

4) "엘리 엘리 라마 사박다니"(마 27:46)

하나님과 주 예수님을 믿는 자로서 주 예수님처럼 애절하게 부르짖을 때가 있다. 세상 끝날까지 함께하시는 데도 꼭 혼자 외롭게 있는 것 같이 느껴질 때가 있다. 그런 모든 애절한 부르짖음인 십자가의 고통, 저주스러움, 외로움 등을 모두 대신 짊어지시고 담당하셨다. 고로 넉넉히 이기며 끝까지 맡겨 주신 소명을 감당할 수 있게 해주셨다.

실상은 바로 내가 나의 지은 죄 때문에 그렇게 부르짖어야 마땅한 것인데 이미 주 예수님께서 대신 부르짖어 주신 것이다. 가령 내가 나의 죄 때문에 나 자신이 십자가를 지고 죽는다고 할지라도 죄를 사하거나 없앨 수는 없다. 주 예수님처럼 죄가 전혀 없는 자만이 온 인류의 죄를 사하는 속죄 제물, 어린양이 될 수 있어야 하기 때문이다(요 1:29).

"제 구시쯤에 예수께서 크게 소리 질러 이르시되 엘리 엘리 라마 사박다니 하시니 이는 곧 나의 하나님, 나의 하나님, 어찌하여 나를 버리셨나이까 하는 뜻이라"(마 27:46)

"볼지어다 내가 세상 끝날까지 너희와 항상 함께 있으리라 하시니라"(마 28:20)

항상 나와 함께 계셔 주시는 주 예수님이시다(마 28:20). 그러므로 외로움을 느끼거나 참으로 힘든 순간이라도 '하나님 왜 나를 내버려두십니까'라고 묻지도 따지지도 말아야 한다!

5) "내가 목 마르다"

> "그 후에 예수께서 모든 일이 이미 이루어진 줄 아시고 성경을 응하게 하려 하사 이르시되 내가 목마르다 하시니"(요 19:28)

인생은 여러 면에 너무도 목마를 때가 많다. 나의 인생의 목마름을 대신해서 예수님은 십자가상에서 처절하게 당해 주셨다. 주 예수께서 초막절 명절 끝날 외치시며 선포하셨다.

> "명절 끝날 곧 큰 날에 예수께서 서서 외쳐 이르시되 누구든지 목마르거든 내게로 와서 마시라 나를 믿는 자는 성경에 이름과 같이 그 배에서 생수의 강이 흘러나오리라 하시니"(요 7:37-38)

> "성령과 신부가 말씀하시기를 오라 하시는도다 듣는 자도 오라 할 것이요 목마른 자도 올 것이요 또 원하는 자는 값없이 생명수를 받으라 하시더라"(계 22:17)

6) "다 이루었다"

하나님 아버지로부터 받으신 주 예수 그리스도의 사명은 죽기까지 순종함이다. 온 인류의 죄 때문에 온 인류 대신 저주를 받고 속죄 제물로 죽으러 오셨다. 아들은 반드시 돌아가셔서 그 부르신 소명을 완수하셔야 하는 것이다. 나무에 달린 자는 저주를 받았다고 기록하셨다. 십자가 형틀 재료는 나무다. 선악과 나무로 시작된 죄와 저주는 십자가 나무에서 끝이 났다.

맡겨 주신 직분을 잘 감당한 후, 후회가 없이 '하나님의 도우심으로 저를 향하신 아버지의 뜻을 다 이뤘습니다'라며 감사드리는 자가 되어야 하겠다.

> "나를 능하게 하신 그리스도 예수 우리 주께 내가 감사함은 나를 충성
> 되이 여겨 내게 직분을 맡기심이니"(딤전 1:12)

"다 이루었다"(요 19:30). 십자가상에서 꼼짝도 못하시며 죽어가시면서 뭘 다 이뤘다고 선포하셨는가? 도대체 무엇을 다 이루셨다는 것인가?

> "사람이 만일 죽을 죄를 범하므로 네가 그를 죽여 나무 위에 달거든 그
> 시체를 나무 위에 밤새도록 두지 말고 그날에 장사하여 네 하나님 여호
> 와께서 네게 기업으로 주시는 땅을 더럽히지 말라 나무에 달린 자는 하
> 나님께 저주를 받았음이니라"(신 21:22-23)

온 인류는 선악과 나무, 불순종의 죄 때문에 저주받아 모두 죽었다. 온 인류의 사망과 저주를 대신하여 십자가 위에서 피 흘리시며 죽음으로 해결하신 후 "다 이루었다"라고 선포하셨다. 그리고, 아버지 하나님께서는 믿는 우리를 각각 소명하시면서 하나님 일의 동역자로 사명을 주신 것이다.

우리의 목숨을 부르시고 죽기까지 사명을 감당하라고 하신 것은 무엇인가? 곧 저주와 사망에서 해방되어 영생과 생명의 나라로 갈 수 있는 복음을 전파하라는 사명이다.

> "누구든지 주의 이름을 부르는 자는 구원을 받으리라 그런즉 그들이
> 믿지 아니하는 이를 어찌 부르리요 듣지도 못한 이를 어찌 믿으리요 전
> 파하는 자가 없이 어찌 들으리요 보내심을 받지 아니하였으면 어찌 전
> 파하리요 기록된 바 아름답도다 좋은 소식을 전하는 자들의 발이여 함
> 과 같으니라"(롬 10:13-15)

그러므로 주 예수의 제자는 주 예수님의 교회를 설립하여 하나님의 양을 먹이고 치며 잘 보살펴 주라는 사명이다.

> "…내가 주님을 사랑하는 줄 주님께서 아시나이다 이르시되 내 어린 양을 먹이라 하시고 또 두 번째 이르시되 요한의 아들 시몬아 네가 나를 사랑하느냐 하시니 이르되 주님 그러하나이다 내가 주님을 사랑하는 줄 주님께서 아시나이다 이르시되 내 양을 치라 하시고 세 번째 이르시되 요한의 아들 시몬아 네가 나를 사랑하느냐 하시니 …내가 주님을 사랑하는 줄을 주님께서 아시나이다 예수께서 이르시되 내 양을 먹이라"(요 21:15-17)

그러면서 '안디옥' 교회처럼 땅끝까지 주 예수님의 복음으로 선교하라는 사명이다. 우리는 죽는 그 순간까지 주 예수님을 꼭꼭 닮아서 "저를 부르신 사명을 다 이뤘습니다. 제 영혼을 받으시옵소서" 하며 불러 주신 소명과 사명을 잘 감당하기를 주 예수님의 이름으로 축복한다.

다시 강조한다!
- 왜 복음을 전파하는가?
  - 교회를 설립하기 위해서다.
- 왜 교회를 설립하는가?
  - 선교하기 위해서이다.
- 왜 선교하는가?
  - 복음을 전파하기 위해서다.
  (언제까지인가? 천국 갈 때까지, 주 예수님 오시는 순간까지이다!)

이 땅에 믿는 자를 다시 데리러 오시는 그날(요 14:2-3) 우리 모두가 주 예수님을 닮아서 "하나님 아버지, 부르신 사명을 다 이뤘습니다. 대단히 감사합니다!"라고 말하며 믿음이 있는 자들로 발견되기를 주 예수님의 이름으로 간절히 축원한다(눅 18:8).

7) "아버지여 내 영혼을 아버지 손에 부탁하나이다"

자신의 영혼을 아버지께 부탁하신다는 것은 온전히 자신의 모든 것을 맡긴다는 뜻이다. 하나님께서는 사람의 육체와 영혼을 지으신 분이다. 그분의 손에 맡기는 것은 당연하다.

> "여호와 하나님이 땅의 흙으로 사람을 지으시고 생기를 그 코에 불어넣으시니 사람이 생령이 되니라"(창 2:7)

> "이스라엘에 관한 여호와의 경고의 말씀이라 여호와 곧 하늘을 펴시며 땅의 터를 세우시며 사람 안에 심령을 지으신 이가 이르시되"(슥 12:1)

사람이 죽을 때 그 영혼은 창조주 하나님께로 돌아가고 죽은 후 심판받는다고 기록하셨다!

> "흙은 여전히 땅으로 돌아가고 영은 그것을 주신 하나님께로 돌아가기 전에 기억하라"(전 12:7)

> "한 번 죽는 것은 사람에게 정해진 것이요 그 후에는 심판이 있으리니 이와같이 그리스도도 많은 사람의 죄를 담당하시려고 단번에 드리신 바 되셨고 구원에 이르게 하기 위하여 죄와 상관 없이 자기를 바라는 자들에게 두 번째 나타나시리라"(히 9:27-28)

스데반은 순교할 때 주 예수님을 꼬~옥 닮았다.

"그들이 돌로 스데반을 치니 스데반이 부르짖어 이르되 주 예수여 내 영혼을 받으시옵소서 하고"(행 7:59)

이처럼 모든 믿는 자는 주 예수님을 닮아야 하겠다. 모든 사명을 다 마친 후에 "다 이루었다"라고 할 수 있어야 하겠다. 그러면서 "내 영혼을 받으시옵소서" 하며 기쁨으로 죽음을 맞을 수가 있어야 하겠다. 주 예수님께서는 수난당하기 전 겟세마네 동산에서 피땀 흘리시며 기도하셨다. 모든 복음 사역자는 반드시 하나님 아버지의 뜻, 곧 그분의 원대로 이루어 달라고 기도하며 이 세상을 살아가야 한다.

"조금 나아가사 얼굴을 땅에 대시고 엎드려 기도하여 이르되 내 아버지여 만일 할 만하시거든 이 잔을 내게서 지나가게 하옵소서 그러나 나의 원대로 마옵시고 아버지의 원대로 하옵소서 하시고"(마 26:39)

"이르시되 아빠 아버지여 아버지께는 모든 것이 가능하오니 이 잔을 내게서 옮기시옵소서 그러나 나의 원대로 마시옵고 아버지의 원대로 하옵소서 하시고"(막 14:36)

4. 빛과 소금의 삶

제자의 삶(마 5:13-16)은 빛을 만드신 하나님의 빛을 받아 반사한다. 소금은 말없이 삶속에서 자원함으로 녹아 맛을 내고 부패를 방지한다.

1) 빛된 삶

죄로 인해 흑암으로 가득 찬 이 세상에서 그리스도인들이 의로운 삶을 통해 복음의 빛을 전하는 것을 말한다. 즉 주 예수 그리스도의 복음과 그리스도인으로서 하나님께 순종하여 의롭고 깨끗한 삶이 하나 되어 어두움 가운데 복음의 빛을 발함으로써 길을 잃은 영혼들을 의의 길로 인도하는 능동적인 삶에 대한 책임을 강조한 것이다. 길, 진리. 생명(요 14:6)을 추구하는 삶이다. 사람 앞에서 하나님의 빛을 비치게 하여 그들로 너희 착한 행실을 보고 하나님께 영광을 돌리게 하라고 하셨다(마 5:16).

그러므로 빛나고 깨끗한 세마포 옷은 성도들의 옳은 행실이라고 기록하셨다(계 19:8).

2) 소금의 삶

사람의 마음과 사회가 극도로 부패하여 악취가 가득하고 시끄러운 이 세상에서 소리 없이 헌신하여 섬김으로 사회의 부패를 방지하고, 자신과 사람들의 삶이 맛나고 정결하며, 그런 삶을 지속할 수 있도록 삶에 대한 책임을 강조한 것이다. 빛과 소금 된 삶의 요지는 하나님 아버지의 뜻을 순종하여 그분의 일, 곧 복음 전파, 교회 설립, 선교 사역을 온전하게 이루기 위함이다!

	역 할	특 징	삶에 있어서의 책임	관련 성경
빛된 삶	어둠을 밝힘. 사물을 드러냄. 사람들의 길을 밝히 보게 함. 길 잃은 영혼을 인도함.	능동적임. 감출 수 없음. 발광체(예수님) 반사체(성도)	그리스도인으로서 말과 행위에서 사람들에게 본을 보임. 소외 당하고, 가난하고 어려운 자들과, 죄 짐에 눌린 자들을 능동적으로 찾아간다. 주 예수님의 복음을 모든 믿지 않는 자들에게 전하는 삶.	마 5:14-16 요 1:9 고후 4:6 살후 5:5 엡 5:8 벧전 2:9
소금의 삶	소금 언약 부패 방지. 사물을 정결케 함. 사물의 원상태를 유지하게 함. 자신과 타인의 삶을 더욱 맛나게 함.	수동적임. 영구적 치유. 사용 후 형태는 소멸하나 그 효과는 지속함. 세속에 물들지 않는 삶. 맛을 내는 삶. 맛을 잃으면 버려짐.	사회의 부패를 방지하는 의로운 삶. 은혜와 사랑을 진심으로 베푸는 신앙인의 삶. 소리 없이(감추어진) 섬김. 신앙과 덕으로 타인의 유익을 추구하는 삶. 자신과 타인의 삶이 주 예수 복음으로 의롭고 뜻있게 함.	민 18:19 출 30:35 왕하 2:19-22 골 4:6 약 1:27 마 5:13

II. 하나님의 종

선한 일을 하고 핍박받는 것이 하나님의 뜻이다.

> "선을 행함으로 고난받는 것이 하나님의 뜻일진대 악을 행함으로 고난 받는 것보다 나으니라"(벧전 3:17)

1. 복음 사역자들=목회자들=동역자들

1) 소명(召命, Calling)

소명(Calling)은 하나님의 은혜로 하나님께 부르심을 받은 목숨이다. 즉 하나님께서 주신 소명은 나의 목숨을 부르신 것이다. 소명은 은혜의 부르심으로 하나님께서 조건 없이 사람에게 주시는 것이다. 그러므로 목숨을 다해 하나님께 바쳐 드리는 것이다. 왜냐하면 주 예수께서 먼저 목숨을 다해 죽은 나를 살려주신 은혜이기 때문이다.

2) 사명(使命, Mission)

사명(Mission)은 하나님의 복음 사역에 심부름하는 동역자의 목숨이다. 즉 사명자는 하나님 복음의 일을 사역하는 일꾼으로서 하나님의 동역자이다. 복음 사역자의 일, 곧 하나님의 일은 세상 모든 사람 곧 모든 불신자가 주 예수님을 믿도록 인도하는 일이다. 하나님의 일은 곧 주 예수를 믿는 자를 마지막 날에 다시 살리시는 것이 하나님의 뜻이라고 하셨다. 살리시고 영생을 주신다고 약속하셨다(요 6:39-40).

> "그들이 묻되 우리가 어떻게 하여야 하나님의 일을 하오리이까 예수께서 대답하여 이르시되 하나님께서 보내신 이를 믿는 것이 하나님의 일이니라 하시니"(요 6:28-29)

3) 하나님의 동역자로 부르심

> "우리는 하나님의 동역자들이요…"(고전 3:9)
> "하나님의 은사와 부르심에는 후회하심이 없느니라"(롬 11:29)

4) 하나님 종의 부르심…엄격하시다

> "하나님 앞과 살아 있는 자와 죽은 자를 심판하실 그리스도 예수 앞에서 그가 나타나실 것과 그의 나라를 두고 엄히 명하노니 너는 말씀을 전파하라 때를 얻든지 못 얻든지 항상 힘쓰라 범사에 오래 참음과 가르침으로 경책하며 경계하며 권하라 때가 이르리니 사람이 바른 교훈을 받지 아니하며 귀가 가려워서 자기의 사욕을 따를 스승을 많이 두고 또 그 귀를 진리에서 돌이켜 허탄한 이야기를 따르리라 그러나 너는 모든 일에 신중하여 고난을 받으며 전도자의 일을 하며 네 직무를 다하라"
>
> (딤후 4:1-5)

이유:

"하나님과 그리스도 예수와 택하심을 받은 천사들 앞에서 내가 엄히 명하노니 너는 편견이 없이 이것들을 지켜 아무 일도 불공평하게 하지 말며"(딤전 5:21)

일반적으로 한국 사람은 개를 3마리 품고 살아간다는 말이 있다. 선입견, 편견 그리고 참견이다. 하나님의 말씀대로 공평하게 살려면 위에 열거한 선입견과 편견과 참견을 버리고 말씀을 순종해야 한다.

"내가 너를 그레데에 남겨 둔 이유는 남은 일을 정리하고 내가 명한 대로 각 성에 장로들을 세우게 하려 함이니 책망할 것이 없고 한 아내의 남편이며 방탕하다는 비난을 받거나 불순종하는 일이 없는 믿는 자녀를 둔 자라야 할지라 감독은 하나님의 청지기로서 책망할 것이 없고 제 고집대로 하지 아니하며 급히 분내지 아니하며 술을 즐기지 아니하며, 구타하지 아니하며 더러운 이득을 탐하지 아니하며 오직 나그네를 대접하며 선행을 좋아하며 신중하며 의로우며 거룩하며 절제하며 미쁜 말씀의 가르침을 그대로 지켜야 하리니 이는 능히 바른 교훈으로 권면하고 거슬러 말하는 자들을 책망하게 하려 함이라"(딛 1:5-9)

선함의 본:

"범사에 네 자신이 선한 일의 본을 보이며 교훈에 부패하지 아니함과 단정함과 책망할 것이 없는 바른 말을 하게 하라 이는 대적하는 자로 하여금 부끄러워 우리를 악하다 할 것이 없게 하려 함이라"(딛 2:7-8)

"미쁘다 이 말이여, 곧 사람이 감독의 직분을 얻으려 함은 선한 일을 사모하는 것이라 함이로다. 그러므로 감독은 책망할 것이 없으며 한 아내의 남편이 되며 절제하며 신중하며 단정하며 나그네를 대접하며 가르치기를 잘하며 술을 즐기지 아니하며 구타하지 아니하며 오직 관용하며 다투지 아니하며 돈을 사랑하지 아니하며 자기 집을 잘 다스려 자녀들로 모든 공손함으로 복종하게 하는 자라야 할지며 (사람이 자기 집을 다스릴 줄 알지 못하면 어찌 하나님의 교회를 돌보리오) 새로 입교한 자도 말지니 교만하여져서 마귀를 정죄하는 그 정죄에 빠질까 함이요 또한 외인에게서도 선한 증거를 얻은 자라야 할지니 비방과 마귀의 올무에 빠질까 염려하라"(딤전 3:1-7)

5) 부르시고 은사를 주시고 다듬어서 때가 되면 쓰신다

예: 베드로(사단아/마 16:23; 요 21:1-17)

사울인 바울(핍박/행 9:1-2; 심히 다툼/행 15:39)

마가 요한(선교 여행 중단/행 13:13; 데리고 오라…유익함/딤후 4:11)

"그러므로 하나님의 능하신 손 아래서 겸손하라 때가 되면 너희를 높이시리라"(벧전 5:6)

하나님께서 다듬으실 때 빨리 다듬어지자!

계속 가지치기 당하며 부드러워지도록 갈리면 항상 마음과 몸이 아프기만 하다!

6) 목적

(1) 성도를 온전케 함이다.

(2) 봉사로 일하게 함이다.

(3) 그리스도의 몸을 세우기 위하여 함이다.

"그가 어떤 사람은 사도로, 어떤 사람은 선지자로, 어떤 사람은 복음 전하는 자로, 어떤 사람은 목사와 교사로 삼으셨으니 이는 성도를 온전하게 하여 봉사의 일을 하게 하며 그리스도의 몸을 세우려 하심이라"(엡 4:11-12)

(4) 선포자로 복음을 위하여 함이다(딤후 1:11).

(5) 축복하는 자로 세우심이다.

"악을 악으로, 욕을 욕으로 갚지 말고 도리어 복을 빌라 이를 위하여 너희가 부르심을 받았으니 이는 복을 이어받게 하려 하심이라"(벧전 3:9)

"하나님 우리 아버지와 주 예수 그리스도로부터 은혜와 평강이 있기를 원하노라"(고후1:2)

하나님의 종이 실수를 하고 죄를 범하는 데도 칭찬을 들으면 화가 된다고 하셨다. 허물이 있으면 회개하고 돌아서서 올바로 행하여 모본을 잘 보여야 한다.

"모든 사람이 너희를 칭찬하면 화가 있도다 그들의 조상들이 거짓 선지자들에게 이와같이 하였느니라"(눅 6:26)

7) 선행 후 고난받음

"선을 행함으로 고난받는 것이 하나님의 뜻일진대 악을 행함으로 고난받는 것보다 나으니라"(벧전 3:17)

"죄가 있어 매를 맞고 참으면 무슨 칭찬이 있으리요 그러나 선을 행함으로 고난을 받고 참으면 이는 하나님 앞에 아름다우니라"(벧전 2:20)

하나님의 종이 주 예수 복음을 전하면 고난과 핍박이 따라온다. 악한 마귀는 복음 전하여 하나님의 나라가 임하는 것을 참으로 싫어한다. 그러나 그리스도 예수께서도 고난을 받으셨으니 그 자취를 따라 가야 한다.

"이를 위하여 너희가 부르심을 받았으니 그리스도도 너희를 위하여 고난을 받으사 너희에게 본을 끼쳐 그 자취를 따라오게 하려 하셨느니라"(벧전 2:21)

8) 자세/태도

(1) 마땅히 다투지 아니하며(딤후 2:23-26).

(2) 미련해 보이는 전도를 기뻐함이다(고전 1:18-21).

(3) 이기기를 다투는 자, 모든 일에 절제한다(고전 9:16-27).

(4) 복음을 전하지 아니하면 내게 화가 된다(고전 9:16).

"…만일 복음을 전하지 아니하면 내게 화가 있을 것임이로라"(고전 9:16)

(5) 나는 매일 죽노라(고전 15:31-34).

(6) 자긍하지 않는다(롬 11:17-25).

(7) 밀알처럼 죽어/썩어 열매 맺는다(요 12:24).

(8) 즐겁게 자원하는 마음이다(벧전 5:1-10).

(9) 양 무리의 본이 된다(벧전 5:3).

(10) 하나님의 비밀을 맡은 자다(고전 4:1).

(11) 복음에 미친 자/하나님의 사랑이 강권하신다(고전 5:13-14).

(12) 겸손으로 발을 씻긴다(요 13:13-17).

(13) 종으로 죽기까지 충성한다(빌 2:5-13).

9) 화목하게 하는 직분

"모든 것이 하나님께로서 났으며 그가 그리스도로 말미암아 우리를 자기와 화목하게 하시고 또 우리에게 화목하게 하는 직분을 주셨으니 곧 하나님께서 그리스도 안에 계시사 세상을 자기와 화목하게 하시며 그들의 죄를 그들에게 돌리지 아니하시고 화목하게 하는 말씀을 우리에게 부탁하셨느니라 그러므로 우리가 그리스도를 대신하여 사신이 되어 하나님이 우리를 통하여 너희를 권면하시는 것 같이 그리스도를 대신하여 간청하노니 너희는 하나님과 화목하라"(고후 5:18-20)

화목의 사전적 정의는 '서로 뜻이 맞고 또 서로 정다움' 즉 다투지 않고 서로를 위해 주면서 재미있게 지내는 것이다. 각 사람이 자기의 죄로 인하여 하나님과 원수가 되어 있는 상태이나 주 예수 그리스도의 복음으로 말미암아 각 사람이 하나님과 화목하게 될 수 있다.

하나님의 종은 화목하게 하는 말씀(메시지)을 하나님으로부터 받아 그 화목하게 하시는 주 예수님의 공로를 사람들에게 잘 전파하여 각 사람이 하나님과 화목하게 하는 것이 사명이다. 그러므로 화목하게 하는 직책을 받은 자들의 모습은 주 안에서 항상 기뻐하고, 사람들에게 관용하며, 구하는 것들을 염려하지 않고 감사하며 모든 일에 기도와 간구로 하나님께 아뢰는 자들이다.

"주 안에서 항상 기뻐하라 내가 다시 말하노니 기뻐하라 너희 관용을 모든 사람에게 알게 하라 주께서 가까우시니라 아무 것도 염려하지 말고 다만 모든 일에 기도와 간구로, 너희 구할 것을 감사함으로 하나님께 아뢰라 그리하면 모든 지각에 뛰어난 하나님의 평강이 그리스도 예수 안에서 너희 마음과 생각을 지키시리라 끝으로 형제들아 무엇에든지 참되며 무엇에든지 경건하며 무엇에든지 옳으며 무엇에든지 정결하며 무엇에든지 사랑받을 만하며 무엇에든지 칭찬받을 만하며 무슨 덕이 있든지 무슨 기림이 있든지 이것들을 생각하라 너희는 내게 배우고 받고 듣고 본 바를 행하라 그리하면 평강의 하나님이 너희와 함께 계시리라"(빌 4:4-9)

"그러므로 너희는 하나님이 택하사 거룩하고 사랑받는 자처럼 긍휼과 자비와 겸손과 온유와 오래 참음을 옷 입고"(골 3:12)

10) 목자장과 멜기세덱의 제사장 되시는 주 예수 그리스도의 상을 받는다

"그리로 앞서 가신 예수께서 멜기세덱의 반차를 따라 영원히 대제사장이 되어 우리를 위하여 들어 가셨느니라"(히 6:20)

"그리하면 목자장이 나타나실 때에 시들지 아니하는 영광의 면류관을 얻으리라"(벧전 5:4)

2. 내 양을 먹이라, 치라, 먹이라!

주 예수님을 사랑한다면 어린양을 먹인다. 아기에게 우유를 먹이며 키우듯이 새 신자에게 말씀을 가르쳐 먹인다. 믿음으로 청장년 성도들이 일을 더욱 잘하도록 가르치고 훈련하여 치리하며 장성한 양을 치는 것이다. 그리고 나이를 먹어 장년이 된 늙은 양에게 하나님의 말씀을 먹이라는 것이다. 하나님의 양들은 동물 양이 아니고 하나님의 백성이며 자녀가 된 사람들이다.

"이르시되 내 어린 양을 먹이라 하시고…이르시되 내 양을 치라 하시고…예수께서 이르시되 내 양을 먹이라"(요 21:15-17)

1) 하나님의 기르시는 양

"여호와가 우리 하나님이신 줄 너희는 알지어다 그는 우리를 지으신 이시요 우리는 그의 것이니 그의 백성이요 그의 기르시는 양이로다"

(시 100:3)

2) 하나님의 종이요 동역자들은 하나님의 피로 사신 주 예수님의 몸 되는 교회인 성도들을 하나님의 말씀으로 먹이고 치는 자들이다(요 21:15-17)

"여러분은 자기를 위하여 또는 온 양 떼를 위하여 삼가라 성령이 그들 가운데 여러분을 감독자로 삼고 하나님이 자기 피로 사신 교회를 보살피게 하셨느니라"(행 20:28)

"새 노래를 불러 이르되 두루마리를 가지시고 그 인봉을 떼기에 합당

하시도다 일찍이 죽임을 당하사 각 족속과 방언과 백성과 나라 가운데
에서 사람들을 피로 사서 하나님께 드리시고"(계 5:9)

3) 겸손함

"사람아 주께서 선한 것이 무엇임을 네게 보이셨나니 여호와께서 네게
구하시는 것은 오직 정의를 행하며 인자를 사랑하며 겸손하게 네 하나
님과 함께 행하는 것이 아니냐"(미 6:8)

4) 충성

"너희가 죄와 싸우되 아직 피흘리기까지는 대항하지 아니하고"(히 12:4)

"나를 능하게 하신 그리스도 예수 우리 주께 내가 감사함은 나를 충성
되이 여겨 내게 직분을 맡기심이니"(딤전 1:12)

"맡은 자들에게 구할 것은 충성이니라"(고전 4:2)

5) 특징

"사랑은 오래 참고 사랑은 온유하며 시기하지 아니하며 사랑은 자랑하
지 아니하며 교만하지 아니하며 무례히 행하지 아니하며 자기의 유익
을 구하지 아니하며 성내지 아니하며 악한 것을 생각하지 아니하며 불
의를 기뻐하지 아니하며 진리와 함께 기뻐하고 모든 것을 참으며 모든
것을 믿으며 모든 것을 바라며 모든 것을 견디느니라"(고전 13:4-7)

"새 계명을 너희에게 주노니 서로 사랑하라 내가 너희를 사랑한 것같이 너희도 서로 사랑하라"(요 13:34)

"내 계명은 곧 내가 너희를 사랑한 것같이 너희도 서로 사랑하라 하는 이것이니라"(요 15:12)

하나님은 사랑이시라(요일 4:16)
서로 사랑하는 것은 마땅하니라(요일 4:11)

3. 양떼를 버린 악한 타락한 목자

"화 있을진저 양 떼를 버린 못된 목자여 칼이 그의 팔과 오른쪽 눈에 내리리니 그의 팔이 아주 마르고 그의 오른쪽 눈이 아주 멀어 버릴 것이라 하시니라"(슥 11:17)

1) 열매 없는 가을 나무로 유리하는 별

"화 있을진저 이 사람들이여, 가인의 길에 행하였으며 삯을 위하여 발람의 어그러진 길로 몰려 갔으며 고라의 패역을 따라 멸망을 받았도다 그들은 기탄 없이 너희와 함께 먹으니 너희의 애찬에 암초요 자기 몸만 기르는 목자요 바람에 불려가는 물 없는 구름이요 죽고 또 죽어 뿌리까지 뽑힌 열매 없는 가을나무요 자기 수치의 거품을 뿜는 바다의 거친 물결이요 영원히 예비된 캄캄한 흑암으로 돌아갈 유리하는 별들이라"(유 1:11-13)

2) 하나님의 명령을 '번폐스럽다' 하며 코웃음

"만군의 여호와가 이르노라 너희가 또 말하기를 이 일이 얼마나 번거로운고 하며 코웃음치고 훔친 물건과 저는 것, 병든 것을 가져왔느니라 너희가 이같이 봉헌물을 가져오니 내가 그것을 너희 손에서 받겠느냐 이는 여호와의 말이니라"(말 1:13)

3) 몰지각한 목자는 벙어리 개

"이스라엘의 파수꾼들은 맹인이요 다 무지하며 벙어리 개들이라 짖지 못하며 다 꿈꾸는 자들이요 누워 있는 자들이요 잠자기를 좋아하는 자들이니 이 개들은 탐욕이 심하여 족한 줄을 알지 못하는 자들이요 그들은 몰지각한 목자들이라 다 제 길로 돌아가며 사람마다 자기 이익만 추구하며 오라 내가 포도주를 가져오리라 우리가 독주를 잔뜩 마시자 내일도 오늘 같이 크게 넘치리라 하느니라"(사 56:10-12)

4) 새 예루살렘 밖에 있는 자 중에 섞여 있는 목자

"개들과 점술가들과 음행하는 자들과 살인자들과 우상 숭배자들과 및 거짓말을 좋아하며 지어내는 자는 다 성 밖에 있으리라"(계 22:15)

"개들을 삼가고 행악하는 자들을 삼가고 몸을 상해하는 일을 삼가라"

(빌 3:2)

6. 복음 용사의 겉옷과 속옷(엡 6:11-20; 골 3:12-14)

> **겉옷**(엡 6:10-19)
>
> 1. 진리의 허리띠
> 2. 의의 흉배
> 3. 평안의 복음의 신
> 4. 믿음의 방패
> 5. 구원의 투구
> 6. 성령의 검
> 7. 무시로 기도함

> **속옷**(골 3:12-17) **하나님의 속성**
>
> 1.긍휼 2.자비 3.온유 4.오래참음 5.용납 6.용서
> 7.사랑 - 온전하게 매는 띠
> 성령의 열매를 잘 맺으려면 속옷을 잘 입어야 합니다!

1) 겉옷

전쟁 시에 주 예수님의 제자가 입어야 할 전신갑주이다(엡 6 :10-19).
악한 영(마귀)과 싸워서 이기려면 우선 겉옷을 잘 입어야 한다.

(1) 진리의 허리띠(말씀).

(2) 의의 흉배(예수 그리스도의 보혈).

(3) 평안의 복음의 신(예수님의 죽음, 장사, 부활 전파).

(4) 믿음의 방패(공격해 오는 믿음의 불화살 방어).

(5) 구원의 투구(구원의 확신).

(6) 성령의 검(말씀으로 마귀를 물리침).

(7) 무시로 성령님을 의지하여 기도함. 하나님 나라와 의를 위하여 성도
   는 무시로 기도한다.

2) 속옷

평화 시에는 하나님의 속성인 사랑의 옷(골 3:12-17)을 입는다. 자비로 긍휼을 베풀었음에도 불구하고 속상한 일이 생길 때에도 온유해야 한다. 오래 참다가 힘들어도, 불협화음이 일어나도 하나님의 때에 해결해 주신다. 사람의 허물에 대해 용납하고 하나님의 사랑으로 용서하며 사랑의 띠로 묶어야 한다. 하나님의 사랑, 예수님의 사랑으로 감싸고 덮어줄 때 성령의 열매를 잘 맺는 속옷을 입는다. 주 예수님의 제자 된 사람의 속옷은 새 계명의 사랑으로 새사람이 된 자다.

> "새 사람을 입었으니 이는 자기를 창조하신 이의 형상을 따라 지식에까지 새롭게 하심을 입은 자니라 거기에는 헬라인이나 유대인이나 할례파나 무할례파나 야만인이나 스구디아인이나 종이나 자유인이 차별이 있을 수 없나니 오직 그리스도는 만유시요 만유 안에 계시니라 그러므로 너희는 하나님이 택하사 거룩하고 사랑 받는 자처럼 긍휼과 자비와 겸손과 온유와 오래 참음을 옷 입고 누가 누구에게 불만이 있거든 서로 용납하여 피차 용서하되 주께서 너희를 용서하신 것 같이 너희도 그리하고 이 모든 것 위에 사랑을 더하라 이는 온전하게 매는 띠니라"(골 3:10-14)

어떻게 하나님의 전신 갑주(겉옷)와 하나님의 속성(사랑)인 속옷을 입을 수 있는가?

(1) 기도로 시작하라.

(2) 말씀을 암송하라.

(3) 토론하고 묘사하라.

(4) 사단을 향해 선포, 명령하여 쫓아내며 철저히 옛사람을 벗어 버리라.

(5) 복음 용사의 전신 갑주 겉옷과 하나님의 속성인(사랑) 속옷을 기도와

선포로 입는다!

(6) 매일 24시간 마귀를 대적하라. 그리하면 피하리라.

"그런즉 너희는 하나님께 복종할지어다 마귀를 대적하라 그리하면 너
희를 피하리라"(약 4:7)

"너희는 믿음을 굳건하게 하여 그를 대적하라 이는 세상에 있는 너희
형제들도 동일한 고난을 당하는 줄을 앎이라"(벧전 5:9)

마귀 사탄은 시와 때를 초월하여 우는 사자같이 24시간 공격한다. 쉬지
도 자지도 않는다. 하나님의 종은 영으로 항상 깨어 있어 악한 마귀 사단을
대적해야 한다(살후 2:4).

"근신하라 깨어라 너희 대적 마귀가 우는 사자같이 두루 다니며 삼킬
자를 찾나니"(벧전 5:8)

항상 하나님께는 복종하고 마귀에겐 대적해야 한다. 주 예수의 이름으로
대적할 때 마귀 사단을 피한다고 하셨다(약 4:7).

(7) 항상 승리하여 기뻐하며 사단을 대적하여 이기는 자가 되어야 한
다!(계 3:5)

기도와 선포: 던져 버리자!
- 악한 탐심을 죽이라 → 땅의 것에 대한 여러 가지 미련들 등(세상에 대하
  여 죽으라).
- 악한 생각을 죽이라 → 땅의 것에 대해 연연하는 생각, 우상, 악한 것,

더러운 습관 등(자신에 대해 죽으라).

- 땅에 속한 악한 성정(성격)을 죽이라 → 정욕, 탐심, 간음과 부정 등이다.

- 우상 숭배하는 악한 행위를 죽이라 → 우상, 돈, 음식, 명예와 이익, 자녀, 지위, 남편, 아내, 재산, 체육 선수, 가수/연예인 등이다.

- 악한 감정을 죽이라 → 부정, 의로운 화냄, 분노와 악독, 악한 말, 거짓말, 비방, 더럽고 추악한 말, 흉보기, 험담하기, 이간질 등이다.

- 옛 사람을 죽이라 → 모든 나쁜 습관과 선입견 그리고 편견과 참견을 죽인다!

3) 하나님 복음의 용사

• 하나님의 말씀을 통하여/위하여 복음의 용사로 택함을 입었다.

• 하나님의 지혜와 형상으로 새롭게 거듭났다.

• 옛사람을 벗었고 새사람을 입었다.

• 새로운 피조물…(고후 5:17-19) 오직 새로 지으심을 받은 자(갈 6:15)이다.

한 새사람 곧 유대인과 이방인이 십자가 공로 아래서 하나님의 최고 작품이 되었다.

> "법조문으로 된 계명의 율법을 폐하셨으니 이는 이 둘로 자기의 안에서 한 새 사람을 지어 화평하게 하시고 또 십자가로 이 둘을 한 몸으로 하나님과 화목하게 하려 하심이라 원수 된 것을 십자가로 소멸하시고"(엡 2:15-16)

성령의 열매를 잘 맺으려면 복음 용사의 겉옷과 속옷을 잘 입는 것이다!

> "오직 성령의 열매는 사랑과 희락과 화평과 오래 참음과 자비와 양선과 충성과 온유와 절제니 이같은 것을 금지할 법이 없느니라"(갈 5:22-23)

복음의 용사들은 그리스도 예수님의 이름과 그분의 복음 전파를 위하여 특별히 택함 받은 그릇들이다.

"내 이름을 이방인과 임금들과 이스라엘 지손들에게 전하기 위하여 택한 나의 그릇이라"(행 9:15)

4) 복음의 용사의 특징

- 보기에도 복음의 용사와 같다.
- 입은 복장 곧 그 겉옷과 속옷이 복음의 용사와 같다.
- 행위가 복음의 용사와 같다.
- 생각이 복음의 용사와 같다.
- 언어가 복음의 용사와 같다.
- 관심사가 복음의 용사와 같다.
- 사랑함이 복음의 용사와 같다.

"근신하라 깨어라 너희 대적 마귀가 우는 사자같이 두루 다니며 삼킬 자를 찾나니 너희는 믿음을 굳건하게 하여 그를 대적하라 이는 세상에 있는 너희 형제들도 동일한 고난을 당하는 줄을 앎이라"(벧전 5:8-9)

"이기는 자는…흰 옷을 입을 것이요 내가 그 이름을 생명책에서 결코 지우지 아니하고 그 이름을 내 아버지 앞과 그의 천사들 앞에서 시인하리라 귀 있는 자는 성령이 교회들에게 하시는 말씀을 들을지어다"(계 3:5-6)

III. 복음 사역자

1. 복음 사역자는 반드시 말씀/메시지를 갖춰야 한다

하나님 아버지는 메시지를 먼저 복음 사역자에게 들려주신다. 그리고 사랑하시는 하나님의 자녀들에게 특별히 복음 사역자들을 통해 성도들에게 들려주신다. 그러므로 복음 사역자는 받은 메시지를 간단하고도 명료하게 고스란히 그대로 전해야 한다.

1) 직통 메시지/설교

설교는 성령의 기름 부으심 아래 하나님의 말씀을 통하여 메시지로 선포하는 것이다. 하나님의 메시지를 대언하는 것이다. 설교자가 자기의 뜻이나 지식으로 하나님의 메시지를 희석해서는 안 된다.

2) 메시지/말씀 준비

(1) 먼저 "저에게 말씀해 주세요" 하고 기도한다.

(말씀 전하는 그 날, 그 시간 어떤 사람이 와서 말씀 들을지를 하나님께서 아신다)

설교는 성령의 기름 부으심 아래 하나님의 말씀을 통하여 메시지로 선포하는 것이다!

백지/공책에 T자를 먼저 쓴다.

기도하며 한 백지 노트에나 노트북에 떠오르는 성경 구절, 단어, 떠오르는 인상 등을 적는다. 둥근 원 속에 T자를 그리고 위에는 하나님께 속한 성구 및 단어를 기록한다.

밑의 좌/우에는 양과 염소 편이라고 생각하며 성구 및 단어를 기록한다.

말씀 준비할 때 T에 기록한 성구와 단어들을 재료로 삼아 기도하며 하나님께서 주시는 메시지에 충실하게 작성한다.

T 윗쪽은…하나님께 관한 분야.

T 오른쪽은…양에게 관한 분야.

T 왼쪽은…염소에 관한 분야로 나눌 수 있다.

---

(2) 말씀을 읽으며/묵상한다.

(3) 백지에 특별히 감동된 단어나 구절을 적는다.

(4) 제목은 제목을 주시거나 본론이 정해졌을 때 정한다.

(5) 서론은 본론 전체 속의 중점어가 주목과 관심이 되도록 한다.

(6) 서론은 본론의 중점 요약 단어들을 말하며 본론에서 무엇을 다룰 것인지를 들려준다.

(7) 본론 제목과 맞는 본론:

첫째 중점의 서포트 1 혹은 서포트 2

둘째 중점의 서포트 1 혹은 서포트 2

셋째 중점의 서포트 1 혹은 서포트 2

(8) 결론은 본론 전체의 요약을 상기시키며 하나님 말씀의 메시지에 순종을 촉구한다.

- 좌우로 치우치지 말아야 한다(자신의 주장을 펴지 말고).

- 주시는 말씀과 그에 상응하는 그대로 진술하여야 한다.
- 확신이 생길 때까지 연습한다.
- 하나님의 말씀은 간결하나 직설적이어야 한다.
- 한 관점에서 또 다른 관점으로 전환할 수 있도록 한다.
- 흐름은 어떠한가? 청중과 호흡하고 있는가? 행동할 수 있도록 촉구하고 있는가?
- 무엇을 할 것인가, 무엇을 행하고 있는가, 무엇을 했는지를 청중에게 말한다.
- 마음으로 말한다. 확신을 두고 전한다. 감정을 담아 말한다. 긴급성이 있어야 한다.
- 말씀에 근거하여 심령에 말하여야 한다.

3) 강해설교

하나님의 말씀인 성경을 순서에 따라 체계적으로 가르칠 수 있는 능력을 갖추어, 사람들이 하나님의 말씀인 성경이 실제로 무엇을 가르치는지 알고 이해하여, 믿음으로, 실제 삶에 적용할 수 있도록 한다.

(1) 서론
- 본문의 선택.
- 주제의 중요성.
- 말씀의 정확한 의미를 이해하라.
- 주제는 성경에 근거하여야 한다.

(2) 방법
- 구절, 행, 사고(思考) 단어 단위로 연구하라.
- 본문 말씀을 정확히 알고 이해할 수 있도록 다른 성경을 참조하라.

- 성경과 및 다른 검증된 자료들을 참조하라.
- 본문 말씀의 의미를 정확히 알 때까지 성경의 발췌물을 점, 획 하나 하나를 통찰하라.

(3) 논제
- 본문 말씀에 대한 일반적인 오해와 적용상의 오류를 규정하라.
- 상황에 따른 청중들의 필요와 실존하는 문제점들을 설명하라.
- 문제가 해결되지 않았다면 결론을 제시하고 문제가 해결된 상황과 비전을 제시하라.

(4) 구성
- 내용은 일반적으로 전달하고자 하는 내용을 구성하는 기초를 형성한다.
- 요점, 생각, 지식, 단어들을 본문에 부합하도록 잘 정리하라.
- 하나님의 말씀을 정확히 이해하도록 격려하라.
- 하나님의 말씀을 정확히 이해하고 그에 따라 행동하도록 격려하라.

(5) 결단
- 성경 말씀에 대한 정확한 이해에 근거하여 비전을 선포하라.
- 비전이 개인의 삶, 교회와 지역 사회 가운데 어떻게 실현될 수 있는지 예를 들어 설명하라.
- 신자들이 하나님의 말씀을 새롭고 더 깊이 이해하고 그에 따라 행동하도록 촉구하라.
- 새롭게 이해한 하나님의 말씀에 따라 행동할 것을 서약하도록 하라.

(6) 유의점

- 선택된 본문을 읽고 말하라.

- 실제 예를 들어 본문 말씀 해석을 돕기 위해 다양한 성경을 읽어라.

- 단어, 개념, 역사, 사건, 지식과 사람들의 삶을 통해 실예를 들라.

- 사람들의 삶과 성경의 밀접한 관계가 있는 사례와 용어들을 통해 설명하라.

- 가능한 한 단어, 구절, 그리고 발췌물의 의미와 교훈을 설명하라.

- 말씀의 정확한 이해를 위해 단어와 주제를 연구하라.

(7) 목표

- 성경 본문이 실제로 무엇을 의미하는지 이해하라.

- 성경 본문의 원어적 의미와 해석상의 교훈을 참고하라.

- 성경 본문과 관련된 오해와 적용상의 오류를 명확히 하라.

- 성경 본문이 내게 무엇을 말씀하는지 알라.

- 성경의 가르침을 알고 순종하기 위한 서약을 해라.

4) 교육설교

설교의 개발과 나눔에 관하여 준비하며 아이디어와 주제의 근원을 위하여 기도하고 성경을 읽는다. 회중의 문제와 필요성과 객관적으로 알려진 일반적인 소식과 현재의 사건들 및 개인적인 관심과 논제를 다룬다.

(1) 구성

- 사전에 기초 질문과 해답을 제시한다.

- 하나님께서는 사람들에게 무엇을 가르치려 하시는가?

- 하나님께서는 무엇 때문에 이 사실을 가르치려 하시는가?

- 선정된 주제에 대해 성경은 무엇을 말하는가?

- 이 주제와 주요 부차적 요점들을 어떻게 설명할 것인가?
- 내가 제시해야 할 사례들을 어떻게 이해시키고 사람들의 문제와 연관시킬 것인가?
- 하나님의 사람으로 부름을 받은 사람들로서 어떻게 행동할 것인가?

(2) 성경을 탐구하라
- 성경의 내용은 무엇인가?
- 역사적 내용(의미와 상황)을 파악한다.
- 성경적인 내용(의미와 해석)을 찾는다.
- 오늘의 내용(상황, 의미와 해석)과 해석 분석한다.
- 오늘날 행하도록 촉구해야 할 내용(행위 그리고/혹은 가르침)의 긴급성을 강조한다.

(3) 봉독할 성경 본문의 선택
- 주요 성경 구절의 선택할 때 본문 구절을 지지할 수 있는 관련 구절의 선택한다. 예제의 선택, 예제의 주 핵심 선택, 예제를 지지할 수 있는 보조 요점을 선택한다. 다양한 형태의 예제를 선택하여 청중과 그리고 청중과 의사소통하는가를 이해하라.

(4) 윤곽을 준비하라
- 전체 내용의 윤곽에 대한 핵심어를 만든다(주요 핵심과 순서).
- 장기적인 영향력을 발휘할 수 있는 윤곽을 준비한다(주요 단어, 단어의 정의, 관점, 실증).
- 핵심요건과 윤곽을 확장한다.

  (흐름, 순서, 지지할 수 있는 요점, 주요 핵심, 사실, 실증설명, 실천의 촉구)

(5) 예행연습

  - 기도 가운데 설교에 깊이 잠겨야 한다.

  - 주신 메시지 및 설교를 하나님께서 기름 부어 주시도록 기도한다.

  - 하나님께서 각 심령에 교통하도록 기도한다.

5) 교육 설교의 목표에 대한 이해와 행동의 필요성

(1) 서론

  주제와 문제를 규정하라

  주제의 중요성

  주제에 대한 성경적 근거

  앎에 대한 필요성

(2) 문제점

  무엇이 문제인가?

  문제는 왜 존재하는가?

  이에 대하여 성경은 무엇을 말하는가?

(3) 요점 I

  배경 상황

  상황과 실증 설명

  해결해야 할 문제들

(4) 요점 II

  배경 상황

  상황과 실증 설명

  해결해야 할 문제들

(5) 요점 Ⅲ

　　배경 상황

　　상황과 실증 설명

　　해결해야 할 문제들

(6) 결론

　　문제를 알아야 할 필요성

　　해결책을 알아야 할 필요성

　　실천해야 할 필요성

(7) 유의점

　　성경을 통해 당신의 사례를 만들라.

　　성경을 통해 실증 설명하라.

　　사람들의 삶과 사건을 통해 설명하라.

　　사람들의 삶과 관련된 설명과 논증을 하라.

(8) 목적

　　상황을 이해하라.

　　상황에 대해 성경이 무엇을 말하는지 알라.

　　그것이 우리의 삶에 어떤 영향을 미치는지 알라.

　　상황에 대한 성경의 진단을 알라.

　　어떻게 행하여야 할지를 알라.

　　행할 일들에 대해 서약을 하라.

연구를 위한
도움

1. 유대인과 이스라엘

- 여자의 후손인 메시아의 탄생을 위하여 그리고 모든 민족에게 복을 주시기 위한 목적을 위하여 하나님께서 특별히 선택하셔서 세운 민족이다(창 3:15; 12:3).
- 메시아 주 예수는 곧 말씀이 육신이 되어 우리 가운데 거하시는 분이시다(요 1:14).
- 주 예수님은 100% 신성과 100% 인성을 겸하신 살아계신 하나님의 아들이시다(요 1:1-14).
- 주예수님을 믿는 자 곧 영접하는 자는 하나님의 아들이 되는 구원을 얻는다(요 1:12; 3:16)
- 주 예수는 전 인류를 죽은 자 가운데서 살리시려고 구원하기 위해 오신 분이시다.
- 아들의 영을 주셔서 믿는 자들을 다시 아들로 복귀시키기 위해 오신 분이다(롬 8:15; 갈 4:6).

2. 간단한 현대 이스라엘의 역사

1) 이스라엘은 1948년 5월 14일 독립하였다. 예수님께서는 무화과 잎사귀가 나오면 여름이 가까운 줄 알라고 하셨다. 여름은 이스라엘의 새해가 시작 되기 전 마지막 추수 때이다.

"무화과나무의 비유를 배우라 그 가지가 연하여지고 잎사귀를 내면 여름이 가까운 줄을 아나니 이와 같이 너희도 이 모든 일을 보거든 인자가 가까이 곧 문 앞에 이른 줄 알라 내가 진실로 너희에게 말하노니 이

세대가 지나가기 전에 이 일이 다 일어나리라"(마 24:32-34)

"그러므로 너는 대언하여 그들에게 이르기를 주 여호와께서 이같이 말씀하시기를 내 백성들아 내가 너희 무덤을 열고 너희로 거기에서 나오게 하고 이스라엘 땅으로 들어가게 하리라"(겔 37:12)

"내가 그들을 만민 중에서 돌아오게 하고 적국 중에서 모아 내어 많은 민족이 보는 데에서 그들로 말미암아 나의 거룩함을 나타낼 때라"
(겔 39:27)

"내 아들들을 먼 곳에서 이끌며 내 딸들을 땅 끝에서 오게 하며 내 이름으로 불려지는 모든 자 곧 내가 내 영광을 위하여 창조한 자를 오게 하라 그를 내가 지었고 그를 내가 만들었느니라"(사 43:6-7)

2) 마지막 때 이스라엘이 독립하는 것은 하나님의 뜻이다. 시오니즘 운동은 테어도르 헤젤이 시작하여 시온주의자 의회가 1897년 스위스 바젤에서 열렸다.

3) 1917년 영국 수상 발포어가 1차 세계대전에 유대인을 개입시키기 위해 비밀조약을 체결하였다.

4) 요르단까지 땅을 주기로 했는데 1928년 석유가 발견되면서 영국은 요르단 편에 서게 되었다.

5) 이후 여러 번 중동전쟁을 통해 예루살렘을 되찾게 되었다.

6) 하나님께서는 왜 성전을 무너뜨리도록 허락하셨을까? '누가 성전인가?'라는 질문에 예수님은 자신이 성전이라고 하셨다. 그리고 친히 십자가에 매달리셔서 제사를 완성하셨기에 이제는 성전이 필요가 없게 되었다.

"예수께서 대답하여 이르시되 너희가 이 성전을 헐라 내가 사흘 동안에 일으키리라 유대인들이 이르되 이 성전은 사십육 년 동안에 지었거늘 네가 삼 일 동안에 일으키겠느냐 하더라 그러나 예수는 성전된 자기육체를 가리켜 말씀하신 것이라"(요 2:19-21)

주 예수를 믿는 하나님의 자녀들 마음속에 계시는 성령님 때문에 성전이 되었다.

"너희는 너희가 하나님의 성전인 것과 하나님의 성령이 너희 안에 계시는 것을 알지 못하느냐"(고전 3:16)

주 예수의 죽음, 장사, 부활 이후의 죄사함 받는 제사법은 개정되었다(행 2:38). 이제 다시는 동물로 드리는 제사가 필요 없다. 예수님께서 어린 양으로 제사를 지내 주셨다. 유대인 대부분은 주 예수를 메시아로 믿지 않기 때문에 지금도 성전 제사가 필요하다고 생각한다. 전 세계가 평화조약을 내세우면서 제 삼 성전 건축하기 위해 종교통합 선언을 준비하는 것을 정확하게 국제적으로 그 현상을 볼 수 있다. 예수님께서 정말 문 앞에 더 가까이 오셨음을 느낄 수 있다.

3. 유대인의 자녀 교육은 지식보다 지혜를 가르친다

1) 긍휼 사역을 위한 동전을 아기 때부터 그릇에 넣는다.
2) "오늘 학교에서 선생님에게 무엇을 배웠냐?"가 아니다. 엄마의 질문은 "오늘은 학교에서 무엇을 질문하고, '왜?'(토론해서), 느끼고 깨달은 것은 무엇이니?" 이다.

3) 성인식은 율법에 의해 아이들이 성인이 되면 성인의 의무를 지키겠다는 예식이다(바르 미츠바: 남자 12세/여자 13세).

세 가지 종류의 선물을 받는다. 토라(율법), 시계, 돈
① 토라(율법): 율법을 잘 준수하겠다는 것이다.
② 시계: 시간을 낭비하지 말고 아끼며 중요하다는 의미이다.
③ 돈: 돈은 평균 미화 5만 달러 정도를 준다. 선물로 받은 돈은 투자한다.
　투자는 1/3은 땅, 1/3은 투자 상품, 1/3은 현금이다.

4) 랍비: 특수한 정통 랍비 외에는 일반적으로 회당에서 일하면서 직장을 다닌다. 사도 바울과 제자들은 밤낮으로 일하면서 복음 사역을 했다(살전 2:9).

5) 부모 교육은 밥상에서 율법=토라 말씀(성경)이 주춧돌이 됨을 가르친다(투자하는 것을 가르치는 것은 돈이 없으면 자존감, 생명이 고난/위험에 빠지기 때문이다).

6) 아이들은 창조적인 생각이 풍부하여 질문이 많다. 학교 도서실이 보통 조용하지 않고 토론으로 매우 시끄럽다.

7) 인류에게 기여를 한다는 고결한 목표를 가지도록 교육하며 도덕적이며, 윤리적으로 모범이 되라고 가르친다.

8) 유대인은 아기 때부터 긍휼 사역에 동참함으로 전 세계를 위한 구제 사업에서 세계 1위라고 한다. 그리고 토라의 기본적인 인애(미 6:8)를 습득함으로 악한 행위의 범죄율이 가장 적은 민족이라고 한다.

9) 노벨상 받은 유대인은 약 300명이다. 전 세계의 수상자 중 약 1/3이 유대인이다.

유대인은 전 세계 인구의 약 2% 정도로서 약 1천 6백만 명가량이라고 한다(노벨상: 경제분야 65%, 의학분야 23%, 물리분야 22%, 화학분야 12%).

4. 하나님의 일곱(7) 절기와 숨겨진 뜻

모에딤=절기 곧 하나님께서 정하신 시간, 절기, 회중이라는 뜻으로 구약에 150회 사용

<u>모든 절기들을 여호와(하나님)의 절기들이라고 하셨다.</u>

1) 삼대 절기 속에는 예수님의 모습: 하나님의 구속사를 보여주는 하나님의 절기다(레 23:2; 15-21; 출 12:1-51; 23:13-17; 신 16:1-17; 슥14:16-19; 민 15:15).

(1) 유월절은 흠 없는 어린양의 몸과 피를 의미한다(예표: 십자가상의 죽음).

(2) 무교절은 누룩 없는 순전한 떡이신 주 예수 그리스도의 몸을 의미한다(예표: 무덤에 안치되신 주 예수님의 장례).

(3) 초실절은 첫 보리 추수 곡식단을 흔들어 제사 지냄을 의미한다. 첫 열매 되시는 주 예수님이시다(예표: 예수님의 부활 사건).

> "그러나 이제 그리스도께서 죽은 자 가운데서 다시 살아나사 잠자는 자들의 첫 열매가 되셨도다…그러나 각각 자기 차례대로 되리니 먼저는 첫 열매인 그리스도요 다음에는 그가 강림하실 때에 그리스도에게 속한 자요"(고전 15:20-23)

(4) 오순절/칠칠절– 시내산에서의 토라–말씀–율법 받았다(예표: 성령 강림 사건).

약 이천 년 전의 성령 강림으로 시작하여 모든 민족에게 복음이 전파되어 교회가 시작되었다. 현재 위의 4절기는 모두 이루어졌다.

(5) 나팔절은 새해가 시작되는 날이다. –로쉬하샤나/새해 (예표: 나팔소리, 예슈아 공중 재림과 휴거, 어린양의 혼인 잔치)

종교력: 아월/니산월 15일 애굽 유월절 때 시작되었다.

민간력: 티슈리월 7월 1일(이유: 이날 천지 창조 믿음)

"이스라엘 자손에게 말하여 이르라 일곱째 달 그 달 첫 날은 너희에게 쉬는 날이 될지니 이는 나팔을 불어 기념할 날이요 성회라"(레 23:24)

(6) 대속죄절은 25시간 금식하며 하나님과 사람에게 회개한다(욤 키푸르= 대속죄일). (예표: 지상 재림, 죄속함과 대적하는 열방들 심판).

"일곱째 달 열흘날은 속죄일이니 너희는 성회를 열고 스스로 괴롭게 하며 여호와께 화제를 드리고"(레 23:27)

(7) 초막절=장막절=수장절은 추수를 감사하며 일주일 동안 즐거운 기쁨의 축제를 연다(예표: 천년왕국이 시작하는 점으로 천국에 입성함을 의미).

"너희가 토지 소산 거두기를 마치거든 일곱째 달 열닷샛날부터 이레 동안 여호와의 절기를 지키되 첫 날에도 안식하고 여덟째 날에도 안식할 것이요 첫 날에는 너희가 아름다운 나무 실과와 종려나무 가지와 무성한 나무 가지와 시내 버들을 취하여 너희의 하나님 여호와 앞에서 이레 동안 즐거워할 것이라"(레 23:39-40)

2) 천년 왕국에서도 지킬 초막절

"예루살렘을 치러 왔던 이방 나라들 중에 남은 자가 해마다 올라와서 그 왕 만군의 여호와께 경배하며 초막절을 지킬 것이라 땅에 있는 족속들 중에 그 왕 만군의 여호와께 경배하러 예루살렘에 올라오지 아니하는 자들에게는 비를 내리지 아니하실 것인즉…애굽 사람이나 이방 나라 사람이나 초막절을 지키러 올라오지 아니하는 자가 받을 벌이 그러하니라"(슥 14:16-19)

(1) 천년왕국의 모습은 젖 먹는 아이가 독사의 구멍에서 장난하며 논다.

"젖 먹는 아이가 독사의 구멍에서 장난하며 젖 뗀 어린 아이가 독사의 굴에 손을 넣을 것이라"(사 11:8)

"거기는 날 수가 많지 못하여 죽는 어린이와 수한이 차지 못한 노인이 다시는 없을 것이라 곧 백 세에 죽는 자를 젊은이라 하겠고 백 세에 못 되어 죽는 자는 저주받은 자이리라 이리와 어린 양이 함께 먹을 것이며 사자가 소처럼 짚을 먹을 것이며 뱀은 흙을 양식으로 삼을 것이니 나의 성산에서는 해함도 없겠고 상함도 없으리라 여호와께서 말씀하시니 라"(사 65:20; 25)

(2) 초막절에서 흔드는 4가지의 의미

아름다운 나무 실과 (citron)	향도 좋고 맛도 좋은 열매	믿음도 있고 선행도 있는 사람을 의미함
종려나무 가지	열매는 있지만 향은 없음	믿음은 있는데 선행이 없는 사람을 의미함
무성한 나무가지 (도금양(Myrthle))	열매는 없지만 향이 너무 좋음	법이 없어도 살 정도로 좋은 인본주의적인 사람이지만 믿음도 없고 선행도 없음
시내 버들	열매도 없고 향기도 없음	믿음도 선행도 없는 사람을 의미함

(위 네 가지 물질에 대해 몇 가지 해석이 있으나 조금씩 다를 수도 있다)

5. 구약시대 제사들의 목적과 상징

대속하는 짐승의 피를 흘리는 구약의 제사는 결국 십자가상에서 피를 흘리신 예수님의 희생 제사와 관련된 것이다. 이 양자는 모두 피의 삯으로 죽음을 당해야 마땅한 인간을 위해 대신 흘려주는 희생의 피라는 점에서 공통된다.

제사명	성격	목적	상징	그리스도와의 관계	관련 성경
번제 (올라, Burnt Offering)	자원	일상의 죄 문제 해결, 하나님과의 관계 정상화	하나님께 자신을 전적으로 헌신함	그리스도의 죽음은 완전한 헌신의 모범	레 1:3-17; 6:8-13 롬 12:1, 2; 빌 2:5-11
소제 (민카, Grain Offering)	자원	하나님께 영광과 충성을 바치는 표. 순수하고 온전한 순종	자신이 가진 모든 것이 하나님께 속했음을 인식함	그리스도의 완전한 인격 하나님과 인류를 위해 자신의 모든 것을 내어 주심	레 2:1; 9:16, 17 히 4:15 계 12:11
화목제, (셀렘, Peace Offering)	자원	하나님과의 특별한 친교를 위해	하나님과의 화평과 교제	그리스도는 하나님과 인간이 친교할 수 있는 유일한 길	레 3:1; 7:12, 16 롬 5:1 골 1:20
속죄제, (카타트, Sin Offering)	의무	무의식적인 범죄와 부정함과 허물을 사함 받기 위해	하나님과 단절되었던 관계의 회복. 치명적인 죄의 결과	오직 그리스도의 죽음만이 하나님과의 관계를 회복하는 방법임. 아주 중요함	레 4:1, 13, 22 ; 8:14-17 요 1:29 요일 1:7
속건제 (아샴, Guilt Offering)	의무	하나님과 이웃을 적대 관계에 놓이게 한 죄의 해결 및 보상	불의하고 불공평한 일을 예방하고 보상함	그리스도의 죽음은 죄의 치명적인 파괴성을 제거함	레 5:1-4, 15; 7:1-7 사 53:4-6 벧전 2:21-24

6. 죄사함을 얻게 하는 하나님의 언약

1) 죄 사함을 받는 옛 언약은 새 언약인 주 예수님의 피 제사로 대체되었다. 그가 죽으심은 죄에 대하여 단번에 죽으심이요 그가 살아 계심은 하나님께 대하여 살아 계심이니(롬 6:10).

"이런 것은 먹고 마시는 것과 여러 가지 씻는 것과 함께 육체의 예법일 뿐이며 개혁할 때까지 맡겨 둔 것이니라 그리스도께서는 장래 좋은 일의 대제사장으로 오사 손으로 짓지 아니한 것 곧 이 창조에 속하지 아니한 더 크고 온전한 장막으로 말미암아 염소와 송아지의 피로 하지 아니하고 오직 자기의 피로 영원한 속죄를 이루사 단번에 성소에 들어가셨느니라 염소와 황소의 피와 및 암송아지의 재를 부정한 자에게 뿌려 그 육체를 정결하게 하여 거룩하게 하거든 하물며 영원하신 성령으로 말미암아 흠 없는 자기를 하나님께 드린 그리스도의 피가 어찌 너희 양심을 죽은 행실에서 깨끗하게 하고 살아 계신 하나님을 섬기게 하지 못하겠느냐"(히 9:10-14)

2) 광야에서 움직여 이동하는 거룩한 성전

광야에서 움직이던 하나님의 회막과 같이 구속함을 얻은 하나님의 자녀들인 주 예수님의 제자들의 마음 중심이 하나님의 성령님이 거하시며 움직이는 성전이다. 곧 걸어다니는 하나님의 전이 된 것이다. 거룩한 하나님의 전이 되었기에 성전이 되었다. 이 거룩한 몸이 된 성전을 함부로 더럽히면 하나님께서 멸하신다.

"너희가 하나님의 성전인 것과 하나님의 성령이 너희 안에 거하시는 것을 알지 못하느뇨 누구든지 하나님의 성전을 더럽히면 하나님이 그 사람을 멸하시리라 하나님의 성전은 거룩하니 너희도 그러하니라"(고전 3:16-17)

7. 간단한 조직신학

창조주 신론, 성령론, 성경론, 천사론, 천사 타락 및 악령론, 인간론, 인간 타락론, 기독론, 구속 및 구원론, 교회론, 그리고 종말론을 3, 3, 5, 6. 7. 8을 통해 간단하게 설명되었다.

1) 창조주 하나님의 신론

창조주 하나님은 어디에서 시작하고, 누가 만들었을까?

'인생은 어디에서 왔다가 어디로 가는가?'에 대해 과학과 종교는 대답을 못 한다. 왜냐하면 과학자들은 현재 있는 상태를 가지고 말하기 때문이다. 현재 상태가 있기 전의 질문에는 대답을 못한다.

종교도 만들어진 것이므로 대답하지 못한다. 기독교는 종교가 아니라, 생명의 도(道)이다. 창조주 하나님은 사람의 지식으로 알 수 없기에 미련해 보이는 복음 전도로 구원하시기를 기뻐하셨다고 기록하셨다.

> "하나님의 지혜에 있어서는 이 세상이 자기 지혜로 하나님을 알지 못하므로 하나님께서 전도의 미련한 것으로 믿는 자들을 구원하시기를 기뻐하셨도다"(고전 1:21)

창조주 하나님을 알 수 있는 길은 하나님의 영으로 감동하여 받아 말하고 기록한 거룩한 문서들 곧 성경을 통하여 알 수 있다.

(1) 스스로 계신 자(출 3:14)

> "하나님이 모세에게 이르시되 나는 스스로 있는 자이니라 또 이르시되 너는 이스라엘 자손에게 이같이 이르기를 스스로 있는 자가 나를 너희

에게 보내셨다 하라"(출 3:14)

하나님이 하늘과 땅을 만드셨다. 모든 만물을 짓기 전에 하늘과 이 땅에 변화가 있었다(악령 편에서 설명). 하나님께서 모든 만물을 만드시고 사람에게 복을 주셨다. 천지에 충만하여지며 다스리라고 하셨다.

(2) 아브라함이라는 사람을 택하셨다. 하나님의 인류 구속을 위하여서 다. 갈대아 우르(그 당시 페르시아만 근처의 대도시) 땅에서 우상을 만들던 아버지 밑에 있던 아브람을 불러 본토 친척 아비 집을 떠나 지시하신 땅으로 가라고 하셨다.

"여호와께서 아브람에게 이르시되 너는 너의 고향과 친척과 아버지의 집을 떠나 내가 네게 보여 줄 땅으로 가라 내가 너로 큰 민족을 이루고 네게 복을 주어 네 이름을 창대하게 하리니 너는 복이 될지라 너를 축복하는 자에게는 내가 복을 내리고 너를 저주하는 자에게는 내가 저주하리니 땅의 모든 족속이 너로 말미암아 복을 얻을 것이라 하신지라 이에 아브람이 여호와의 말씀을 따라갔고 롯도 그와 함께 갔으며 아브람이 하란을 떠날 때에 칠십오 세였더라 아브람이 그의 아내 사래와 조카 롯과 하란에서 모은 모든 소유와 얻은 사람들을 이끌고 가나안 땅으로 가려고 떠나서 마침내 가나안 땅에 들어갔더라"(창 12:1-5)

아브람을 부르신 목적은 아브람 때문에 땅의 모든 족속이 복을 얻게 되기를 위함이다. 하나님은 자신의 계획을 마치기 위해서 아브람을 택하셨다. 겉으로는 다윗의 자손이지만 실제로는 여자의 후손으로(창 3:15) 오실 주 예수 그리스도의 십자가 공로로 인류 구속을 성취하시려는 것이다.

아브람을 부르신 창조주 하나님은 자신을 공경하고 섬길 때 마음과 뜻과 힘과 성품과 그리고 목숨까지 다해 섬기라고 하셨다. 인류 구속 성취는 사람이 사망에서 생명으로 옮겨져 다시는 아픔과 죽음이 없는 하나님 나라의 평화와 기쁨으로 영원히 영생하는 것이다. 그러나 죄로부터 구속을 얻지 못하면 죗값으로 마귀가 가는 영원한 불 못으로 던져지게 된다. 마귀의 속임수에 넘어가서 죄를 범하면 창조주 하나님을 사랑할 수가 없다. 원죄(아담의 불순종으로 죽은 죄)도 용서받고 자범죄와 고범죄 등 모든 인류의 죄를 사하시려고 여자의 후손으로 오신 창조주 하나님을 사랑하여 악한 사단 마귀로부터 자신을 지키라는 것이다.

> "너는 마음을 다하고 뜻을 다하고 힘을 다하여 네 하나님 여호와를 사랑하라"(신 6:5)

> "네가 네 하나님 여호와의 말씀을 청종하여 이 율법책에 기록된 그의 명령과 규례를 지키고 네 마음을 다하며 뜻을 다하여 여호와 네 하나님께 돌아오면 네 하나님 여호와께서 네 손으로 하는 모든 일과 네 몸의 소생과 네 가축의 새끼와 네 토지 소산을 많게 하시고 네게 복을 주시되 곧 여호와께서 네 조상들을 기뻐하신 것과 같이 너를 다시 기뻐하사 네게 복을 주시리라"(신 30:9)

> "대답하여 이르되 네 마음을 다하며 목숨을 다하며 힘을 다하며 뜻을 다하여 주 너의 하나님을 사랑하고 또한 네 이웃을 네 자신과 같이 사랑하라 하였나이다"(눅 10:27)

(3) 또 하나님은 성(性)이 없으시다. 남자 신도 아니시며 여자 신도 아니시다. 모든 만물을 만드신 분이시기 때문이다. 그러기에 창조주 하나님을 아버지라고 부른다. 피조물인 사람은 스스로 계신 창조주 곧 조물주 하나님을

알 수 없다. 사람은 유한한 존재다. 한 뼘 정도의 머리로 무한하신 하나님을 도저히 이해할 수 없다. 그래서 성경에(고전 1:21) 전도의 미련한 것으로 믿는 자들을 구원하기를 기뻐하신다고 말씀하셨다. 하나님의 은혜로 주 예수님을 믿고 죄를 용서받고 구원받아야 한다. 창조주 곧 조물주 하나님은 사람이 믿거나 믿지 않거나 상관없이 존재하신다. 하나님은 나 외엔 다른 신이 없다고 선언하셨다(사 43:12; 45:21). 사단 마귀는 자신이 신이라고 가장하지만, 그 역시 창조주 하나님에 의하여 피조물로 만들어진 존재에 불과하다.

> "네가 옛적에 하나님의 동산 에덴에 있어서 각종 보석 곧 홍보석과 황보석과 금강석과 황옥과 홍마노와 창옥과 청보석과 남보석과 홍옥과 황금으로 단장하였음이여 네가 지음을 받던 날에 너를 위하여 소고와 비파가 준비되었도다"(겔 28:13)

(4) 처음과 나중(계 2:8)

나 외에 다른 신이 없다고 하신다. 나는 처음과 나중이며 알파와 오메가 곧 나 밖에 다른 신이 없다고 말씀하셨다.

> "이스라엘의 왕인 여호와, 이스라엘의 구원자인 만군의 여호와가 이같이 말하노라 나는 처음이요 나는 마지막이라 나 외에 다른 신이 없느니라"(사 44:6)

> "너희는 나의 증인이라 나 외에 신이 있겠느냐 과연 반석은 없나니 다른 신이 있음을 내가 알지 못하노라"(사 44:8)

영원에서 영원으로 시간관념이 없으시다. 하루가 천년 같다고 하신다(벧후 3:8).

2) 기독론(주 예수 그리스도)

주 예수 그리스도는 하나님의 아들이시다. 독생하신 하나님의 아들로서 죽으러 오셨다. 돌아가시고 장사 되시어 삼 일 후에 죽은 자 중에서 부활하셨다. 죄 때문에 죽은 자들에게 생명을 주시려고 살아나셨다. 이 고귀한 메시지는 온 세상에 전파되어 그분을 믿는 자들에게는 하나님의 자녀가 되는 권세를 주시고 마지막 날에 살리신다는 것이다.

> "하나님이 세상을 이처럼 사랑하사 독생자를 주셨으니 이는 그를 믿는 자마다 멸망하지 않고 영생을 얻게 하려 하심이라"(요 3:16)

> "본래 하나님을 본 사람이 없으되 아버지 품 속에 있는 독생하신 하나님이 나타내셨느니라"(요 1:18)

> "내 아버지의 뜻은 아들을 보고 믿는 자마다 영생을 얻는 이것이니 마지막 날에 내가 이를 다시 살리리라 하시니라"(요 6:40)

(1) 에덴동산 사건과 여자의 후손 탄생

뱀 뒤에 숨어서 역사하는 악한 사단 마귀의 영이 하와(아담의 아내)를 미혹하였다. 아담과 하와는 먹으면 반드시 죽는다(창 2:17)는 하나님의 명령을 믿지 않았다. 스스로 먹고 둘 다(인류의 첫 남자 아담과 첫 여자인 아내 하와) 영원히 죽어버렸다. 창조주 하나님께서는 첫 인류의 조상이 불신과 불순종으로 타락하여 죽은 인류가 되자 이들을 살리시려고 여자의 후손으로 이 세상에 오셔서 구원을 성취하시려고 십자가의 공로를 계획하셨다. 약 칠백 년 이전에 이사야 선지자를 통하여 주 예수님의 탄생을 예언하였다. 처녀는 동정녀이다. 여자인 하와가 아니고 동정녀인 마리아 곧 하나님의 신실한 여종을 통하여 이루어졌다.

"내가 너로 여자와 원수가 되게 하고 네 후손도 여자의 후손과 원수가 되게 하리니 여자의 후손은 네 머리를 상하게 할 것이요 너는 그의 발꿈치를 상하게 할 것이니라 하시고"(창 3:15)

"그러므로 주께서 친히 징조를 너희에게 주실 것이라 보라 처녀가 잉태하여 아들을 낳을 것이요 그 이름을 임마누엘이라 하리라"(사 7:14)

"야곱은 마리아의 남편 요셉을 낳았으니 마리아에게서 그리스도라 칭하는 예수가 나시니라 그런즉 모든 대 수가 아브라함부터 다윗까지 열네 대요 다윗부터 바벨론으로 사로잡혀 갈 때까지 열네 대요 바벨론으로 사로잡혀 간 후부터 그리스도까지 열네 대더라 예수 그리스도의 나심은 이러하니라 그의 어머니 마리아가 요셉과 약혼하고 동거하기 전에 성령으로 잉태된 것이 나타났더니 그의 남편 요셉은 의로운 사람이라 그를 드러내지 아니하고 가만히 끊고자 하여 이 일을 생각할 때에 주의 사자가 현몽하여 이르되 다윗의 자손 요셉아 네 아내 마리아 데려오기를 무서워하지 말라 그에게 잉태된 자는 성령으로 된 것이라 아들을 낳으리니 이름을 예수라 하라 이는 그가 자기 백성을 그들의 죄에서 구원할 자이심이라 하니라 이 모든 일이 된 것은 주께서 선지자로 하신 말씀을 이루려 하심이니 이르시되 보라 처녀가 잉태하여 아들을 낳을 것이요 그의 이름은 임마누엘이라 하리라 하셨으니 이를 번역한즉 하나님이 우리와 함께 계시다 함이라 요셉이 잠에서 깨어 일어나 주의 사자의 분부대로 행하여 그의 아내를 데려왔으나 아들을 낳기까지 동침하지 아니하더니 낳으매 이름을 예수라 하니라"(마 1:16-25)

(2) 피 제사로 모든 제사를 지내 주셨다(레 1:1-13).
  ① 세상 죄를 지고 가는 어린양이로다(요 1:29).

② 사람들을 피로 사서 하나님께 드리셨다(계 5:9).

③ 보라 처녀가 잉태하여 아들을 낳을 것이요 그의 이름을 임마누엘이라 하리라 하셨다(사 7:14).

④ 정사를 메었고, 기묘자요, 모사요, 전능하신 하나님, 영존하시는 아버지, 평강의 왕이라고 하셨다(사 9:6).

"이는 한 아기가 우리에게 났고 한 아들을 우리에게 주신 바 되었는데 그의 어깨에는 정사를 메었고 그의 이름은 기묘자라, 모사라, 전능하신 하나님이라, 영존하시는 아버지라, 평강의 왕이라 할 것임이라"(사 9:6)

⑤ 하나님이 자기 피로 사신 교회라고 하신다(행 20:28).

⑥ 하나님의 피로 사서 아버지께 드렸다는 것도 예수님의 피를 말한다.

"새 노래를 불러 이르되 두루마리를 가지시고 그 인봉을 떼기에 합당하시도다 일찍이 죽임을 당하사 각 족속과 방언과 백성과 나라 가운데에서 사람들을 피로 사서 하나님께 드리시고"(계 5:9)

⑦ 성령님으로 잉태(마 1:18).

⑧ 다윗의 자손(막 12:35).

⑨ 근본은 상고, 태초/영원(미 5:2).

"베들레헴 에브라다야 너는 유다 족속 중에 작을지라도 이스라엘을 다스릴 자가 네게서 내게로 나올 것이라 그의 근본은 상고에, 영원(태초)에 있느니라"(미 5:2)

⑩ 주가 되시고 메시아시며 살아계신 하나님의 아들이시다(마 16:16).

주 예수님의 근본은 태초이며 곧 상고부터 영원이시다.

⑪ 하나님의 본체시다(빌 2:6).

⑫ 태초에 말씀이 있었다. 말씀은 하나님이시다. 말씀이 육신이 되어 이 땅에 오셨다(요 1:1-14).

⑬ 죽으러 오신 예수님이시다. 장사 되시러 오셨다. 생명 부활하시러 오셨다. 그래서 복음은 성경대로 돌아가시고 장사 되며 부활하심이다(고전 15:1-4).

⑭ 흰 보좌 심판자이시다(계 20:11-15).

⑮ 교회를 위하여 증거하시는 분이시다. 다윗의 뿌리요 샛별이시다(계 22:16).

(3) 다시 오시는 주 예수님

계시록에서 다시 오시는 예수님은 가난한 목수의 집 아들로 다시 오지 않으신다. 영광의 하나님 아들의 모습으로 백마를 타시고 오신다(계 19:11;14). 죄 사함을 받고 구원받은 자들을 데리러 오신다. 주 예수께서 거하시는 곳인 평화와 공평과 의의 나라로 데려가신다. 그러나 믿지 않는 자들과 심판하시러 오신다. 만왕의 왕으로 만주의 주로서 철장으로 다스리러 오신다.

"너희는 마음에 근심하지 말라 하나님을 믿으니 또 나를 믿으라 내 아버지 집에 거할 곳이 많도다 그렇지 않으면 너희에게 일렀으리라 내가 너희를 위하여 처소를 예비하러 가노니 가서 너희를 위하여 거처를 예비하면 내가 다시 와서 너희를 내게로 영접하여 나 있는 곳에 너희도 있게 하리라"(요 14:1-3)

"그의 입에서 예리한 검이 나오니 그것으로 만국을 치겠고 친히 그들을 철장으로 다스리며 또 친히 하나님 곧 전능하신 이의 맹렬한 진노의 포도주 틀을 밟겠고 그 옷과 그 다리에 이름을 쓴 것이 있으니 만왕의 왕이요 만주의 주라 하였더라"(계 19:15-16)

3) 성령님

오직 성령님의 역사로 하나님의 동역자가 될 수 있다. 하나님은 거룩하시기에(Holy) 성령님이라고 호칭한다. 하나님의 영을 힘입어 진리와 성령으로 예배드릴 수 있다(요 4:24).

(1) 진리의 성령님

"내가 아버지께로부터 너희에게 보낼 보혜사 곧 아버지께로부터 나오시는 진리의 성령이 오실 때에 그가 나를 증언하실 것이요"(요 15:26)

(2) 운행하시는 영

"땅이 혼돈하고 공허하며 흑암이 깊음 위에 있고 하나님의 영은 수면 위에 운행하시니라"(창 1:2)

(3) 믿는 자 속에서 말씀하시고 생각나게 하시는 하나님 아버지의 성령님

"말하는 이는 너희가 아니라 너희 속에서 말씀하시는 이 곧 너희 아버지의 성령이시니라"(마 10:20)

"보혜사 곧 아버지께서 내 이름으로 보내실 성령 그가 너희에게 모든 것을 가르치고 내가 너희에게 말한 모든 것을 생각나게 하리라"(요 14:26)

(4) 불같음(행 2:3).

(5) 그리스도의 영(벧전 1:11).

(6) 예수의 영(행 16:7).

(7) 살려주는 영(고전 15:45) 하나님의 영이 아니고는 그 아무도 살려줄 수 없다.

(8) 아들의 영을 우리 마음 가운데 보내사 아빠 아버지가 되셨다(갈 4:6).

(9) 양자의 영(롬 8:15).

하나님의 영으로 인도함을 받는 사람들은 하나님의 사람이다. 예수의 영, 아들의 영을 주 예수를 믿는 사람의 마음에 보내사 아빠 아버지라 부르게 하셨다.

(10) 온전하시고 깨끗하시며 질서의 성령님이시다(마 5:48; 엡 5:3; 고전 14:33; 살후 3:7; 고전 14:40).

하나님은 약속을 변치 않으신다. 거룩하신 하나님이시다. 그러므로 하나님의 자녀답게 일상생활에서도 깨끗하게 살아야 한다. 누추하고 더러운 것은 입 밖에도 내지 말고, 그림자라도 가깝게 하지 말아야 한다. 하나님의 거룩하신 성령을 마음에 모시고 거룩한 자녀로서 살아야 한다.

"그러므로 하늘에 계신 너희 아버지의 온전하심과 같이 너희도 온전하라"(마 5:48)

"음행과 온갖 더러운 것과 탐욕은 너희 중에서 그 이름조차도 부르지 말라 이는 성도에게 마땅한 바니라 누추함과 어리석은 말이나 희롱의 말이 마땅치 아니하니 오히려 감사하는 말을 하라 너희도 정녕 이것을 알거니와 음행하는 자나 더러운 자나 탐하는 자 곧 우상 숭배자는 다 그리스도와 하나님의 나라에서 기업을 얻지 못하리니"(엡 5:3-5)

"하나님은 무질서의 하나님이 아니시요 오직 화평의 하나님이시니라"
(고전 14:33)

"어떻게 우리를 본받아야 할지를 너희가 스스로 아나니 우리가 너희 가운데서 무질서하게 행하지 아니하며"(살후 3:7)
"모든 것을 품위있게 하고 질서있게 하라"(고전 14:40)

(11) 성령님 훼방죄
성령님을 훼방하는 죄는 용서함을 받을 수가 없다고 예수님이 말씀하셨다.

"내가 진실로 너희에게 이르노니 사람의 모든 죄와 모든 모독하는 일은 사하심을 얻되 누구든지 성령을 모독하는 자는 영원히 사하심을 얻지 못하고 영원한 죄가 되느니라 하시니"(막 3:28-29)

4) 천사들
천사들은 하나님께서 부리시는 종들로 창조된 영적인 피조물들이다.

"모든 천사들은 섬기는 영으로서 구원 받을 상속자들을 위하여 섬기라고 보내심이 아니냐"(히 1:14)

하나님께서 부리시는 세 그룹의 천사장들이 있었다.

(1) 천사장 가브리엘은 좋은 소식을 전하는 천사이다. 다니엘과 사갸라와 마리아에게 나타난 천사이다.

"곧 내가 기도할 때에 이전에 환상 중에 본 그 사람 가브리엘이 빨리 날아서 저녁 제사를 드릴 때 즈음에 내게 이르더니 내게 가르치며 내게 말하여 이르되 다니엘아 내가 이제 네게 지혜와 총명을 주려고 왔느니라 곧 네가 기도를 시작할 즈음에 명령이 내렸으므로 이제 네게 알리러 왔느니라 너는 크게 은총을 입은 자라 그런즉 너는 이 일을 생각하고 그 환상을 깨달을지니라"(단 9:21-23)

"천사가 그에게 이르되 사가랴여 무서워하지 말라 너의 간구함이 들린지라 네 아내 엘리사벳이 네게 아들을 낳아 주리니 그 이름을 요한이라 하라"(눅 1:13)

"천사가 대답하여 이르되 나는 하나님 앞에 서 있는 가브리엘이라 이 좋은 소식을 전하여 네게 말하라고 보내심을 받았노라. 여섯째 달에 천사 가브리엘이 하나님의 보내심을 받아 갈릴리 나사렛이란 동네에 가서"(눅 1:19, 26)

(2) 천사장 미가엘은 마귀와 전쟁하는 천사이다.

"천사장 미가엘이 모세의 시체에 관하여 마귀와 다투어 변론할 때에 감히 비방하는 판결을 내리지 못하고 다만 말하되 주께서 너를 꾸짖으시기를 원하노라 하였거늘"(유 1:9)

"하늘에 전쟁이 있으니 미가엘과 그의 사자들이 용과 더불어 싸울새 용과 그의 사자들도 싸우나 이기지 못하여 다시 하늘에서 그들이 있을 곳을 얻지 못한지라 큰 용이 내쫓기니 옛 뱀 곧 마귀라고도 하고 사탄이라고도 하며 온 천하를 꾀는 자라 그가 땅으로 내쫓기니 그의 사자들도 그와 함께 내쫓기니라"(계 12:7-9)

(3) 천사장 루시퍼는 찬양을 주관하는 높은 혹은 스랍?/그룹의 대장이었다고 한다. 가장 아름답게 지어진 존재였다. 천사들은 사람보다는 참으로 크고 많은 능력이 있다고 본다. 루시퍼는 창조주 하나님 앞에서 교만하여 능력을 자랑하다가 하늘에서 땅과 공중으로 쫓겨났다. 그러나 구원받은 성도들은 천사를 판단하는 권세를 받았다.

"우리가 천사를 판단할 것을 너희가 알지 못하느냐 그러하거든 하물며 세상 일이랴"(고전 6:3)

"네 영화가 스올에 떨어졌음이여 네 비파 소리까지로다 구더기가 네 아래에 깔림이여 지렁이가 너를 덮었도다 너 아침의 아들 계명성이여 어찌 그리 하늘에서 떨어졌으며 너 열국을 엎은 자여 어찌 그리 땅에 찍혔는고 네가 네 마음에 이르기를 내가 하늘에 올라 하나님의 뭇 별 위에 내 자리를 높이리라 내가 북극 집회의 산 위에 앉으리라 가장 높은 구름에 올라가 지극히 높은 자와 같아지리라 하는도다 그러나 이제 네가 스올 곧 구덩이 맨 밑에 떨어짐을 당하리로다"(사 14:11-15)

태초에 하늘과 땅을 창조하셨다. 만물을 창조하기 이전에 천사장 루시퍼가 타락하여 땅으로 떨어졌다고 기록하셨다. 그 이유는 천사가 피조물로서 자기 위치에 만족하지 못하고 하나님의 자리를 탐내었기 때문이다. 교만함과 불순종으로 자기들의 자리를 떠난 천사들을 흑암에 가두셨다고 기록하셨다.

"또 자기 지위를 지키지 아니하고 자기 처소를 떠난 천사들을 큰 날의 심판까지 영원한 결박으로 흑암에 가두셨으며"(유 1:6)

천사를 섬기면 절대로 안 된다. 오직 하나님께만 경배하며 섬겨야 한다고 기록되었다.

> "이것들을 보고 들은 자는 나 요한이니 내가 듣고 볼 때에 이 일을 내게 보이던 천사의 발 앞에 경배하려고 엎드렸더니 그가 내게 말하기를 나는 너와 네 형제 선지자들과 또 이 두루마리의 말을 지키는 자들과 함께 된 종이니 그리하지 말고 하나님께 경배하라 하더라"(계 22:8-9)

이 타락한 천사장 루시퍼가 변하여 악한 사단 마귀가 되었다. 생령인 사람을 죽은 영으로 타락시켰다. 마귀는 하나님께서 악한 사단 마귀와 그의 사자들을 가둬둔 감옥 곧 흑암과 저주 그리고 영원한 사망과 유황불 못 속으로 아담과 하와와 온 인류를 끌어들였다. 누군가 그 영원한 불 못에서 끌어내려면 대가를 반드시 지급해야만 됐다. 그 대가는 죄가 전혀 없는 사람의 핏값이었다. 그리하여 창조주 하나님께서 자신이 사람으로 곧 '여자의 후손'으로 하나님의 아들이신 주 예수로 세상에 죄가 전혀 없으신 사람으로 오셔서 죽은 사람들을 십자가 공로로 살려주시려 오신 것이다. 죽은 자들이 그 음성을 듣고 믿으며 순종하는 사람은 살아나리라고 하셨다.

> "진실로 진실로 너희에게 이르노니 죽은 자들이 하나님의 아들의 음성을 들을 때가 오나니 곧 이 때라 듣는 자는 살아나리라"(요 5:25)

5) 악령론(마귀 사단)

(1) 악령의 유래는 타락한 천사 루시퍼가 하나님을 배반하고 스스로 교만하여서 사단 마귀가 되었다는 것이다. 뱀을 사용하여서 옛 뱀이라는 명칭과 용이라는 명칭을 얻었다. 용은 없는 생물이다. 루시퍼는 완벽하게 하나님께 찬양을 드리는 천사장 혹은 그룹으로 창조된 존재였다. 선을 넘어 자

기 자리를 지키지 않으며 자기 처소를 떠났다(유 1:6). 창조주 하나님을 배반하고 타락하여 악한 영, 사단 마귀가 되었다. 마귀는 흙으로 만들어진 사람과 각종 생물을 먹고 산다. 흙으로 만들었기 때문에 유한된 기간동안 흙을 종신토록 먹으라고 하셨다(창 3:14). 각종 병과 죽음을 가져다준다. 결국 인류는 병들고 죽게 되었다. 생물학에서 볼 때 뱀은 절대로 죽은 것은 먹지 않는다. 흙을 주식물로 먹으면서 살지도 않는다. 살아있는 개구리나 벌레 그리고 새같은 생물을 통째로 삼켜 먹는다. 날아다니는 새도 쉽게 잡아 먹는다고 한다. 뱀이 살아서 날아다니는 새를 윙크로 유혹한다고 한다. 뱀의 화려한 윙크에 새는 자기가 잡아먹을 곤충이 있어 빛을 내는 줄 알고 얕게 날아다니며 곤충을 찾을 때 뱀은 날쎄고도 길게 몸을 늘려 들고서 입을 크게 벌려 새를 잡아 산채로 삼켜 버린다.

이와같이 산자가 된 성도들이 마귀의 화려한 윙크에 유혹되어 넘어가서 통째로 잡혀먹히는 신세가 되지 않아야 한다. 말씀 충만과 성령 충만함과 기도 충만함과 예배 충만함으로 이 세상을 이겨야 한다.

> "여호와 하나님이 뱀에게 이르시되 네가 이렇게 하였으니 네가 모든 가축과 들의 모든 짐승보다 더욱 저주를 받아 배로 다니고 살아있는 동안 흙을 먹을지니라"(창 3:14)

(2) 악한 영, 사단 마귀는 아담과 하와를 미혹했던 같은 방식으로 사람을 유혹하고 있다. 육신의 정욕과 보는 눈의 욕망과 명예욕인 자랑들 때문에 죄를 범한다.

> "이는 세상에 있는 모든 것이 육신의 정욕과 안목의 정욕과 이생의 자랑이니 다 아버지께로부터 온 것이 아니요 세상으로부터 온 것이라"
>
> (요일 2:16)

사단 마귀는 똑같은 방법으로 사람이 하나님을 대적하는 자로 만들었다. 사단 마귀는 모든 사람인 인류를 사단 마귀 아래 가둬 두었다. 하나님께서 아담에게 주신 권리와 권세 그리고 그 모든 영광도 모두 빼앗았다. 곧 땅을 정복하고 충만하고 번성하는 권세요, 권리며, 영광이다. 아담은 스스로 자원하여 이 모든 권리와 권세 그리고 영광을 자의반 타의반 식으로 악령인 마귀 사단에게 이양해주고 그 밑으로 들어가 마귀의 감옥인 흑암에 갇힌 신세가 된 것이다.

그래서 마귀는 예수님을 시험할 때 담대하게 말했던 것 같다. 나한테 절하면 이 모든 권리, 권세와 영광은 내게 넘겨준 것인데 내가 원하는 자에게 준다고 떠벌린 것이다(눅 4:6-7). 절대로 하나님이 넘겨준 것이 아니다. 아담이 유혹을 받아서 넘겨준 것이다. 그리고 악한 영, 마귀 사단은 사람을 충동시키며 죽이는 일을 하도록 했다. 결국 시기와 질투로 가인은 동생 아벨을 죽였다.

(3) 악한 영, 사단 마귀는 시험하는 자다. 주 예수님을 믿는 사람들에게 하나님의 말씀을 이용해서 시험한다. 광명의 천사로 보기 좋고 달콤하게 사람을 유혹하기 때문에 시험에 넘어간다(고후 11:14). 마치 돼지를 도살할 때 도살장까지 가는데 돼지가 좋아하는 흠뻑 물에 불린 콩으로 유혹해 결국 죽음에 이르게 하는 것과 같다. 얼마 동안의 시간이 지나고 나면 도살장의 다른 문으로는 각 부분이 해체되어 통조림과 같은 다양한 상품으로 분리되어 나온다. 불신자의 마지막 곧 결국엔 악한 영, 사단 마귀와 그의 사자들을 위해 예비한 불 못으로 던짐을 받게 하는 것과 같다.

"큰 용이 내쫓기니 옛 뱀 곧 마귀라고도 하고 사탄이라고도 하며 온 천하를 꾀는 자라 그가 땅으로 내쫓기니 그의 사자들도 그와 함께 내쫓기니라"(계 12:9)

거짓의 아버지인 마귀의 종착역은 하나님의 말씀대로 영원한 유황불 못이다. 처음부터 아담과 하와를 살인한 자다. 전혀 진리가 없다.

"너희는 너희 아비 마귀에게서 났으니 너희 아비의 욕심대로 너희도 행하고자 하느니라 그는 처음부터 살인한 자요 진리가 그 속에 없으므로 진리에 서지 못하고 거짓을 말할 때마다 제 것으로 말하나니 이는 그가 거짓말쟁이요 거짓의 아비가 되었음이라"(요 8:44)

"그러므로 땅에 있는 지체를 죽이라 곧 음란과 부정과 사욕과 악한 정욕과 탐심이니 탐심은 우상 숭배니라"(골 3:5)

"죄의 삯은 사망이요 하나님의 은사는 그리스도 예수 우리 주 안에 있는 영생이니라"(롬 6:23)

마귀를 따라가지 않는 자가 되기 위해서는 죄를 짓지 않도록 해야 한다. 죄를 짓지 않으려고 싸우되 피 흘리기까지 싸우면서라도 대항하여 이겨야 한다. 죄를 이길 수 있는 놀라운 기적의 힘은 오직 성령님을 통해서이다. 그래서 성령의 충만함을 유지하도록 무시로 기도하며 항상 힘써야 한다.

"술 취하지 말라 이는 방탕한 것이니 오직 성령으로 충만함을 받으라"(엡 5:18)

"너희가 죄와 싸우되 아직 피 흘리기까지는 대항치 아니하고"(히 12:4)

6) 인간론 (사람)

(1) 하나님께서는 사람을 정직하게 지으셨다. 그리고 사람에게 자유의지

를 주셨다.

> "내가 깨달은 것은 오직 이것이라 곧 하나님은 사람을 정직하게 지으셨으나 사람이 많은 꾀들을 낸 것이니라"(전 7:29)

(2) 사람을 꼭두각시처럼 만들지 않으셨다.

하나님의 자녀들로 만드셨다. 자유의지와 자원하는 마음을 주셨으며 인격적으로 대하셨다. 하나님께서는 아담과 하와 그리고 그들의 자자손손에게 사랑을 베푸시고 교제하며 기쁨을 함께 나누려 하셨다. 번성하고 충만하며 만물을 다스리는 권세를 주셨다.

> "하나님이 자기 형상 곧 하나님의 형상대로 사람을 창조하시되 남자와 여자를 창조 하시고 하나님이 그들에게 복을 주시며 하나님이 그들에게 이르시되 생육하고 번성하여 땅에 충만하라, 땅을 정복하라, 바다의 물고기와 하늘의 새와 땅에 움직이는 모든 생물을 다스리라 하시니라"(창 1:27)

애석하게도 아담은 먹지 말라는 선악과를 먹고 죽었다. 아담은 생육하고 번성하여 땅에 충만하고 정복하며 모든 생물을 다스리는 권세를 하나님 아버지로부터 받아 누렸었다. 그러나 자기에게 주어졌던 곧 다스리는 모든 권세와 영광을 사단 마귀한테 값없이 몽땅 넘겨주고 그 밑으로 추락하였다. 결국 사단 마귀를 심판 때까지 가두는 그 흑암의 감옥 속에서 꼼짝 못하고 죄만 짓도록 갇혀버렸다. 그러나 오늘도 인격적이신 주 예수님께서는 영, 혼, 육이 죽어 감옥에 악한 사단 마귀와 함께 갇혀 있는 사람들의 마음의 문을 두드리시며 그곳에서 뛰쳐나오라고 하신다.

"볼지어다 내가 문 밖에 서서 두드리노니 누구든지 내 음성을 듣고 문을 열면 내가 그에게로 들어가 그와 더불어 먹고 그는 나와 더불어 먹으리라"(계 3:20)

주 예수님이 문밖에서 두드리는 그림을 자세히 보면 문밖에는 문고리가 없다. 다만 안에서 문을 열어 줘야만 들어갈 수 있다. 이처럼 선택할 수 있는 자유의지를 하나님이 사람에게 주셨다. 그 자유의지는 에덴동산에 서 있는 아담과 하와에게도 있었다. 그것은 선악과이다. 선악과만 먹지 말라는 명령을 주셨다. 찬양을 주관했던 루시퍼가 사단 마귀, 악령이 되어 사람을 미혹하였다. 사람은 그 고귀한 자유의지를 하나님의 말씀을 불순종하는 죄를 범하는 데 사용하였다. 죄의 결과는 사망이며 구원받을 수 있는 육체의 기간이 끝나면 흙으로(창 3:19) 돌아갔다가(사망), 사망 부활 시에 다시 죽을 수 없는 신령체로 부활하여 영원한 심판의 불 못으로 던져진다.

"예수께서 이르시되 죽은 자들이 그들의 죽은 자들을 장사하게 하고 너는 나를 따르라 하시니라"(마 8:22)

"왼편에 있는 자들에게 이르시되 저주를 받은 자들아 나를 떠나 마귀와 그 사자들을 위하여 예비된 영원한 불에 들어가라"(마 25:41)

사람은 하나님의 사랑으로 예수님의 영 곧 하나님 아들의 영을 받아서 하나님의 자녀로 죽음에서 회복되어 영생을 얻어야 한다.

"너희가 아들이므로 하나님이 그 아들의 영을 우리 마음 가운데 보내사 아빠 아버지라 부르게 하셨느니라"(갈 4:6)

"영접하는 자 곧 그 이름을 믿는 자들에게는 하나님의 자녀가 되는 권세를 주셨으니"(요 1:12)

"하나님이 세상을 이처럼 사랑하사 독생자를 주셨으니 이는 그를 믿는 자마다 멸망하지 않고 영생을 얻게 하려 하심이라"(요 3:16)

누구든지 예수님을 진심으로 믿는 자는 또한 진심으로 죄를 회개하고 진심으로 마음속에 주 예수님과 그 이름을 영접하여 주와 왕으로 모시고 살아야 한다. 주 예수의 보혈로 죄 용서받고 생명을 얻어 구원받은 하나님의 자녀들은 새 하늘과 새 땅에서 영원한 평화 속에서 영생한다.

(자세한 교회론과 종말론은 생략함)

8. 기독교의 간략한 역사

1) 콘스탄티누스 황제

콘스탄티누스 황제(주후 306-337)의 기독교 공인 후 서로마 가톨릭이 동로마(콘스탄티노풀)의 가톨릭인 비잔틴 제국(이스탄불)으로 나뉘어 발전하였다. 이에 따라 박해는 그치고 제국교회가 시작되었다.

주후 313년 밀라노 칙령 선언과 니케아 공회의 결과로 기독교가 공인되면서 종교의 자유를 선포하였다고 했다. 그리고 성공을 위해 거짓 회심하는 사람이 많이 있었다고 했다. 콘스탄티누스 황제는 신앙인이 아니라 정치인이었다. 로마제국의 많은 불신자나 이교도들이 높은 지위에 오르기 위해서는 국교인 로마교회의 크리스천이 되기를 희망하고 거짓 회심을 했었다.

로마 제국이 기독교로 공인된 후 교회당은 대형화되었다. 외형에 치우쳐 건축에 공을 들이다 보니 세금을 더욱 거두어들여야 했다. 높고 크게 지었으며 더욱 제도화, 조직화, 권력화되어 갔다. 큰 예배당을 지어놓고 그곳에서만 모든 예배를 주관하도록 요구하였다. 콘스탄틴은 정치가였다. 제국의 식민지를 효율적으로 통치하기 위하여 기독교라는 종교를 사용하였다. 그리하여 가정에서 예배를 드리면 불법이라고 공포하며 핍박하였다. 마치 자유가 없는 국가에서 국민을 콘트롤 하려는 것과 같다. 그럴지라도 진실한 성도인 하나님의 제자요 자녀(교회)는 숨어서 점차 깊이 복음을 전하게 되었다.

주후 325년 니케아 공회와 415년 칼케돈 공회를 통하여 가톨릭 정통신학을 하지 않으면 설교나 선교를 할 수 없다고 하였다. 과연 무엇이 정통신학인가? 라는 문제에 봉착하게 되었다.

2) 중세 암흑시대

(1) 왈도파(1140~1205년):

피터 왈도(Pierre Vaud, 1170~1177년)는 왈도파의 창시자로 프랑스의 부유한 상인들을 중심으로 시작하였다. 가톨릭에서 나와 라틴어 성경 번역을 모국어로 번역하고 설교하며 자녀들에게 가르쳤다. 가톨릭으로부터 설교 금지를 받았으나 공개적으로 복음을 선포하고 전도하기도 하였다. 이런 행보는 대단히 파격적이었으며 종교개혁의 시작점이 되었다. 성경을 번역해서 개인적으로 성경을 읽고 이해하고 순회하며 설교하였다. 그들은 자원해서 빈곤을 택하고 연옥 등 가톨릭의 많은 교리를 반대하였다. 많은 사람이 화형당했지만 죽음을 두려워하지 않고 스스로 순교의 길을 갔다.

피터 발도는 AD 1184년 교황 루카루스 3세에 의해 이단으로 낙인찍혔으며 십자군의 전쟁 가운데 대량 학살을 당하였다.

(2) 얀 후스(1373~1415년, 보헤미아/체코 프라하)

프라하대학교 총장을 역임하였으며 위클리프에게 큰 영향을 받았고 결국 1415년 7월 6일 얀 후스는 화형으로 죽음을 맞이하였다.

(3) 쯔빙글리(1484-1531년, 스위스)

개혁파(1516-1519)로서 성경의 수위권과 은총을 강조하고 믿음에 의한 칭의를 가르쳤다. 사제의 중개자 없이 성령님께서 성경을 읽는 신자에게 의미를 이해하고 알 수 있도록 역사한다고 가르쳤다.

(4) 콘라드 그라벨(1498-1526년)

가톨릭의 유아세례를 반대하는 재침례파 운동을 전개하였다.

(5) 아나뱁티스트

1525년경에 등장하였다. 이전 가톨릭에서는 모든 사람이 유아세례를 받음으로 자동적으로 교회 멤버십을 주어진다고 주장하던 시기였다. 약 1200여 년 동안 유아세례를 주었기 때문이었다.

아나뱁티스트는 믿는 자의 침례를 주장하고 유아세례를 무효라 선포하였다. 그러므로 그들을 재침례자들이라고 부르며 박해했다. 그러나 재침례 운동은 계속 발전하여 나갔다. 16세기 이후 아나뱁티스의 운동은 더욱 확산하였다.

(6) 휘프 마이어

1523년경 쯔빙글리와 토론하였다. 그 후에 침례에 관하여 소책자를 발행하고 침례를 행하였다. 유아세례를 반대하고 재침례를 주장하다가 가톨릭교회로부터 체포되었다. 많은 고문을 받은 후 1528년 3월 10일 비엔나 교외에서 화형되었으며 그의 아내도 다뉴브강에 빠트려 죽임을 당하였다. 이후 재침례파는 메노 시몬스가 이끄는 메노나이트와 아미쉬 운동으로 오늘날까지 존속하게 되었다. 특히 아미쉬 신앙 공동체는 미국에서 만나볼 수 있다.

이 시기에 독일의 요하네스 구텐베르크가 금속활자(1440년)를 발명하였다. 처음으로 42줄 구텐베르크 성경이 나왔다. 가톨릭교회는 면죄부를 찍어 팔았다. 루터 등장 이전 사건이었다. 그러나 비텐베르크의 대학교 교수였던 루터(1483~1546, 독일 남부)가 등장하였으며 작센 제후 프리드리히 영주 세력

아나뱁티스트(1525년)→
후터라이트(1528년)→
메노나이트(1535년)→
아미쉬(1693년)→
브라드렌(1708년)

의 도움을 받아 쓴 루터의 반박문은 30만 부가 발행되어 두 달 만에 전 독일과 유럽으로 퍼져 나갔다.

가톨릭의 예수회(1534년)는 로욜라의 이그나시오 6~10명과 함께 파리에서 설립되었다. 집단 수도사들이었으며 예수회의 시초는 종교개혁 후에 조직되었다. 개신교의 말살을 주요 목적으로 설립되었다.

3) 종교개혁의 시작

(1) 존 위클리프(1329~1384년, 영국)

존 위클리프는 벌게이트 라틴어 성경을 영어로 번역하였으며 최초의 종교개혁의 주도자다.

그 당시에 흑사병이 창궐(AD 1350년)하여 대략 2억 명가량이 사망하였다. 교황권의 쇠퇴로 프랑스 아비뇽 유수(1309~1376년)로부터 140년 지나서 1449년 오스만 제국에 포위되었다. 대분열로 인한 교황권이 실추되었다(1378~1417년). 동로마 교황이 서로마 교황 수위권을 인정하게 되면서 1453년 중세의 교황권과 봉건영주들과 동로마 제국이 함께 망하였다. 존 위클리프의 종교개혁은 루터의 종교개혁보다 150년 정도 앞섰다. 존 위클리프는 벌게이트 라틴어 성경을 영어로 번역하면서 성경 번역을 시작하였는데, 그 이후에 위클리프 선교회를 조직하여 지구상의 많은 민족의 언어를 성경으로 번역하였다. 이제 위클리프 선교회는 아직 성경으로 번역되지 않은 또 다른 민족의 언어를 성경 번역하는 일을 2025년 말 안에 완성하는 것을 목표로 한다고 한다. 그렇다면 복음 전도가 모든 민족에게 더욱더 속히 전파될 것이 불을 보듯이 확실하다. 주 예수 그리스도는 이 천국 복음이 모든 민족에게 증언되기 위하여 온 세상에 전파되리니 그제야 끝이 오리라 하셨다(마 24:14). 이것이 이 세상 끝에 대하여 질문한 제자들에게 하신 대답이다(마 24:3).

존 위클리프가 주장했던 내용은 첫째, 화체설 문제와 교황 무고설과 교황의 면죄부를 반대하였고, 둘째, 교황의 권력과 재산 축적하는 것과 성직자의 타락을 비난하였다. 셋째, 구원의 문제는 교황에게는 없음을 주장하였다. 넷째, 교회는 무형이지 교회당 건물이 아니라고 하였다. 다섯째, 주 만찬(성찬)은 주 예수님의 몸과 피를 기념하는 상징적인 것이다. 여섯째, 성경은 사제들이 독점할 수 없다고 주장하였다.

간략한 성경 번천사

70인역 곧 셉투아진트(Septuagint)는 단지 70이라는 숫자를 뜻한다. BC 331년에 그리스 알렉산더 대왕에 의해 세워진 프톨레미우스 왕국의 수도가 된 알렉산드리아(Alexandria)에서 히브리어에 그리 능숙하지 못한 디아스포라 유대인을 위하여 히브리어 성경을 헬라어로 번역하였다(LXX). 그리고 헬라어를 라틴어로 번역하였다. 벌게이트(Vulgate)의 라틴어 성경 번역 시초는 대략 주후 382년경이다. 382년 교황 다마소 1세인 제롬 히에로니므스에 의해 번역되었다. 라틴어 벌게이트(Vulgate 불가타) 성경을 영어로 구약을 완역하였다. 1380년에는 신약 부분을 완역하였다. 그 이후 신·구약 성경을 영어로 완역하였다.

가톨릭교회는 1415년 콘스탄틴 공회 때 존 위클리프를 이단으로 규정하였다. 훗날에 그의 무덤을 파고 유골을 꺼내 화형에 처하는 참상을 저질렀다. 위클리프 성경을 번역협회 선교회가 설립되어 각 나라와 민족의 말을 배우고 성경을 번역하여 현지에 성경과 복음을 전하고 교회를 세웠다. 선교에는 성경이 반드시 동반되어야만 하기 때문이다.

(2) 마틴 루터(1483~1546년, 독일 남부)는 만인제사장론을 말하였다. 1517년에 루터는 오직 의인은 믿음으로 살리라(롬 :17)라는 말씀으로 구원을 주장하였다. 구텐베르그의 인쇄기 발명으로 1534년 구약 독일어 성경 50만 부를 팔

아서 큰 영향을 끼치게 되었다. 장로교회와 화란계 개혁파들 등에게 큰 영향을 미쳤다. 마틴 루터(1483-1546년)와 울리히 쯔빙글리(1484~1531년)는 다섯 가지를 중점으로 가르쳤다. '오직 성경으로만, 오직 그리스도로만, 오직 은혜로만, 오직 믿음으로만, 오직 하나님께만 영광을'이라는 가르침을 주장하였다.

(3) 칼빈(1509~1564년, 프랑스 제네바)은 신학자로서 시의회 지도자였다. 하나님의 절대주권과 예정론을 주장하였고 택자와 불택자에 대하여 말하였으며 인간의 완전 타락, 하나님의 무조건적 선택, 제한된 속죄, 저항할 수 없는 은혜, 성도의 견인을 주장하였다.

(4) 진센도르프(1700~1760년, 오스트리아)는 귀족 출신으로 '에케 호모(이 사람을 보라) 나는 너를 위해 십자가에 달리지만 너는 나를 위해 무엇을 하느냐?' 하는 말씀으로 유명하다. 1732년 헤른후트 혹은 형제단 공동체를 만들었다. 경건주의적 공동생활단체를 세웠다.

1736년에는 여인들이 선교에 참여하게 되었고, 1900년에 덴마크 할레 선교회와 통합하게 되었다.

(5) 아나뱁티스트는 1525년경에 등장하였다. 이전 가톨릭에서는 모든 사람이 유아세례를 받음으로 자동으로 교회 멤버십을 준다고 주장하였다. 가톨릭교회에서는 1200여 년 동안 유아세례를 주었기 때문이었다.

아나뱁티스트는 믿는 자의 침례를 주장하고 유아세례를 무효라 선포하였다. 그러므로 자유의지로 각자 진심으로 믿는 자라야 침례받을 수 있다고 가르치며 다시 침례를 베풀었다. 믿음으로 새롭게 깨닫고 다시 침례를 받는 사람들을 재침례자들이라고 불렀다. 많은 박해를 당했다. 하지만 재침례 운동은 계속 발전하여 나갔다. 16세기 이후 아나뱁티스트의 운동은 더욱 확산하였다.

(6) 후터라이트(1528년, Jakob Hutter)는 상인이었으며 나중에 목사가 되었다. 후터라이트 공동체는 부자도 가난한 사람도 없이 차별 없는 세상을 주장했다. 공동체인들이 결코 먹을 것과 입을 것 그리고 집과 노후 대책을 걱정할 필요가 없다고 가르치며 실행하려고 노력했다.

(7) 메노나이트(Mennonite, 1535)는 메노 사이먼스에 의해 나타났고 네덜란드의 가톨릭 사제였다. 침례가 성경적이라고 주장하며 가르쳤다.

(8) 아미쉬(Amish, 1693)는 아미쉬 메노나이트였으나, 나중에는 아미쉬로만 불렸다. 오늘날에도 미국에서 아미쉬 그룹을 만나볼 수 있다.

(9) 브래드런(Brethren, 1708)은 아나뱁티즘의 교리와 생활면에서 메노나이트와 연합하기를 거부하였다.

(10) 코메니우스(1592~1670)는 경건주의자이었다. 보헤미안 형제단의 마지막 주교였으며 체코에서 영국 방문 시 미국의 하버드대 총장 초청을 거절하고 보헤미안 형제단의 작은 교회의 목사로 있는 것이 좋다고 하면서 주요 목사로 자원하며 사역하였다.

국제 SET 선교회

소속 교단: 기독교한국침례회(초교파적 사역)

주 예수 권세 내게 주시니, 예수 전도, 가르치고 훈련하여
주 예수님 제자 만들죠, 주 예수님 교회 세우죠,
할레루 할렐루야 예! 우리 가자! 전~~하자!

(마 28:18-20)

모든 나라, 모든 족속, 모든 백성, 모든 방언

예루살렘

제1세기 유대인의 해외 선교

말세 아시아인의 해외 선교

유럽

SET GO!

아시아

제17-18세기 유럽인의 해외 선교

미 대륙

제19-20세기 미주인의 해외 선교

이 천국 복음이 모든 민족에게 증언되기 위하여
온 천하에 전파되리니 그제야 끝이 오리라

(마 24:14)

스피드 복음전도 주제가

작사·작곡·안무: 송홀다

할렐루 할렐루—야 ——— 할렐루 할렐루—야 —
주예수 권세내게 주시니 주예수 권세내게 주시 니
랩: (예수전도 예수전도 가르치고 훈련하여 가르치고 훈련하여)

주예수님 제자만들 죠 (제자, 제자) 주예수님 교회세우 죠 (교회, 교회)

할렐루 할렐루—야 ——— 할렐루 할렐루—야 —
주예수 권세내게 주시니 주예수 권세내게 주시 니
랩: (예수전도 예수전도 가르치고 훈련하여 가르치고 훈련하여)

주예수님 제자만들 죠 (제자, 제자) 주예수님 교회세우 죠 (교회, 교회)

Slowly

주예수님 제자만들 죠 주예수님 교회세우 죠
랩: (예! 우리가자! 전~~하자!)

할렐루 할렐루—야 ——— 할렐루 할렐루—야 —

할렐루 할렐루—야 (주예수 어서오세요!)

스피드 복음전도 율동

할렐루 할렐루야   주 예수   권세

내게 주시니   예수   전도

가르치고   훈련하여   주 예수님 제자 만들죠

국제 SET 선교회
소속 교단: 기독교한국침례회(초교파적 사역)

"복음은 교회(하나님의 자녀)를 만든다"

▶ 세미나

- SET(Speed Evangelism Training) 복음전도 훈련과 SET 제자훈련(균형잡힌)은 A국 대학교에서 1995년에 태동됨.
- 2010년 4월에 국제 SET 선교회로 대한민국 정부에 등록함.
- 한국의 대형교회 몇 군데와 단체에서 수차례(약 3천여 명) 세미나 및 특강 진행함.

▶ 중점 사역 1, 2, 3

1. 복음 전도로 하나님의 자녀들을 만듦!
2. 주 예수님이 중심되는 국내 목장들과 교회들을 설립!
3. 모든 민족(국외의 교회들과 선교지역들)에게 개척!

불신자가 하나님의 자녀가 되어 주 예수님의 충성된 제자가 된다.
혼자 아니면 둘 이상이 하나의 그룹이 되어 중점사역 1, 2, 3을 집행한다!

▶목적

1. 모든 민족의 복음화(마 28:18-20)
2. 한 새사람 = 유대인과 이방인(엡 2:13-19)
3. 예루살렘 월드미션 설립(행 1:8)

▶요점 사역

1. 메시아닉 유대인 장학금 지원: 신학석사/박사 과정(베드로/바울처럼 주 예수님을 믿는 유대인).
2. 전 세계 무료 온라인 혹은 USB 코스.
3. 목사 고시 통과한 목자/목녀를 엄선하여 예루살렘 월드미션 목사 안수 위원회에서 목사 안수(한국인 제외).

▶하나님께 연말 보고 시:

- 몇 명이 믿고 회개하며 영접기도 했습니다.
- 몇 명이 믿는 자의 침례 받았습니다.
- 몇 장소에 새 신자 성경공부 그룹을 시작했습니다.
- 몇 장소에 소 예배그룹(목장)을 설립했습니다.
- 몇 선교사를 몇 선교지에 파송했습니다.

▶국제 SET 선교회는

교단을 초월하여 협력 사역하는 이때 필자는 '대사명의 균형 잡힌 제자도' 라는 구호 아래 새 패러다임을 만들어야 한다고 믿으며 주 예수님의 사랑 안에서 꿈을 꾸고 있다.

다섯 가지 대사명의 능동 동사들로 구성된 지상대명령을 골고루 지켜 행하는 것이다. 주 예수께서 다시 오실 때 대사명의 균형 잡힌 제자가 되면 확실하게 칭찬

받으며 상도 받을 것이다. 마치 위아래로 잘 익은 달걀부침처럼 휘~잇 돌려서 제자리에 따~악 떨어뜨려 앞뒤로 잘 익혀서 몸에 유익하도록 말이다.

▶국제 SET 선교회 핵심 신조

1. 성경은(창세기~요한계시록) 살아계신 하나님의 무오한 말씀으로 최고의 권위를 가지며 인류 구속을 위하여 성부, 성자, 성령으로 역사하신다.

2. 오직 주 예수 그리스도만이 길, 진리, 생명이시며(요 14:6) 사람의 죄를 사하시며(막 2:10) 하나님께로 인도하시는 한 중보자로(딤전 2:5), 여자의 후손으로(창 3:15) 성육신하신 하나님의 아들이시다(요 1:14).

3. 주 예수님은 하나님을 믿는 자의 모든 죄를 피 흘려 사해 주시고 죽음으로부터 생명으로 회복시켜 주 예수님의 피로 사셔서 하나님께 드리셨다(계 5:9).
   하나님이 자기 피로 사신 교회를 보살피게 하셨다(행 20:28).

4. 일찍이 죽임을 당하사 각 족속과 방언과 백성과 나라 가운데에서 사람들을 피로 사서 하나님께 드리셨다(계 5:9).

5. 하나님께서는 산 자와 죽은 자의 부활과 영원한 심판의 주관자이시며 흰 보좌 심판장이시다(계 20:11).

6. 사람마다 죽은 후 모두 각각 심판받고 낙원(천국으로 가는 대기실)으로 들어가든지("오늘 네가 나와 함께 낙원에 있으리라 _ 눅 23:43") 아니면 음부에 던져진다. 음부는 지옥으로 가는 대기실이다. 지옥 불은 꺼지지도 않는다. 죄 사함을 받지 못하면 지옥에 간다. 지옥에 간 사람들은 뜨거워서 소금 치듯 한다고 기록하셨다(막 9:43-49).

7. 한 번 죽는 것은 사람에게 정해진 것이요, 그 후에는 심판이 있다고 하셨다(히 9:27).

8. 새 하늘과 새 땅을 보니 처음 하늘과 처음 땅이 없어졌고 바다도 다시 있지 않더라…모든 눈물을 그 눈에서 닦아 주시니 처음 것들이 다 지나갔다고 하셨다(계 21:1-4).

9. 많은 사람의 죄를 담당하시려고 단번에 드리신 바 되셨고 구원에 이르게 하기 위하여 죄와 상관없이 자기를 바라는 자들에게 두 번째 다시 이 땅에 오신다(히 9:28).

10. 첫째 부활 후 하나님과 그리스도의 제사장이 되어 천 년 동안 그리스도와 더불어 왕 노릇 한다(계 20:6).

11. 죽은 자들이 둘째 부활 후 자기 행위를 따라 책들에 기록된 대로 심판을 받는다. 주 예수 그리스도는 흰 보좌 위에 앉으셔서 심판하신다(계 20:11).

12. 영원한 천국에서 하나님과 영생한다(사망, 애통, 곡, 아픈 것 없음). 오직 죄 사함을 받고 이긴 자들로서 그 이름이 생명책에 기록된 자들은 새 하늘과 새 땅, 천국에 들어가서 평화롭게 영생한다(계 3:5; 21:1-5).

그날의 끝자락을 그리며…

나는 개인적으로 하나님의 성전이 되었다(고전 3:16). 나는 주 예수의 복음을 듣고 흑암으로부터 구출되어 나온 하나의 교회다(고전 1:2). 나 같은 교회가 모이면 공동체 교회가 된다. 교회는 하나님의 자녀 신분으로 구원받은 자들이며 동시에 예수 그리스도의 제자다. 하나님의 성전이 된 교회는 공동체 교회가 하는 일들을 감사함으로 불평함 없이 준행하는 자다.

주 예수 그리스도의 제자는 스스로 자신의 모든 것을 포기한 자다. 자신을 포기하고 부인할 뿐 아니라 다 내려놓고 주 예수님을 묵묵히 따르는 자다. 겸손히 배우며, 따르며 순종하는 자다. 비록 이 세상에 살고 있지만 이 세상을 초월하여 이 세상에 속하지 않은 자다. 매일 매시간 왕이신 주 예수 그리스도께 감사하며 나의 권리와 소유권을 기쁘게 포기하는 자다.

하나님의 성전으로서 교회가 된 나는 감사함으로 내가 할 일을 최선을 다해 마치려고 매일 매시 창조주 하나님 아버지의 얼굴을 구한다. 나는 나의 마지막 생명의 때와 그날의 끝자락을 바라보면서…….

고로 나는 그렇게 살려고 참으로 노력하는 하나님의 교회다.

"내가 이미 얻었다 함도 아니요 온전히 이루었다 함도 아니라 오직 내가 그리스도 예수께 잡힌 바 된 그것을 잡으려고 달려가노라"(빌 3:12)라고 한 것처럼 말이다.

2024년 9월 18일 안성에서

송훌다

《대사명 세미나》를 참석하고 나서…

● 동기 목사님의 권유로 따라 왔다가 사역자의 본질적인 동기를 회복하고 새로운 각오를 가지게 되었습니다. 지속적인 관계를 통하여 도전과 충전의 은혜를 입기 원합니다. 이를 위해 연로하심에도 수고하시는 송 목사님께 감사를 드립니다. 주님의 인도하심과 축복하심 있으시기를 소망합니다.

선한목자교회 안동근 목사

● 할렐루야!《대사명 세미나》에 참석할 수 있게 하심에 감사와 영광을 주님께 올려 드립니다. 침례, 전도, 소명, 많은 것을 다시 한번 알게 하셔서 앞으로 주님의 명령을 순종하여 용기 있게 전하는 주님의 자녀로 살겠습니다. 이처럼 귀한 시간을 위해 준비하시고 저희를 초청해 주신 송홀다 목사님을 존경합니다.

유호숙 권사

● 균형 잡힌 지상 대명령을 이루어 나갈 수 있는 시간이었습니다. 확실한 복음의 DNA를 정립할 수 있도록 영혼 구원을 위해 믿음을 가진 자로 만들고

제자화 할 수 있는 세미나입니다. 순종하여 구원받은 자로서 복음을 전하는 제자들이 스피드하게 배가 될 수 있기를 기대합니다.

김성환 사환

● 금번 세미나에 참석을 망설였으나 이렇게 참석하다 보니 너무나 귀한 세미나 내용에 신선한 충격을 받았습니다. 다시 한번 진심으로 감사를 드립니다. 다음 기회가 되면 또 참석하도록 하겠습니다.

김덕영 목사

● 이 시대 그리스도의 부르심을 알게 하시고『균형 잡힌 대사명의 제자도』를 통하여 가장 중요한 선교와 전도의 참 복음을 배우게 하심에 감사 드립니다. 유대인과 이방인이 예수 그리스도 안에서 한 새사람으로 변화되는 참 진리를 통해 그 중요한 사명을 위하여 힘쓰며 나아가겠습니다. 귀한 강의와 열정에 다시 한번 감사드립니다.

유성현 집사

● 오늘《대사명 세미나》에 참석할 수 있는 은혜 주심에 감사드립니다. 가정의 문제 때문에 전 과정을 수강하지는 못했지만 열정적인 강사 송훌다 목사님의 전 생애 복음화 과정을 짧은 시간에 다 담기 위하여 최선을 다하신 강의에 감사드립니다. 그리고 막연했던 가정 교회 사역에 대한 맥을 잡을 수 있는 좋은 기회가 되었습니다.

이인언 선교사

● 1교시부터 열정적인 송홀다 목사님의 강의에 한 사람도 졸거나 하는 일 없이 모두 강의에 귀를 쫑긋 세우고 열심히 참여하는 모습에 마음이 뿌듯했습니다. 성경을 찾아가며 말씀을 비추어 가며 해 주시는 강의에 절로 감탄이 나왔습니다. 많은 시간이었지만 열정적인 강의에 유익한 것들로 가득 채워 주신 송홀다 목사님과 준비하시느라 애쓰신 이요섭 목사님과 성도님들에게 고맙고, 감사한 마음을 전하고 싶습니다.

임태화 전도사

● 하나님의 사랑으로 섬겨 주시니 감사합니다. 깊은 내면에서 흘러나오는 복음을~ 삶의 현장에서 누적된 지식과 살아 계신 성령님께 맡기며, 지나간 과거가 현재를 열어 가게 하신 귀한 메시지에 감사드립니다. 더욱 건강하시고, 아름다운 성령님과 깊이 사랑하시는 사명의 길 되시길 축복합니다.

무 명

● 하나님의 나라는 멀리 있지 않고, 오직 예수 그리스도를 구주로 삼고 하나님의 통치의 말씀에 따라 살아간다면 그곳이 바로 하나님의 나라입니다. 이번 《대사명 세미나》를 통해 송홀다 목사님은 우리에게 바로 하나님 나라에 들어가는 길을 알기 쉽게 도전적으로 말씀해 주셨습니다. 복음은 하나님의 자녀를 만듭니다. 감사합니다.

이요섭 목사

● 복음의 빛이 힘을 잃어가는 이 시대에 주님의 종, 송홀다 목사님이 쓰신 『대사명』이 떠오르는 태양처럼 거대한 빛이 되어 복음이 다시 힘을 얻어

큰 빛을 발하여 영혼을 깨우는 귀한 빛이 되기를 축복하며 소망 기대합니다.

정 선 목사

● 세미나를 할 때마다 내 힘으로 하는 것이 아니고, 하나님의 크신 뜻과 소명을 이루기 위한 성령님의 능력으로 이루어짐을 느낍니다. 이제 『균형잡힌 대사명의 제자도 대사명』책을 발간하면서 다시 한번 주님 앞에서 소명을 느낍니다. 언제 어디서든, 모인 사람이 많든 적든, 영어로 하든 한국어로 하든 상관없이 저는 부르시면 달려갈 것입니다. 복음이 땅끝까지 이르러 대사명의 그 사명이 완수되는 그날까지!

송훌다 목사